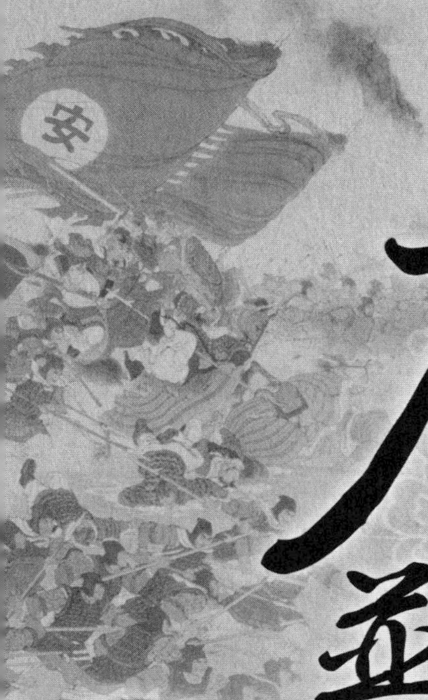

唐史並不如煙

伍 安史之亂

曲昌春◎著

目錄

楊國忠的美好時代

第一章

國忠拜相

天寶十一載十一月十七日，這天令楊國忠終生難忘。在這一天他終於官拜宰相，出任中書令兼任吏部尚書，同時兼任大大小小四十餘個官職。四十餘個官職中，最小的是侍御史，最大的是中書令，林林總總，不一而足。別人一個腦袋只頂一個官帽，而他一頂便是四十多個，即便李林甫最紅時也沒有如此多帽子。

首先楊國忠是中書令，這保證了他王朝第一宰相的地位；其次是吏部尚書，這保證了他握有官員的任免權；第三，他兼任諸多經濟領域職務，這保證了他握有王朝的財政大權。三者疊加到一起，楊國忠自然便成了王朝中最紅的人，紅得發紫、紅得奪目，只是紅能夠維持多久呢？

楊國忠沒有去想，但他初步判斷只要楊貴妃依然受寵，自己就能在這棵大樹底下乘涼。從目前的態勢看，貴妃的受寵還會繼續，看樣子是沒有盡頭。於是楊國忠捲起了袖子、握住了手腕，一生中最習慣、最愜意的姿勢終於可以擺出來了，他知道這是一個屬於自己的美好時代，他要牢牢地把握住。

楊國忠大權在握之後，無論是三公還是各部尚書，在他面前都成了呼來喝去的下屬。他在短短的時間便把眼前的芸芸眾生分為兩類，一類是聽話的，一類是不聽話的。聽話的有賞，不聽話的必罰。

不久一批官員便莫名其妙地遭到了貶黜，其中不乏有才有德聲名不錯的官員，這些人被貶讓官場中人有些疑惑，為什麼呢？原因很簡單，他們被楊國忠蓋上了「不聽話」的戳，僅此而已。

有這批「倒楣」的官員在前，官場中人被深深觸動，紛紛削尖了腦袋去鑽楊國忠的門路，此時的楊國忠已經是不少人眼中的靠山，千年不倒萬年不爛的靠山。

投靠楊國忠的風氣迅速在社會中大肆傳染，很快傳到陝郡進士張彖這裡。

有人對張彖說：「趕緊去拜會一下楊國忠，立刻就能富貴。」

張彖搖了搖頭說：「你們把中書令楊國忠當成靠山，在我眼中他卻只是一座冰山。太陽出來了，冰山還會在嗎？」

張彖說完大步流星絕塵而去，從此隱居嵩山，跳出三界外，不在五行中。並非所有人都像張彖這般明智，還是有很多人如飛蛾撲火一般撲向了楊國忠，楊國忠來者不拒，照單全收。

與此同時，楊國忠還不忘展示自己的「仁慈」，借用的工具是官員補缺制度。

以往慣例，當某一職位出現空缺時，吏部就會從候補官員中選拔，選拔時一般先看能力，後看資歷，這樣一些有才能的年輕人便脫穎而出，而大批能力平庸但資格很老的人卻被壓在了箱底。

現在楊國忠上臺了，他要別具一格，展示自己的「仁慈」。

他規定以後職位出現空缺時，選拔官員一律先看資歷，資歷老的先上，年輕的在後面排隊等著。規定一出，立即得到了大批壓箱底官員的支持，他們為了等一個官職把頭髮都快熬白了，現在終於等到了重見天日的一天，這一切都是託楊國忠的福。

楊國忠小試牛刀贏得了廣泛的「聲譽」，在一片「讚譽」聲中，楊國忠卻保持著冷靜，因為他知道有一件大事還沒有做。

秋後算帳

楊國忠的大事與李林甫有關。

在上一部《開元盛世》中曾經說過，李林甫臨死前想除掉楊國忠，便想出了借刀殺人的計謀，他想把楊國忠推到劍南前線，借南詔王國的刀把楊國忠殺死。然而「借刀殺人」的計畫被楊國忠識破，楊國忠通過楊貴妃向李隆基求情，最後楊國忠只是到劍南地區點了卯，轉身便回了長安，「借刀殺人」計畫無奈流產。

天寶十一載十一月十二日，李林甫遺憾地離開了人世，但這並不意味著楊國忠不再針對李林甫。李林甫的生命結束了，而他與楊國忠的遊戲還沒結束，楊國忠要給這場遊戲送上一個高潮結尾。楊國忠細細分析了李林甫的一生，他要在李林甫人生軌跡上找漏洞，哪怕這個漏洞很小，楊國忠自會放大，經過放大這個漏洞就能顛覆李林甫的一生，讓他死了也不得安寧，蓋棺也不能定論。

楊國忠很快地找到了，漏洞的名字叫「阿史那阿布思」。

阿史那阿布思原是東突厥西親王，後來投降唐朝，被李隆基賜名為「李獻忠」。李獻忠非常勇猛而且有謀略，憑藉不斷積累的功績升遷到朔方節度副使，機緣巧合的是，當時遙領朔方節度使的正是李林甫，李林甫與李獻忠的人生就這樣產生交集。

作為朔方戰區的節度使和節度副使，李林甫與李獻忠的相處算融洽，李林甫需要借重李獻忠在邊境的影響力，而李獻忠則需要借重李林甫在朝中的權勢，雙方正好互補。然而並不是所有人都可以與李獻忠互補，李獻忠跟安祿山便非常不合，雙方都視對方為眼中釘。

天寶十一載，安祿山先出招了。安祿山上書李隆基，聲稱要向奚和契丹部落發起攻擊，但苦於力量不足，需要李獻忠協同同羅部落的騎兵一起參戰。

李隆基沒有多想就同意了，這樣李獻忠便接到了帶領本部騎兵與安祿山協同作戰的命令。接到命令，李獻忠驚了，他當即意識到這是安祿山給自己挖的陷阱。戰爭時期一切從嚴，同時一切從簡，戰場之上安祿山要整死李獻忠的辦法太多了，他既可以以「違抗軍令」為由將李獻忠斬立決，也可以借敵人之手殺李獻忠於無形。

李獻忠看到安祿山向自己張開了羅網，他無處可逃。困境中的李獻忠懇求留守朔方的唐朝官員向李隆基求情免除協同作戰的任務，然而卻遭到了拒絕。萬般無奈之下，李獻忠選擇了跟唐朝翻臉的絕路。

李獻忠率部襲擊了朔方糧倉，一番劫掠之後絕塵而去，從此他不再是「李獻忠」，而是阿史那阿布思，唐朝管不著他了，安祿山更管不著。

阿史那阿布思決絕地背唐而去，李林甫的人生漏洞就此形成，誰讓你倆曾經是同僚。楊國忠就要利用這個漏洞，把已經停止呼吸的李林甫扔進阿史那阿布思叛亂的漩渦之中。

但楊國忠不想一個人戰鬥，他還要拉上一個人——安祿山。

其實就個人情感而言，安祿山眼中的李林甫要比楊國忠高大很多。在安祿山的眼中，李林甫是貨真價實的宰相，充滿政治家的謀略，而楊國忠只是一個趨炎附勢靠裙帶關係起家的小人而已。如果兩人同時拉攏安祿山，安祿山更願意跟李林甫走。

而如今李林甫已經作古了，而楊國忠卻是活靈活現的第一宰相，該跟誰走安祿山一目瞭然。安祿山很快接受了楊國忠的提議，一縱身加入到陷害李林甫的行列中來。

安祿山的加入具有關鍵意義，因為阿史那阿布思曾經的部下成了安祿山的部屬。原來阿史那阿布思叛唐之後，一部分下屬跟隨他逃進了瀚海沙漠，一部分則被安祿山收編，現在這些人成了安祿山手中的「王牌」。

不久「王牌」的代表來到了長安，他們向李隆基舉報李林甫曾經收阿史那阿布思為養子。可怕的鏈條就此形成：阿史那阿布思叛亂——李林甫曾經收他為養子——李林甫陰謀叛亂？

順著這個鏈條一捋，李隆基大吃一驚，自己信任了將近二十年的第一宰相居然有陰謀叛亂的嫌疑，看來得查一查了。針對李林甫的調查隨即展開，很快就有了突破，李林甫一方有人扛不住了。

扛不住的人叫楊齊宣，李林甫的女婿，時任正五品的諫議大夫。眼看李家大廈將傾，為了自己解套，楊齊宣向調查組舉報李林甫確實有收阿史那阿布思為假子一事。

楊齊宣解套了，李林甫一家卻被深度套牢了，李林甫不會想到自己整了一輩子人，死後居然被人給整了。自己整人往死裡整，而整他的人卻是死了還整，看來沒有最狠，只有更狠。

此時李林甫已經辭世三個月，棺木還沒有下葬，但他的生平卻要被改寫了。

天寶十一載二月十一日，李隆基給了李林甫最後的「賞賜」：剝奪所有封爵、官位；子孫有官職者一律除名，流放嶺南及黔中，所有流放子孫只給隨身衣物及糧食，其餘資產一律沒收充公；近親及黨羽五十餘人一同貶黜；打開棺木，摳出口中所含珍珠，扒下所穿三品紫袍，取下佩戴的金魚符；更換小棺，以庶人禮下葬。

奮鬥了一輩子，摸爬了一輩子，好不容易三品了，死了倒成為庶人。倘若李林甫地下有知，又該如何評價自己的一生呢？他是哭，是笑，還是哭笑不得呢？

或許最好的選擇，也只能是含笑九泉。

與李林甫不同，楊國忠卻可以笑在春風中、笑在現實裡，因為這場整肅讓他有了意外之喜。天寶十一載二月二十七日，李隆基下詔封楊國忠為魏國公，陳希烈為許國公。獲獎理由是「感謝你們破獲李林甫叛亂集團」。

立碑頌德

整肅完李林甫，楊國忠心情大好，他準備展開拳腳，大幹一場。

很快地楊國忠又做出了一項改革，這項改革針對的是唐朝的選官制度。

按照以往慣例，兵部尚書、吏部尚書在加授宰相後便不再具體過問官員選拔事宜，具體工作由下面的官員完成。

由於待選拔的官員人數眾多，便需要通過三次考試選拔。

第一次考試考察的是官員的文字功力以及所做裁決是否恰當（有點像現在公務員考試的申論題）；第二次考試考察的是官員的舉止和言談；第三次考試則是考官與候選官員面對面談話。

三次考試下來，曠日持久。最久的情況有可能跨季，第一次考試時還是初春，第三次考試就到了盛夏。

現在，楊國忠要改革這項制度，他要加快選官的進度。

能快到什麼程度？

一天！

嚴格說起來不是一天，因為楊國忠事先就在家裡做「功課」，他讓文書官員直接帶著資料到自己家中，楊國忠便在客廳裡決定官員的人選。經過楊國忠「客廳內定」之後，接下來在宰相辦公廳的工作就是公布官員選拔的最後結果，楊國忠負責公布，侍中陳希烈、給事中以及有關單位主管作陪，一天時間內全部公布完畢。

以前半年，現在一天。

原本整個程序一天也無法完成，按照唐朝慣例，官員選拔名單還要到門下省進行審核，而楊國忠把這一條給廢除了。楊國忠對主管門下省的陳希烈說：「今天侍中、給事中都在座，就等於已經通過門下省了。」

哦，弄了半天，暗箱操作加偷工減料，效率是這麼來的。

即便如此，楊國忠依然感覺良好，他覺得這是一項重大改革，值得大書特書，值得立碑頌德。

很快地一封奏疏遞到了李隆基那裡。奏疏的內容是讚揚楊國忠為國分憂，選官效率奇高，應該給予立碑頌德，奏疏的落款是候選官員代表。

李隆基一看奏疏，笑顏逐開，這說明朕任命的宰相不錯，群眾的眼睛是雪亮的。李隆基當即安排京兆尹鮮于仲通負責撰寫碑文，同時為歌功頌德碑指定了位置：中書省門前。

不久碑文完成，李隆基饒有興致地親筆修改了幾個字，鮮于仲通的眼睛頓時閃亮了起來。歌功頌德碑很快樹立在中書省門前，金光閃閃，非常扎眼，因為鮮于仲通將李隆基改過的那幾個字用黃金填了起來。

所有的一切看上去很美，同時所有的一切又很虛偽。因為這塊碑並不是候補官員自發樹立的，而是楊國忠授意鮮于仲通幹的。從始至終，楊國忠和鮮于仲通是主謀，而候補官員就是一個幌子。

如同左手頒給右手，楊國忠玩的是左右互搏。

互不干涉

此時的楊國忠官場、情場兩線開花，雙雙得意。

楊國忠的情場不僅在家中，更在他的堂妹虢國夫人家中。

兩人宅第相鄰，彼此抬腳就進，而且進出不分晝夜沒有時間限制。這樣楊國忠這隻狡兔就有了兩個窩，一個窩在自己家中，一個窩在虢國夫人家中。

或許有人會問，兩家離得這麼近，難道楊國忠的妻子就不加干涉？

確實不干涉，因為他倆早已達成默契，雙方各自睜一隻眼閉一隻眼。楊國忠的妻子裴柔不干涉楊國忠的私生活，同時楊國忠也不干涉裴柔的私生活。

兩人的「互不干涉」植根於唐朝的開放背景下，同時也有自身的原因，楊國忠小混混出身，對自身的要求自然不嚴，裴柔也好不到哪去，她是娼妓出身，對自身的要求也沒法嚴格。

兩人婚後，楊國忠有一段時間離開家到外地辦事，等楊國忠回到家才赫然發現妻子懷孕了。楊國忠有些疑惑，妻子這次懷孕有些詭異，時間似乎有點不對。對此裴柔解釋說：「有一次我做了一個夢，在夢中我與你恩愛，不久之後我就懷孕了。」

理由夠雷人吧！

楊國忠的反應又是如何呢？

他淡然一笑：「哦，這可能是過於思念導致，可以理解，可以理解。」

在楊國忠的「理解」中，裴柔的肚子一天大過一天，後來一個嬰兒呱呱墜地，這個嬰兒就是楊國忠的兒子之一——楊昢。

楊昢究竟是不是楊國忠的親生兒子已經無從考究了，我們只知道在他出生之前他的父母曾經有過那樣一段「雷人」的對話。

有楊昢的事情打底，裴柔自然對楊國忠睜一隻眼閉一隻眼。如此一來，楊國忠便理直氣壯起來，虢國夫人也不遮掩，兩人便把雙方的「愛情」大白於天下，即便是在一起入朝的路上，兩人也是兩馬並排一起走，沒有任何遮掩。

按照慣例，貴婦人出門應該有所遮掩，要麼在馬車或轎子前遮一道幔帳，要麼給自己的臉蒙一道面紗。然而這些慣例到了虢國夫人那裡都作廢了，她沒有用任何面紗遮擋，而是素面朝天地與楊國忠並排同行，走自己的路，讓別人說去吧！

虢國夫人的勇氣值得欽佩，但她的行為還是讓世人不齒，於是在她與楊國忠經過的路上，百姓紛紛遮住自己的雙眼，替他們害羞。

不過有一種情況百姓不遮雙眼，而是瞪大眼睛使勁看。那就是楊家姐妹一起去華清池的時候。

每年李隆基都會攜楊貴妃去華清池泡溫泉，這時楊家姐妹也會一同前往。前往華清池之前，楊家姐妹會先聚到楊國忠的家裡，等人到齊了一起出發。不一會楊銛來了、楊錡也來了，大唐王朝最紅的五楊便聚齊了，再加上楊國忠便構成了最紅的「六楊」。

「六楊」聚會的場面非常宏大，因為他們都是各自攜帶著大批的車馬和奴僕來的，在他們聚會的同時，房外幾條街都擠滿了他們的奴僕和車馬。這是一場錦繡珠玉、鮮華奪目的聚會，為了便於區別，五楊家的奴僕每家各著一色。

動身的時刻到了，宰相楊國忠驅馬走在前面，在他的前面由劍南節度使的旌旗開道，在他的後面是五楊一家一家緩緩前行。六楊的隊伍浩浩蕩蕩而去，旁觀的人嘖嘖讚歎之餘也有疑惑：他們這樣的好日子還能有多久呢？

楊國忠對此倒很坦然，他曾經不止一次對別人說：「我家本是貧寒出身，靠著貴妃的緣故才當上宰相，至於將來如何下臺是無法預料的。以我的能力無論如何也難博得真正的好名聲，那就不如及時行樂吧！」

對，及時行樂，因為你的好日子從你當宰相的那一天起，已經進入倒數計時了。

楊暄考試

倒數計時的鐘聲已經敲響，但楊國忠並沒有聽到，他沉醉於屬於自己的美好時代中，絲毫沒有意識到危機早已潛伏，只是在等待發作時機。

同楊國忠一樣沉醉的還有他的兒子——楊暄。

天寶十二載，楊暄參加了明經科考試，他信心滿滿，以為一定能高中頭名。楊暄的信心來自於自己的爹，試想當朝第一宰相的兒子參加考試，主考官你能不給頭名嗎？不給頭名，你好意思跟楊國忠宰相打招呼嗎？

楊暄以為這是一件非常簡單的事，卻沒想到這是把天大的難題出給了主考官。倘若楊暄考試及格，主考官把他的名次往前提也無可厚非，然而要命的是偏偏楊暄不及格。

要說這楊暄也是不學無術，按常理明經科考試是相對容易的，主要考的是對經典語句的記憶能力，只要用心背誦，考試難度一點都不大。

看過楊暄的考卷，主考官、禮部侍郎達奚珣左右為難，讓楊暄名列前茅是明顯違反原則，不讓他名列前茅又得罪不起楊國忠。達奚珣決定先探探楊國忠的口風再做決定。

達奚珣派自己的兒子達奚撫等在楊國忠家門口，等候良久，終於等到了楊國忠出門上早朝。楊國忠知道達奚撫是達奚珣的兒子，便以為達奚撫是來報喜的，因為他在心中早已將兒子內定為頭名，諒他達奚珣也不敢不識相。

達奚撫一開口，楊國忠的心涼了半截。

達奚撫說：「我父親讓我稟告宰相大人，令郎明經考試成績不及格，但也不會不錄取。」

楊國忠聽完頓時大怒，不識相的東西，我兒子明明是頭名的材料，你居然敢說他不及格。

楊國忠怒道：「我兒子還擔心沒有富貴嗎？還需要你們這些狗東西來賣弄人情。」

說完，楊國忠拍馬而去，留下達奚撫在原地目瞪口呆。

良久之後，達奚撫回去給父親寫了一封信：「他（**指楊國忠**）仗勢弄權到了極點，別人只有慨歎的份，跟這樣的人還有什麼道理可講呢！」

達奚珣看罷信，長歎一聲，遇上這樣的宰相有什麼道理可講呢！於是大筆一揮，楊暄名列前茅。

這就是楊國忠的時代，沒有道理可講。

數年後，「不識相」的達奚珣由禮部侍郎升遷為吏部侍郎，而此時，當年不及格的楊暄已經出任戶部侍郎了。即便如此，楊暄還對親信感歎道：「哎，像我這麼有才的人，被埋沒太久了。」

老天啊，你睜睜眼吧！

老天暫時沒有睜眼，楊國忠卻睜開了眼，因為他發現了一個難纏的對手，這個人直接影響了他的美好時代。

兩虎相爭

第二章

齷齪初起

沒有永遠的朋友，也沒有永遠的敵人，楊國忠和安祿山的關係變化便很好地印證了這一點。僅僅幾個月前，楊國忠和安祿山還在並肩作戰，他們成功地聯手將已經去世的李林甫踏在腳下，使之身敗名裂，永世不得翻身。兩人達到了共同的目的，卻沒有就此成為朋友，他們反而漸行漸遠，而齷齪也在漸行漸遠中產生。

李林甫在掌權時非常霸道，他容不得別人與他爭權，更不允許任何人超越他，因此張九齡、李適之等人都被他打落了馬。整肅到最後李林甫達到了唯我獨尊的目的，不過此時在李隆基面前還有兩個紅人，一個是楊國忠，一個便是安祿山。

可能是因為三角形相對穩定，因此李林甫在世時三個人並立於世，各自享受著李隆基的恩寵。三角形的穩定態勢隨著李林甫的身敗名裂而發生了變化，放眼望去整個大唐王朝最受寵的剩下兩個人，楊國忠和安祿山。

從安祿山的角度講，他從來沒有把楊國忠放在眼裡。論資歷，安祿山比楊國忠老得多，安祿山在幽州征戰時，楊國忠還不知在哪個角落賭錢呢；論戰功，安祿山戰績顯赫，雖然裡面有不少水分但畢竟也是戰功，楊國忠卻連一個劍南節度使都當不好；論關係硬，安祿山也不比楊國忠差，楊國忠是楊貴妃的遠房堂哥，安祿山還是楊貴妃經過盛大「洗三」典禮的乾兒子呢。

在安祿山的眼裡，楊國忠就是一個「幹啥啥不行，吃啥啥不剩」的傢伙，就這麼個傢伙當大唐第一宰相，安祿山心裡有一百個不服。

這可能就是所謂的「同性相斥」，越是性格、行為類似的人，越是容易格格不入。

從楊國忠和安祿山的行為來看，這兩個人都是有些才能同時又很乖巧的人，才能是他們的基礎，乖巧是他們的翅膀，正是憑藉乖巧才能深得皇帝和貴妃的賞識，進而成為大唐王朝的紅人。

儘管他們兩人沒有直接的利益瓜葛，但關係還是勢如水火，這就如同兩個如日中天的明星，雖然從私人層面沒有任何個人恩怨，但一旦相逢卻總是形同陌路，原因只有一個「如果沒有你，或許我會更紅！」矛盾便由此而起。

從此楊國忠便把曾經的「盟友」安祿山看成了眼中釘，如果把他拔掉，那麼自己就將是大唐王朝最紅的那顆星。

如何才能把這顆釘拔掉呢？

楊國忠開始處心積慮地對付安祿山，安祿山也感受到了楊國忠咄咄逼人的殺氣，兩人如同鬥雞，一隻在長安，一隻在范陽，隔空交戰。

楊國忠首先出招，他不斷給李隆基上書，核心內容是「安祿山有謀反之心」。

換作別的節度使被彈劾，李隆基可能第一時間便跳了起來，然而偏偏受彈劾的是安祿山，這怎麼可能呢？

李隆基實在是太喜愛安祿山了，因為安祿山確實很可愛，雖然言談舉止有些憨，但憨得可愛。有一次李隆基拍了拍安祿山的大肚子，問道：「你這胡人肚子裡裝的是什麼啊，怎麼會大成這樣？」

安祿山一本正經地回答道：「裡面什麼都沒裝，只裝著一顆對陛下的赤心。」

看著安祿山「憨憨」的樣子，李隆基心花怒放，他知道這個胡人在胡扯，但他聽著舒坦，無比舒坦。

六十多歲的李隆基總以為自己是天下最聰明的人，卻不知道裝傻充愣的安祿山其實比他聰明，安祿山早已看穿了李隆基，因此他的每一句話都能遞到李隆基的心坎裡。就拿安祿山拜見楊貴妃的禮節來說，這裡面便透著安祿山的精明。

每次拜見李隆基和楊貴妃，安祿山首先給楊貴妃行大禮，李隆基不免疑惑，普天之下，天子最大，為什麼不先參拜天子，而先參拜貴妃呢？

安祿山裝傻充愣地說：「我們胡人一向先拜母親，後拜父親。」

安祿山故意拿「母系社會」說事，其實是裝瘋賣傻，他焉能不知道普天之下天子最大。因為他早就看出楊貴妃是李隆基的最愛，只要貴妃開心了，李隆基也就開心了，至於先拜誰後拜誰，李隆基並不那麼講究，只要貴妃開心就行。

安祿山的精明不僅體現在先拜楊貴妃。對待太子李亨，他也有自己獨特的招數——不拜。

初見太子時，李隆基給安祿山介紹說：「這是太子。」

安祿山似乎沒有聽見，對太子看都沒有看一眼，拱手站在那裡，絲毫沒有參拜的意思。

太子李亨臉上紅一塊、白一塊，他知道安祿山在裝傻。

李隆基有些不解，便問安祿山：「你見了太子怎麼不下拜啊？」

安祿山說：「臣是胡人，不知道朝廷的禮儀，也不知道太子是什麼官。」

李隆基越發覺得安祿山可愛，便循循善誘地說：「太子就是儲君，朕千秋萬歲之後，就是他代替朕做皇帝。」

安祿山作「恍然大悟」狀，說：「臣愚鈍，以前只知道有陛下，不知道還有太子。」

這時安祿山做出一副不得已的樣子，極為勉強地參拜了太子李亨，整個參拜過程與其說是在參拜，不如說是在用身體語言告訴李隆基：陛下，我是因為您的緣故才參拜太子的。

這一幕李隆基看在眼裡，喜在心裡，心中越發喜歡安祿山。

看到這裡，很多人或許會疑惑，安祿山明明在蔑視太子，為什麼李隆基反而會滿心歡喜？

這就要歸結於皇帝的奇特心理，古代皇帝一直都有一個奇特心理：既希望太子快快成長，又怕太子成長太快，歸根結柢是怕在有生之年太子會把皇位奪走。這並不是沒有先例，太宗李世民不是如此幹過嗎？李隆基本人不是也同樣幹過嗎？因此李隆基格外怕太子複製當年的自己。

所以當安祿山不參拜太子時，李隆基格外歡喜，這說明安祿山心中只有他這個皇帝，不像有些大臣明明拿著他的俸祿，卻頻頻對太子暗送秋波。

當戰功、裝傻、乖巧集於安祿山一身時，安祿山便成了李隆基面前的紅人，於是從此平步青雲。天寶元年升任平盧節度使；天寶二年，加授驃騎大將軍；天寶三年，同時擔任范陽節度使、平盧節度使；天寶七載，受賜鐵券（有此鐵券，等於多一條命）；天寶八載，受封東平郡王。

安祿山是唐朝第一個被封為王的將帥（李世民等善戰皇族不算），以往如開國名將李靖、李世勣等也不過受封國公，而安祿山直接被封為郡王。

現在楊國忠把小報告打到了安祿山頭上，李隆基的頭頓時搖成了撥浪鼓，安祿山想叛亂？國忠，你別逗了。

尋找外援

李隆基對安祿山的絕對信任讓楊國忠倒吸一口涼氣，看來短時間內打小報告是扳不倒安祿山的，要想對付安祿山還得另外想辦法。

楊國忠盤算了一下自己的勢力，發現自己幾乎處處比安祿山強，但有一點他比安祿山差得遠，那就是地盤。安祿山身兼范陽、平盧、河東三鎮節度使，而自己卻只是一個劍南節度使，無論是軍事編制還是對王朝的重要程度，自己都比不過安祿山，這一點無疑影響了自己的話語權。

看來是時候擴張一下自己的地盤了。想到擴張地盤，楊國忠自問自己不是帶兵打仗的料，讓自己去當一個真刀真槍拼殺的節度使是不現實的，那怎麼辦呢？如何才能擴大自己的地盤呢？

最現實的辦法，還是從現有的節度使中發展一個同盟軍。楊國忠的目光在王朝的版圖上上下逡巡，最終鎖定了一個人——隴右節度使哥舒翰。

哥舒翰，突厥突騎施哥舒部落後裔，因為所在部落為哥舒部，因此便以部落為姓，哥舒翰的名字由此而來。哥舒翰的父親哥舒道元官至安西副都護，因此哥舒翰從小在安西長大。不過哥舒翰是一個大器晚成的人，四十歲之前的哥舒翰沒有主業，仗著父親積累的家財到處花錢喝酒加行俠仗義，僅此而已。

四十歲這年，哥舒翰的人生遇到了一個坎，這一年他的父親去世了，按照祖制他需要為父親居喪三年。這三年哥舒翰在長安度過，正是這三年最終改變了他的人生走向。

三年中，哥舒翰見多了世態炎涼，更讓他刻骨銘心的是居然遭到了長安縣尉的侮辱，瀟灑了四十多年的哥舒翰從來沒有受那麼大的屈辱，這次受辱讓哥舒翰開始反省自己的人生。一番反省後，哥舒翰得出了結論，自己之所以受到侮辱是因為自己一無所成，如果自己有一身軍功，誰又能低看自己一眼。哥舒翰決心脫胎換骨，他要向世人，尤其是侮辱自己的長安縣尉證明：哥舒翰是一個堂堂正正的人。

不久哥舒翰仗劍來到河西，他要在這裡找回自己的尊嚴。他很快地在河西聲名鵲起。吐蕃軍隊前來犯邊，哥舒翰率部擋在要衝之處，吐蕃人分三路從山上往下衝鋒，哥舒翰單騎挺槍迎擊，三路皆敗，哥舒翰的名聲從此不脛而走。

哥舒翰有個家奴叫左車，這是一個十五六歲的孩子，他不僅有膽識，而且膂力過人。每次哥舒翰開始追敵之時，哥舒翰便與左車聯手作戰。

哥舒翰手持長槍，追上正疲於奔逃的敵人。他把槍搭到敵人的肩膀上，然後大喝一聲，敵人吃驚地一回頭，這時哥舒翰已經出手一槍直刺咽喉，順手一挑拋起三五尺高。這一刺一摔，對方便再也見不到第二天的太陽了。這時左車「騰」地跳下馬，手起刀落，首級已經抓在手中，然後向哥舒翰報數：又一個。

勇不可當的哥舒翰很快風生水起，天寶六載，老上司王忠嗣被誣落馬，哥舒翰便被李隆基推上前臺，出任隴右節度使。

天寶八載，哥舒翰迎來了一個人生高潮。這一年他辦了一件大事——重奪石堡城。

兩年前，哥舒翰的老上司王忠嗣被誣落馬，正是因為不配合攻打石堡城。兩年來，石堡城就是哥舒翰心中的一根刺，不拔掉它，哥舒翰寢食難安。

同樣寢食難安的還有李隆基，他也想拔掉石堡城這根刺。

在李隆基的統籌下，隴右、河西、朔方、河東以及部分突厥精兵全部集中起來，總計六萬三千人，李隆基把這六萬三千人交給了哥舒翰，任務就是重奪石堡城。

重奪石堡城並不容易，此城三面是懸崖峭壁，只有一面有路可以用兵，然而即使是有路這一面地勢也極為險峻，而且無法大兵團作戰，只能逶迤而上，採用最難受的仰攻方式攻打。

雖然駐守石堡城的吐蕃士兵只有數百人，但糧食很多，另外滾木礌石也很多，因此居高臨下的吐蕃士兵有恃無恐。

哥舒翰看著如鯁在喉的石堡城，派出了裨將高秀岩、張守瑜，命他們限期拿下石堡城。石堡城果然難打，唐軍屢次衝鋒都被打退，幾天過去了石堡城依然醒目地挺立在那裡。哥舒翰大怒，他召回高秀岩、張守瑜準備軍法處置。

高、張二人跪了下來，提了一個要求：「請再給我們三天時間，三天攻不下，提頭來見。」

哥舒翰一字一句說道：「好，三天，就三天。」

三天後，石堡城終被攻克，時隔八年石堡城再回到唐軍手中。這一切都要歸功於哥舒翰。

然而令哥舒翰遺憾的是老上司王忠嗣無法與他一起分享勝利的喜悅了，就在這一年王忠嗣暴死，再也無法與哥舒翰並肩作戰。哥舒翰帶著些許遺憾繼續著自己隴右節度使生涯，天寶十二載，哥舒翰又做了一件大事——收復黃河九曲。

黃河九曲即今天青海省黃河上游的S形區域，這塊區域原本是唐朝邊境重地，想不到這塊軍事重地居然在西元七一〇年金城公主和親吐蕃時，被吐蕃人以「嫁妝」的名義討要了過去。當時的皇帝還是不著調的中宗李顯，而邊防官員光想著金城公主和親，兩國其樂融融，卻沒有想到國與國之間最後爭的還是利益，哪管什麼姻親。黃河九曲就這樣被當成嫁妝劃給了吐蕃，後來便成為吐蕃進攻唐朝的一塊關鍵跳板。

哥舒翰意識到黃河九曲的戰略意義，便打起了黃河九曲的主意。吐蕃可能是被哥舒翰打怕了，進攻黃河九曲地區時並沒有遇到太大阻力，很快地黃河九曲便重回唐軍之手，哥舒翰再立一功。

勝利的戰報傳到長安，李隆基大喜，楊國忠也跟著大喜。李隆基的大喜是因為重收黃河九曲，而楊國忠的大喜則是特殊含義：踏破鐵鞋無覓處，得來全不費工夫，此人不正是自己想找的那個人嗎？

楊國忠想得沒錯，因為哥舒翰不僅戰功卓著，更重要的是哥舒翰與安祿山有很深的矛盾。

哥舒翰為何與安祿山、安思順有很深的矛盾，史無明載。按照我的推測，不外乎兩點：一、同行是冤家；二、哥舒翰主政的隴右戰區與安思順主政的朔方戰區交界，兩戰區摩擦難以避免。可能正是基於以上兩個原因，哥舒翰與安思順矛盾很深，而安思順又與安祿山是堂兄弟，因此便發展成三個人的矛盾，哥舒翰與安思順、安祿山都互看不順眼。

哥舒翰、安思順、安祿山三人的矛盾漸漸地公開了，滿朝皆知。這讓李隆基左右為難，這三個人都是他倚重的節度使，缺了哪一個都不行，而偏偏這三個不可或缺的人相互之間還不和，這就很麻煩了。

李隆基想了一個辦法，他對三人說：「你們三個燒黃紙吧，結拜為異姓兄弟。」

三個節度使聞言，不敢違抗皇命，於是便不情不願地燒了黃紙，一起把頭磕到了地上，從此結為異姓兄弟。然而「異性兄弟」的標籤並沒有改變問題的實質。

李隆基又想了一個辦法，讓資深宦官高力士出面擺了一桌酒，同時邀請三位節度使出席，希望藉這桌酒化解三人之間的恩怨。

酒席的氣氛一度向著和解的方向發展。

安祿山先端起了酒杯對哥舒翰說：「我的父親是胡人，母親是突厥人，兄長的父親是突厥人，母親是胡人，這麼算起來，咱們都是同一血統，怎麼就不能和睦相處呢？」

安祿山說完，便很有誠意地看著哥舒翰。和解的橄欖枝遞到了哥舒翰手裡，就看哥舒翰接不接。

哥舒翰回應說：「古人云：『狐向窟嗥不祥，為其忘本故也。』兄苟見親，翰敢不盡心！」

哥舒翰的意思是說：古人說狐狸衝著洞穴吼叫是不祥之兆，因為這是忘本，老兄如果願意親近兄弟，兄弟怎能不盡心回應？

哥舒翰這句話沒有任何毛病，要說有毛病的話，只能說他忽略了一點：他忘了安祿山沒有文化，太深奧的話他根本聽不懂。

哥舒翰說完，還沒有意識到自己的「錯誤」，但見安祿山已經勃然大怒，吼道：「突厥狗，你竟膽敢如此囂張。」

要說沒文化真是太可怕了，沒文化的安祿山壓根沒有聽懂哥舒翰的意思，他只清晰地聽懂一個「狐」字。哥舒翰借用狐狸的典故說明同類之間要精誠團結、惺惺相惜，而安祿山卻誤以為哥舒翰在用「狐狸」含沙射影罵自己。他是胡人，因此對發「胡」的音很敏感，於是便出現了大發雷霆的一幕。

哥舒翰正欲回罵，卻被高力士一個眼色給制止了，只好順勢裝醉，離席而去。這下樑子結得更深了。

這樣一來便給了楊國忠見縫插針的機會。當楊國忠向哥舒翰拋出橄欖枝時，哥舒翰毫不猶豫地接住了，不為別的，只為他們有共同的敵人——安祿山。

楊國忠與哥舒翰的聯盟很快有了初步結果。不久，經由楊國忠推薦哥舒翰兼任河西節度使；又過了一段時間，李隆基晉封哥舒翰為西平郡王。

這是唐朝將帥受封的第二個王，與安祿山的東平郡王正好遙相呼應。

至此哥舒翰成為楊國忠的忠實擁躉，在整肅安祿山的問題上他們目標一致。當時正處於蜜月期的楊、哥二人怎麼也想不到日後他們居然會有反目成仇的一天，當然這是後話了。眼下他們最大的敵人還是安祿山。

長安過招

有哥舒翰加盟，楊國忠更有了底氣，天寶十二載年底，楊國忠將矛頭再次指向安祿山。

楊國忠向李隆基舊話重提：安祿山可能謀反。李隆基習慣性地搖了搖頭，不可能，絕不可能！

楊國忠追加一句：「如果陛下不信，不妨徵召安祿山進京面聖，我料定他肯定不敢來，不信您就試試。」

從內心來講，李隆基真不相信安祿山會謀反，自己那麼多恩寵加到他的頭上，他怎麼還會謀反呢？沒有理由啊！

李隆基知道自己說服不了楊國忠，那就讓事實來說話吧。

李隆基隨即下詔，命安祿山前往長安晉見。

楊國忠心中一陣竊喜，好，這下安祿山這小子要徹底暴露了，我看你敢來！

就在楊國忠等著看笑話時，天寶十三載正月初三，安祿山來了。楊國忠頓時坐臘了。

要說楊國忠確實只是一個小混混，雖然混上第一宰相的高位，但這麼多年智商還是不見漲。安祿山是有謀反之心，但並沒有把柄落在楊國忠手裡，因此安祿山沒有什麼可擔心的，長安對他而言抬腳就進。這次晉見對於安祿山而言是一場完勝，因為他不僅粉碎了楊國忠的讒言，而且在關鍵時刻倒打一耙。

安祿山淚流滿面地對李隆基說：「臣本胡人，受陛下恩寵被擢升到如此高位，這便引起了楊國忠的嫉妒，臣恐怕不久就會被他害死了。」

說完，安祿山淚如雨下。

安祿山的痛哭感染了李隆基，把李隆基也弄得唏噓不已，哎，挺好的孩子居然被楊國忠逼成這樣，楊國忠也真是的。此刻憐惜在李隆基的內心中佔據了上風，再加上以前的疼愛與欣賞，安祿山在李隆基心目中的地位更加鞏固，而楊國忠的話他再也聽不進去了。

偷雞不成反蝕把米，楊國忠心中直呼晦氣。

幾天後，楊國忠的眼前一亮，他似乎又看到了希望。讓楊國忠眼前一亮的是太子李亨，他也是來勸告李隆基的，李亨與楊國忠的基調一樣：安祿山有野心，日後必反。

李亨的話李隆基依然沒有聽進去。這一切怪只怪李隆基對安祿山的「疼愛」太深了，這種「疼愛」足以應對一切不利安祿山的「謠言」。這種「疼愛」總會在不經意中產生無數個替安祿山辯解的理由。

不久李隆基又做出一個決定，他要給安祿山加一個宰相頭銜。李隆基的命令很快傳了下去，翰林院學士便開始起草詔書。

翰林院是在李隆基登基之後出現的，功能是招攬各類有文學才能的人，另外和尚、道士、書法家、畫家、琴師、棋手、法術師也在招攬行列。這些人還有一個冠冕堂皇的名字——待詔，意思是隨時聽候皇帝的差遣。唐代著名詩人李白便曾經在翰林院當了幾年待詔，而這幾年待詔生涯也是他一生引以為榮、閃閃發光的關鍵履歷。

待詔在李隆基時期還是閃閃發光的金字招牌，到了宋朝就臭大街了。《水滸傳》裡有一回，魯智深下山找鐵匠鋪打禪杖和戒刀，魯智深一進門跟鐵匠打招呼便說：「兀那待詔，有好鋼鐵嗎？」看看，在魯智深時代，打鐵的都是待詔。

接著說翰林院，發展到後來翰林院的翰林學士地位與日俱增，朝中不少有文學素養的官員都成為翰林學士，因為在這裡離皇帝更近。

在這批翰林學士中有兩個人格外引人關注，一位是刑部尚書張均，一位是太常卿、駙馬張垍（**娶李隆基的女兒**）。這二人是兄弟，他們的父親是曾經出任過宰相的文學大家張說。此次受命起草詔書的便是張垍，張垍滿心以為這是李隆基對自己的信任，卻沒有想到無意之中竟然捲入一場是非，進而影響了他的一生。

張垍剛起草完詔書，楊國忠便找到了李隆基。

楊國忠說：「安祿山雖然有軍功，但他目不識丁，怎麼能當宰相呢？任命他當宰相的詔書一下，恐怕四夷就會輕視朝廷。」

這一次楊國忠非常討巧，他抓住了安祿山目不識丁的要害，這一抓非常關鍵。

李隆基沉思一會，決定放棄原來的想法，不過該有的恩寵還得有，還是封安祿山為尚書左僕射，另外賜一子為三品官，一子為四品官。安祿山的宰相生涯就這樣還沒有開始便結束了，楊國忠以為自己做得神不知鬼不覺，但安祿山還是知道了，於是安祿山與楊國忠的恩怨又加深一層。

安祿山並沒有急於報復，他的心中還籌畫著更大的大事。

不久安祿山又向李隆基提出了要求：請求兼任御馬總監和全國牧馬總管。

這個要求非常致命，如果這個要求如願，這便意味著以後全國的戰馬盡在安祿山的掌握之中。戰馬對於冷兵器時代的意義，或許可以等同於二十世紀坦克對陸軍的意義。這個要求，李隆基居然同意了。

天寶十三載正月二十四日，李隆基任命安祿山為御馬總監、隴右牧馬總管，相比於安祿山的要求略微打了一個折扣。

李隆基以為安祿山滿意了，但安祿山還是不滿意：「我要當全國牧馬總管。」

兩天後安祿山終於如願，李隆基任命他為代理全國牧馬總管，雖然是一個代理，但牧馬的事他說了就算。至此安祿山達到了自己的目的，而楊國忠只能叫苦不迭。

儘管史書沒有提及楊國忠在此期間的作為，但以他的性格一定會拼命破壞安祿山的好事，然而安祿山最終還是如願，這一回合較量安祿山還是佔了上風。

放虎歸山

楊國忠與安祿山的棋局還在繼續。

天寶十三載正月十一日，李隆基發布一項任命：楊國忠升任司空。

這個任命對於楊國忠而言並沒有實際意義，因為司空本身只是一個榮譽性職位，並沒有任何實權，楊國忠之所以要司空這個名頭只是為了爭一口氣，在氣勢上壓倒安祿山。兩天前安祿山被加授尚書左僕射，因此楊國忠就為自己爭取一個司空頭銜，司空從理論上高於尚書左僕射，這樣楊國忠又壓安祿山一頭。

安祿山見狀不動聲色，他不想與楊國忠去爭那些虛名，他想要的是實實在在的東西。

正月二十三日，安祿山又給李隆基上了一道奏疏：臣所部將士在討伐奚、契丹、九姓、同羅部落戰鬥中立功很多，臣懇請陛下不拘泥常規給予特別賞賜，在任命狀上給予褒獎，交給臣帶回軍中發放。

安祿山這是向李隆基討要晉升將軍的名額，原本將軍的名額是有限的，而安祿山卻要求為他的部下破一回例，不再拘泥於原來的固定名額。

經安祿山獅子大開口，李隆基大筆一揮，一次性便批給了安祿山晉升將軍名額五百餘個，晉升中郎將名額兩千餘個，這下安祿山便有了濫賞的資本，而這一切都是拜李隆基所賜。

轉眼間到了三月初一，安祿山該回范陽了。安祿山向李隆基辭行時，李隆基又做出一個驚人之舉，他解下自己的御袍賜給了安祿山，這一賜把安祿山感動得熱淚盈眶。

李隆基此舉也有自己的用意，他想用自己的恩寵牢牢籠絡住安祿山，朕對你如此推心置腹，你還好意思反嗎？

此時的李隆基已經六十九歲了，雖然經歷了歲月風雨，但還是有了老小孩的天真。真以為給人家點恩寵，人家就不好意思反了。在造反這條路上從來沒有什麼不好意思。

辭別李隆基的安祿山迅速出了皇宮，跨上戰馬便開始飛奔，他感覺到背後一雙眼睛始終在死死盯著他，盯得他脊背發涼。

不過想走也走不了那麼快，講究的李隆基還安排高力士在長樂坡為他餞行呢。

喝過無數次餞行酒，這一次安祿山最沒有心情，他只想快速離開這個地方，哪有心思喝高力士的餞行酒。草草喝過之後，安祿山驅馬飛奔潼關，他安排的人已經在這裡等候多時了。安祿山棄馬上船，船馬上啟動，兩岸早已安排就位的船夫迅速拉起了縴，船在黃河上急駛。

對於自己的歸途，安祿山早有安排，兩岸拉縴的船夫十五里一輪換，晝夜不停，同時路過沿岸郡縣一律不下船，一天一夜能行數百里，這樣楊國忠想抓安祿山只能踩風火輪了。

安祿山揚長而去，高力士也從長樂坡回宮覆命，這一覆命便引出了張均、張垍兄弟的麻煩。

李隆基衝高力士問：「安祿山此行應該滿意吧？」

高力士回應說：「看他的樣子有些不高興，恐怕是知道一度要任命他當宰相，後來又中止了。」

李隆基聽後有些鬱悶，保密工作怎麼做得這麼差呢？

李隆基將自己鬱悶說給楊國忠聽，這時楊國忠接過了話頭：「任命安祿山當宰相的事一般人不知道，必定是張垍兄弟透露給安祿山的。」

李隆基頓時大怒，這個張垍虧他還是朕的駙馬，居然是個大嘴巴，他的兩個兄弟肯定也不是什麼好東西，統統貶了！

因為楊國忠一句話，張均、張垍兄弟的命運便被改變了，是否真是他們洩的密史無明載，總之李隆基認為是，於是兄弟三人就被貶了。

刑部尚書張均貶為建安太守；兵部侍郎張垍貶為盧溪司馬；給事中張埱貶為宜春司馬。

雖然這次貶黜只持續了一年多的時間，一年後李隆基便把兄弟三人一一召回，然而兄弟三人卻在這次貶黜中寒了心。日後當重大選擇橫在面前時，他們選擇了李隆基的對立面——安祿山。

此時的李隆基在自己營造的錯覺中越陷越深卻依舊渾然不覺。不久他更是做出了出人意料的舉動：凡是舉報安祿山謀反的，一律捆綁起來交給安祿山自由處置。

一旁的楊國忠看在眼裡、急在心裡，他知道自己該做點什麼補救補救了。

亡羊補牢

在這一輪長安過招中，楊國忠沒能鬥過安祿山，安祿山不僅戳破了楊國忠的「謠言」，更是帶著累累碩果從長安全身而退。

想起安祿山的全身而退，楊國忠便恨得牙根發癢，他決定進行補救。楊國忠的補救著眼於兩個人身上，一個是哥舒翰，一個是吉溫。

對於哥舒翰，楊國忠的手法照舊，還是幫哥舒翰爭取待遇。但這一次楊國忠不是替哥舒翰爭取，而是替哥舒翰的部將爭取，安祿山不是爭取到兩千五百個晉升名額嗎？哥舒翰這邊也不含糊。

在楊國忠的幫助下，哥舒翰同樣爭取到大批晉升將軍名額，比安祿山更厲害的是哥舒翰還爭取到數個晉升高級將軍的名額。

長長的晉升名單中，有幾個人比較關鍵的人物。

燕山郡王火拔歸仁晉升為驃騎大將軍（此人將在潼關之戰中扮演重要角色）；嚴挺之之子嚴武為節度判官（嚴武發跡靠的便是哥舒翰提拔）；前封丘縣尉高適為掌書記（高適是唐朝詩人中少有的仕途顯達之人，他的仕途起步借了哥舒翰的光）。

忙完哥舒翰的事，楊國忠開始著手吉溫的事，他要狠狠收拾一下這個見風轉舵的小人。原本他們是一個戰壕的戰友，現在卻要撕破臉皮，這一切都是因為吉溫的善變。

天寶八載之前，吉溫一直是李林甫的得力助手，在李林甫整肅高官的過程中，由吉溫和羅希奭組成的「羅鉗吉網」出力不少；天寶八載之後，自覺跟著李林甫沒有多少前途的吉溫投入楊國忠門下，轉而對李林甫下手，李林甫的黨羽宋渾、蕭炅都是他聯合楊國忠整倒的。

時間走到天寶十載，吉溫的心思又動了，因為他發現了一個似乎比楊國忠更紅的人，這個人就是安祿山。經過激烈的思想鬥爭之後，吉溫決定放棄楊國忠，轉投到安祿山門下。

吉溫遊說安祿山說：「李林甫雖然跟三哥（安祿山在家中排名老三）走得很近，但他肯定不會推薦三哥出任宰相；我吉溫往日就受他驅使，到頭來也沒有得到太多提拔。三哥如能向皇上推薦我，我定當向皇上推薦三哥擔當大任，咱們一起聯手把李林甫排擠出去，日後你就是宰相。」

吉溫說這番話時根本沒提楊國忠，或許楊國忠在他和安祿山眼中不是當宰相的材料。吉溫的話深深打動了安祿山，不久安祿山便向李隆基推薦了吉溫，最終把吉溫安排到河東節度副使的職位。

出任河東節度副使的吉溫並沒有跟楊國忠翻臉，他依然跟楊國忠保持著聯繫，楊國忠出任宰相後還推薦吉溫出任御史中丞，從這個推薦來看楊國忠還把吉溫當成自己人。

楊國忠與吉溫關係破裂是在天寶十三載的正月。

安祿山爭取到御馬總監和全國牧馬總管的職務，這讓楊國忠非常不爽。令楊國忠更加不爽的還在後面，安祿山又向李隆基推薦了吉溫，安祿山建議讓吉溫出任兵部侍郎，同時兼任御馬副總監。

事情發展到這一步，楊國忠才徹底明白吉溫已經偷偷改換門庭投到安祿山的門下了，從前是盟友，今天就是敵人。

對待盟友要像春天般溫暖，對待敵人則要像冬天一樣無情，從這時起楊國忠便盯上了吉溫，他一定要讓這個人付出背叛的代價。不久吉溫就遭到了楊國忠的打壓，這次打壓讓吉溫懊喪不已、刻骨銘心，因為他與自己追求了一輩子的目標失之交臂。

事情的起因還得從楊國忠與陳希烈的恩怨說起。楊國忠與陳希烈本來也是盟友，在清算李林甫的戰鬥中他們一度並肩作戰，並且一起分享了勝利果實，兩人都被封為國公。然而楊、陳兩人的結盟很脆弱，清算完李林甫不久，楊國忠就發現陳希烈用起來不順手，雖然陳希烈不會跟自己頂牛，但楊國忠還是感覺彆扭，便動了心思想把陳希烈換掉。

官場中人都是敏感動物，陳希烈很快地便意識到楊國忠的企圖，自覺無法與楊國忠對抗的陳希烈選擇了認輸，他不等楊國忠開口便主動提出辭職。

辭職報告反覆遞了幾次，起初李隆基並不同意，不過想到一件事情後他改變了主意。

原來在陳希烈鬧辭職期間，長安進入無休無止的雨季，雨黏黏乎乎下了六十來天，最後暴雨成災，長安城裡塌了很多房子，不少街區也被水淹了，沒有多少科學知識的李隆基信奉的是「天人感應」，他認為這是老天在發怒。

一個偶然瞬間，李隆基把暴雨成災和陳希烈聯繫到了一起，進而用他奇怪的思維邏輯得出一個結論：暴雨成災可能與陳希烈不稱職宰相之位有關。

就這樣，一場暴雨終結了陳希烈的宰相生涯，李隆基開始著手找給楊國忠搭班子的人。

愛屋及烏是人的天性，因為喜歡安祿山進而喜歡安祿山推薦的人，很快李隆基將目光鎖定在吉溫身上，他想讓吉溫出任宰相跟楊國忠搭班子。李隆基沒有想到這個提議遭到了楊國忠的強烈反對，楊國忠死活不同意吉溫出任宰相，李隆基有些遺憾，但還是尊重了楊國忠的想法。這樣吉溫就跟安祿山一樣殊途同歸，宰相生涯還沒有開始便結束了。

吉溫沒能得到的宰相頭銜最終落到了吏部侍郎韋見素頭上，他能出任宰相歸因於他低眉順眼，能夠無條件服從楊國忠。在出任宰相時，韋見素一定對楊國忠充滿了感激，或許在心中許下了與楊國忠同生共死的諾言，在馬嵬坡他差一點就做到了。

吉溫與自己夢想的宰相之位失之交臂，心中的鬱悶不言而喻，但這並不是最差的結果，一心報復的楊國忠並沒有停止對他的打壓。活該吉溫倒楣，數月後他被楊國忠抓到了把柄。

楊國忠採用的是連環計，連環計的源頭是河東太守韋陟。

韋陟為官頗有聲望，而且儒雅有風度，不經意間韋陟就成了楊國忠的假想敵，楊國忠擔心有朝一日李隆基會調韋陟進京出任宰相，那樣就會影響自己的相位。楊國忠決定先下手為強，把韋陟拉下馬。

把韋陟拉下馬的方法很簡單，就是找人控告韋陟貪贓枉法，這樣韋陟就必須接受御史審查，而在審查過程中可以做的手腳就多了。楊國忠一方面盯緊韋陟，一方面啟動自己的連環計，他不僅要把韋陟拉下馬，而且還要把那些企圖營救韋陟的人一一拉下馬。

很快地企圖營救韋陟的人出現了，這個人就是吉溫。無利不起早的吉溫收受了韋陟的賄賂，他自認憑自己的能力無法撈出韋陟，於是便安祿山向求救。吉溫自以為做得神不知鬼不覺，卻不知道他所做的一切都在楊國忠的監視之中。

幾天後，吉溫的營救結果出來了：韋陟貶為桂嶺縣尉；吉溫貶為澧陽長史。

本來受人之託進行營救，沒想到營救到最後自己也掉了進去，吉溫只能在心裡暗罵楊國忠，算你狠！

被貶的吉溫把希望都寄託在了安祿山身上，他渴望安祿山能拉自己一把。安祿山確實伸出援手用力的拉了一把，可惜沒能拉上來。安祿山上疏李隆基，一方面為吉溫喊冤，一方面指責楊國忠陷害忠良。然而李隆基再一次當起了和事佬，對於楊國忠和安祿山都沒有責備，於是就做出了葫蘆僧的判決：維持原判。

上岸無望的吉溫只能踏上被貶之路，心中充滿委屈和不服，此時的吉溫並不知道把他打下水的楊國忠還沒有收手，更大的打壓還在後面呢。

天寶十四載，吉溫又被舉報了，他被指控貪贓枉法、非法佔有他人馬匹。舉報迅速被坐實，吉溫再次被貶，由澧陽長史被貶為端州高要縣尉。高要地處嶺南，歷來被視作瘴癘之地，楊國忠就是要把吉溫扔到瘴癘之地。

起初楊國忠並沒有達到目的，因為吉溫走到始安郡就不走了，愣是沒有去高要報到。吉溫以為楊國忠不會知道自己的行蹤，沒想到楊國忠還是知道了。

這一回楊國忠非常大度，哦，不想去高要啊？

不用去了，直接扔進監獄。

一個月後，吉溫再也不用去高要報到了，轉而向那些被他整死的冤魂報到了。巧合的是與吉溫並稱「羅鉗吉網」的羅希奭也死於獄中。

或許《無間道》裡的一句話最適合總結吉溫和羅希奭的一生：出來混，遲早要還的！

這句話同樣適合打壓吉溫成功的楊國忠。

扶穩了哥舒翰，打倒了吉溫，楊國忠的亡羊補牢初見成效，不過他並沒有放鬆，因為他知道，安祿山這隻老虎一下是打不死的，必須再連打幾下。

叛亂前夜

第三章

誰來擔保

時間走到天寶十四載，楊國忠與安祿山的爭鬥還在繼續。

正月二十二日，安祿山的副將何千里來到長安，帶來了安祿山的最新要求：用三十二名蕃人將領替換原來的三十二名漢人將領。這就是安祿山的「以蕃易漢」。

「以蕃易漢」的背後包藏著安祿山的禍心，安祿山此舉是要將他不信任的漢族將領全部換掉，取而代之的是他信得過的蕃人將領，這是為將來的起事做準備。但是七十歲的李隆基沒能看透背後的玄機，他居然想也沒想就同意了。

不是所有人都沒有看透安祿山的禍心，新任宰相韋見素就一眼識破。

韋見素對楊國忠說：「安祿山早有野心，今天又提出這樣的要求，這說明他已經下定決心謀反了。明天面聖我將向聖上指出這一點，如果聖上不認同，請您發言支持我。」

楊國忠誠懇地點了點頭，放心，我一定會的。

第二天，韋見素與楊國忠一起來見李隆基。

沒等韋見素開口，李隆基劈頭就問：「卿等都懷疑安祿山要謀反嗎？」

韋見素不疑有他，順勢接過話頭：「聖上所言極是，臣等早已懷疑安祿山謀反，他所要求的以蕃將代漢將斷斷不能允許。」

韋見素自顧自的說了起來，卻沒有意識到李隆基的臉色越來越難看。察顏觀色的楊國忠見狀頓時失語，眼神上下翻飛，舌頭卻一動不動，急得韋見素恨不得撓牆，楊國忠依然如故，裝啞依舊。

臉色鐵青的李隆基最終認同韋見素的說法，但仍堅持了昨天，同意安祿山「以蕃易漢」的決定。

韋見素和楊國忠灰溜溜地退了出來，面對韋見素的抱怨，楊國忠一笑了之，他沒有時間跟韋見素解釋，當務之急是要想出一個切實可行遏制安祿山的辦法。

皇天不負有心人，辦法終於被楊國忠和韋見素想出來了。

幾天後，楊國忠與韋見素又來見李隆基，楊國忠說出了自己的辦法：臣有辦法消除安祿山的禍患。如果將安祿山委任為宰相，召到長安任職，把范陽節度副使賈循、平盧節度副使呂知誨、河東節度副使楊光翽扶正，那麼安祿山的勢力就自然瓦解了。

平心而論，楊國忠的提議有一定道理，如果能把安祿山架空，把他手下的三個副手扶正，那麼安祿山的勢力就會被瓦解掉。即便安祿山抗命，拒不到長安任職，那麼至多裹脅范陽戰區叛亂，平盧、河東都不會參加，因為被扶正的節度使會火速將大權抓在自己手中。

聽完楊國忠的辦法，李隆基覺得有些道理，便傳令下去，即刻起草詔書。詔書很快起草完畢，放到了李隆基的案頭，只要李隆基點一下頭，詔書就會下達。如果詔書就此下達，中國歷史上或許就沒有了安史之亂，即便是有，禍害程度也會相對降低。歷史的機遇擺到了李隆基面前，就看他能不能抓住。

李隆基沉思良久，還是沒有下定決心，他揮了揮手讓楊國忠、韋見素退了下去。

容朕再想想，再想想。這一想又是若干天。

這些天李隆基沒有閒著，他的腦海裡一直在左右互搏，遲遲拿不定主意。想了半天，李隆基決定再考察一下安祿山，於是便派宦官輔璆琳以給安祿山送水果的名義去了范陽。

從長安往范陽送水果看起來有些詭異，其實一點都不會，這在李隆基和安祿山之間早已成為慣例，每逢李隆基吃到可口的東西，都會想起遠在范陽的乾兒子安祿山，於是便命令屬下打包一份快馬加鞭送到范陽。這次宦官輔璆琳從長安往范陽送水果也是「父子」間慣例的延續。

這時的李隆基已經七十歲，老小孩進入自欺欺人的階段，他一方面信任安祿山，一方面也忌憚安祿山，他在信任和不信任間左右搖擺，現在他想聽聽他所信任的宦官意見。

李隆基以為宦官靠得住，卻沒有意識到一個拿了安祿山賄賂的宦官還靠得住嗎？

很快水果特使輔璆琳回來了，他給李隆基帶回了范陽水果之旅的心得體會：安祿山竭忠奉國，絕無二心。

這個心得體會很致命，它直接左右了李隆基心中的天平。李隆基很自然地進入到自我安慰、自欺欺人的狀態，他對楊國忠說：「朕誠心對待安祿山，他必無二心。東北的奚、契丹還要靠他防範，朕可以擔保他絕沒有問題，卿等就不用杞人憂天了！」

人這一輩子，腳上的泡是自己走的，頭上的包是自己磕的，所有的福是自己積的，所有的禍也都是自己惹的。總而言之，人這一輩子，都是自己作的！

相互試探

李隆基一拍胸脯替安祿山擔保，胸脯拍得山響，但他的心裡依然沒有底。

讀安史之亂這段歷史的人不免有些疑惑，為什麼李隆基對安祿山那麼信任，即便已經出現了叛亂的苗頭，他還願意相信安祿山不會謀反？

總結原因，不外乎以下幾點：

一、李隆基過於自信，他過於相信自己的識人能力。公平的說，在開元年間李隆基識人的眼光是非常精準的，無論是姚崇還是宋璟，抑或是張說、張九齡。即便是充滿爭議的李林甫，儘管李林甫的口碑很差，但在他的帶領下國力蒸蒸日上，這也驗證了李隆基眼光的獨到。然而到了晚年，李隆基的眼光不濟了，楊國忠、安祿山都是他看好的人，但卻看走了眼。

二、李隆基不願意親手毀掉自己樹立的典範。李隆基花了近二十年樹立了他和安祿山這種典範般的關係，讓他親手毀掉，他捨不得。

三、步入老年的李隆基不想再折騰了。翻開李隆基的人生經歷可以發現，他的一生就是戰鬥的一生，最早跟韋后鬥，後來跟太平公主鬥，接著跟宰相鬥，同時還得防範兒子的虎視眈眈。鬥了一輩子，李隆基累了，他更願意維持現狀，多一事不如少一事。

綜合以上三點，李隆基「頑強」地保住了安祿山，但他的心中依然在打鼓，那麼多人說安祿山謀反，他還是有點擔心。

天寶十四載三月二十二日，李隆基的特使又從長安出發了，這次的特使是給事中裴士淹，他奉命前往河北道慰問，而安祿山正擔任河北道巡察特使，正好是重點慰問對象。說是慰問，其實還是因為李隆基不放心，「送水果」這名義已經用過一次不便再用，因此這一次便祭出了「慰問」的名目。

裴士淹如期抵達范陽，一張慰問的熱臉貼到了安祿山的冷屁股上。

以往每逢朝廷使節前往范陽，安祿山都會顛顛地出城迎接，然而自從天寶十三載從長安勝利大逃亡後，安祿山改了規矩不再出城迎接，而只是在城中的總部接見。

當然，他也有冠冕堂皇的藉口：有病，身體不好。

由於安祿山一直聲稱「有病」，慰問特使裴士淹就被冷處理了二十多天，直到二十多天後，安祿山終於「康復」了，在總部接見了裴士淹。裴士淹發現安祿山這次的接見有些漫不經心，眉宇之間帶著一絲傲慢，裴士淹心中一冷，這個胡人不會真的有反心吧？

慰問草草收場，裴士淹忐忑不安地回京覆命，他既把安祿山的態度報告給了李隆基，同時也報告給了楊國忠。李、楊二人聽完報告後反應截然不同，李隆基似乎不太相信，而楊國忠卻大喜過望：「你看，我說吧，這個胡人想謀反。」

此時的楊國忠已經把扳倒安祿山上升為人生第一要務，他到處嚷嚷「安祿山要謀反」，卻從來沒有認真想過，一旦安祿山真的謀反要如何收拾局面。

在這一點上，楊國忠與漢景帝時主張削藩的晁錯有點類似。

晁錯主張削藩，他對漢景帝說：「削之亦反，不削亦反。」，意思是說無論削不削藩，這些藩國早晚必反，既然這樣就不如早削，逼他們早點反，對國家的危害還小些。

晁錯主張削藩的態度很堅決，但他從沒有想過藩國真的反了以後怎麼辦。等七王之亂發生後，晁錯絞盡腦汁想出了一個主意：由他坐鎮京師，讓景帝御駕親征。這是一個餿得不能再餿的主意，把安全留給了自己，把危險讓給了皇帝，等待他的只有悲慘的結局。

藉著七王之亂喊出「誅晁錯，清君側」的口號，漢景帝最終把晁錯犧牲掉了。臨刑那一天，不明就裡的晁錯還以為景帝召他進宮議事，興沖沖穿著朝服上了車，不料走到半道被一腳踢了下來，然後咔嚓，一刀兩段。

晁錯的悲劇在於吵了半天卻沒有善後的手段；楊國忠的悲劇在於他以為善後的手段足夠了，到頭來才發現還差那麼一點點。

不知不覺間，楊國忠與晁錯走上了同一條軌跡，他們都在大聲吶喊，他們都想引起皇帝的高度關注，不同的是晁錯出於一片公心，而楊國忠私心蓋過公心。

當楊國忠所期盼的結果出現時，安史之亂喊出了「誅楊國忠，清君側」的口號。歷史竟然有如此驚人的巧合。

楊國忠的當務之急是繼續尋找安祿山謀反的證據。很快地楊國忠向安祿山狠狠地刺了一錐子：他居然派兵搜查了安祿山在長安的住宅。

安祿山在長安的住宅由李隆基特批，前前後後都是李隆基張羅，裝修按照當時的一流標準，最扎眼的是裡面有兩張鑲白玉的檀木床，檀木床的尺寸比較特別，長一丈，寬六尺，躺兩個姚明綽綽有餘。

楊國忠把安祿山的住宅仔仔細細地搜查了一遍，他想從這裡找到安祿山謀反的證據，然而搜查的結果令他很失望，證據沒找到，證人或許有幾個。安祿山的賓客李超等人被當作證人抓進了御史臺監獄，楊國忠渴望從他們的口中得到安祿山謀反的線索，這一次他又失望了，一無所獲。

失望的楊國忠知道請神容易送神難，當初把人家抓進來容易，要再送出去就難了，至少得給一個合理解釋吧。

楊國忠想了一下，那就不送了吧。

秘密處死。

嚴格說起來，楊國忠這次突擊搜查並非一無所獲，至少起到了打草驚蛇的效果。

楊國忠以為自己所做的一切都是絕密，卻沒有意識到安祿山在長安也有眼線，這個眼線探聽到搜查的消息，便把消息迅速傳遞給了安祿山。給安祿山傳遞消息的是安祿山的兒子安慶宗，當時他留在長安準備自己與皇族女兒榮義郡主的婚禮，正巧發生了楊國忠突襲安祿山住宅事件。

得到兒子傳來的消息，安祿山頓時緊張了起來，看來事情得抓緊了。就在安祿山準備加快叛亂節奏時，李隆基的詔書到了。

李隆基在詔書中寫道：你的兒子就要舉行婚禮了，作為父親你得到長安觀禮吧。

李隆基說的合情合理，然而卻遭到了安祿山的拒絕——抱歉去不了。

理由呢？有病。

病自然是裝出來的，安祿山是不想到長安束手就擒。

幾個月來，安祿山已經看出來了，無論李隆基還是楊國忠都在試探自己。無論是送水果還是慰問，都是對自己不放心，而楊國忠突然搜查自己的住宅，那更是試探自己的底線。

好，既然你們試探，我也試探。

一個月後，自稱有病的安祿山給李隆基上了一道奏疏，聲稱自己將前往長安貢獻戰馬三千匹，貢獻路上每匹馬配備兩個馬夫，另外派遣二十二名蕃將護送。

接到安祿山的奏疏，李隆基有些疑惑，安祿山突然要獻三千匹馬，到底是什麼意思呢？

不僅李隆基疑惑，得知這個消息的不少官員同樣疑惑，河南尹達奚珣直接上疏李隆基：陛下應該指示安祿山將獻馬日期推遲到冬天，而且由朝廷直接押送，不需要范陽出兵。

李隆基閱罷表示認同，此時他終於對安祿山產生了懷疑。

這封奏疏其實是安祿山在試探李隆基對他的信任程度。如果李隆基同意他七月獻馬，那麼說明李隆基對他依然信任；如果李隆基不同意，進而推遲他的獻馬日期，那麼說明李隆基對他已經產生了懷疑。

現在李隆基下令推遲獻馬日期，雙方的底牌即將揭開。

就在這時，曾經收受安祿山賄賂的輔璆琳案發了。輔璆琳如何案發，史無明載。估計是同行相互傾軋，可能是他不小心洩露了范陽之行的秘密，結果被嫉妒的同行告發。

輔璆琳的案發讓李隆基心中的天平又開始搖擺，他對安祿山的不信任與日俱增。這時李隆基未必相信安祿山會謀反，但為了以防萬一，他準備調虎離山。

李隆基繼續沿用了自己的感情攻勢，他親筆給安祿山寫了一封熱情洋溢的邀請信。李隆基飽含真情地寫道：朕最近特意為卿新開鑿了一個溫泉池，今年十月朕會在華清宮等待你的到來。

邀請信寫得很感人，可惜已經打動不了安祿山的心。當這封熱情洋溢的邀請信送到安祿山面前時，安祿山沒有像以往一樣起身恭迎，而是大馬金刀地坐在凳子上，無所謂地說了一句：「聖人安康。」

安祿山接著說道：「不讓獻馬也無所謂，十月我會大搖大擺去長安。」

安祿山的話驚出了傳詔使節一身冷汗，心中暗暗發抖，這個胡人看來反意已決。數天後，傳詔使節回到長安，一下子跪倒在李隆基面前哭喊道：「臣差一點就再也見不到陛下了！」

經過雙方的幾次試探，安祿山的不臣之心已經昭然若揭。

然而盡信書則不如無書，我對這幾次試探倒有幾處存疑：

一、安祿山對朝廷使節的態度前後反差太大，以前安祿山畢恭畢敬，後來則愛答不理甚至不敬，如此大的反差可能就存在疑點。以安祿山的智商，他應該知道偽裝的重要性，難道他覺得自己勝券在握，已經無須顧忌長安的感受？一般在正常情況下不會這麼做。

二、既然安祿山能在朝廷使節身上做手腳，那麼楊國忠會不會同樣做手腳呢？朝廷使節向李隆基彙報的安祿山已經接近窮凶極惡，那麼他們的彙報有沒有水分呢？恐怕未必沒有。

幾番試探，長安與范陽的關係越來越緊張，雙方都繃緊了神經。

不久，長安的一紙詔書將安祿山逼進了死胡同，從此他只能一條道跑到黑了。

引爆

現有史書幾乎眾口一詞地指出，在安祿山謀反之前，李隆基幾乎毫無作為，這種其實說法不對。李隆基是有作為的，他不僅有作為，而且做了一件大事，正是這件大事引爆了安祿山的火藥桶。

天寶十四載秋，李隆基下達了一紙詔書：將河東戰區從安祿山的勢力範圍中剝離出來。

但詭異的是這麼重大的事情，在《舊唐書》、《新唐書》以及《資治通鑒》中並沒有提及，實在令人匪夷所思。出現這種情況只能有一個解釋，那就是史官故意隱瞞了李隆基下詔的事實，這樣一來就會營造一個錯覺：朝廷從來沒有辜負你安祿山，是你安祿山人面獸心辜負了朝廷。

事實上李隆基剝離河東戰區的事實必定是存在的，只是被湮沒在歷史的紅塵之中。

有人會說，既然你說李隆基剝離河東戰區在先，那麼你的證據呢？容我細細道來。

天寶十四載十一月，安祿山起兵前對自己的勢力範圍做如下部署：命范陽節度副使賈循守范陽，平盧節度副使呂知誨守平盧，別將高秀岩守大同。

需要特別注意的是，安祿山對河東戰區沒有安排。不久安祿山派奇兵突襲河東戰區總部所在地太原，擄走太原副留守楊光翽，而楊光翽原來的身分正是河東節度副使。

安祿山與楊光翽見面之後痛斥楊光翽依附楊國忠，一番痛斥之後將楊光翽斬首示眾。

幾件事整合到一起，可以得出結論：安祿山起兵之前，河東戰區已經被剝離，原河東節度副使楊光翽已經倒向了楊國忠。河東戰區不再為安祿山所有，這一下把安祿山逼到了牆角，安祿山醞釀已久的叛亂被迫提前。

剝離河東戰區一定是楊國忠的主意，這是楊國忠對安祿山底線的試探，如果安祿山就此謀反，那正中楊國忠下懷。如果安祿山不反，那麼楊國忠還會繼續剝離戰區，等三個戰區剝離完畢，安祿山就成了一隻年畫老虎。

事情發展到這一步，安祿山只能反了，他已別無選擇。

世上從來沒有無緣無故的愛，也沒有無緣無故的恨，因此世上從來也不會有無緣無故的叛亂。安祿山走到這一步並非一朝一夕的事情。

中國歷史總是喜歡臉譜化，把歷史上的人物貼上好人、壞人的標籤，其實好人、壞人沒有那麼涇渭分明，好人身上也有壞人的因素，壞人身上也不乏好人的優點，人注定是複雜的，很難定義為純粹的好人或者壞人。

具體到安祿山，史家習慣性地指責他是胡人，所以人面獸心，其實這是不公允的，安祿山是胡人不假，但胡人不等於人面獸心，即使安祿山最終叛亂，那也不等於安祿山從一開始就人面獸心。

事實上安祿山的欲望是被李隆基一點一點勾起，他的胃口隨著位置的提升而不斷擴大。

當安祿山剛剛升任平盧節度使時，他的內心之中忠誠應該是主流；當他同時兼任范陽、平盧節度使時，忠誠或許還是主流，但內心已經開始膨脹；當他同時擁有范陽、平盧、河東時，他的所思所想必定與初任節度使時有了很大不同。不斷提升，不斷受寵，安祿山的眼界越來越寬，胃口越來越大，直到某一天他赫然發現，自己居然有了叛亂的資本。

很難說安祿山是從何時動了叛亂的心思，如果要劃一個模糊的界限，或許就在他身兼三鎮節度使之後。即便身兼三鎮節度使，安祿山也未必真的會反，但接下來多種因素交織到一起，安祿山的叛亂思想便抬頭了。

首先，他得罪過太子。當年為了表示對李隆基的絕對忠誠，安祿山裝瘋賣傻，見了太子李亨故意不參拜，此舉令李隆基喜上眉梢，但同時也讓太子李亨心中不悅。聰明人過招總是點到為止，李亨自然看得出安祿山的伎倆，這樣安祿山取悅了皇帝，便得罪了太子。

不要小看「得罪太子」這件事，這幾個字足以讓一個家族天翻地覆。最簡單的例子是商鞅，在他推行改革時得罪過太子，等到太子登基，就發生了商鞅被五馬分屍的悲劇。安祿山雖是胡人，但他同樣知道一朝君子一朝臣的道理，這就注定他很難在太子手下做一個忠臣。

其次，中原與邊境軍事部署的本末倒置勾起了安祿山蠢蠢欲動的心。

每次從范陽前往長安，安祿山都會見識到中原防守的鬆懈，李隆基將王朝的重兵都布置到邊境上，中原腹地卻空了。深諳軍事的安祿山自然將這一切看在眼裡，蠢蠢欲動的心便油然而生。

第三，當安祿山擁有了與朝廷對抗資本時，他的周圍也在不經意中多了一批想入非非的小人，即使安祿山想繼續當忠臣良將，身旁的小人也會給他營造叛亂的環境。

圍繞在安祿山身邊的小人主要有兩個，一個是文書官、太僕丞嚴莊，一個是機要秘書、屯田員外郎高尚，正是這兩個人的出現把安祿山推進了遍布鱷魚的鱷魚池。

兩人中比較有故事的是高尚，這是一個不甘於平淡、一心想做大事的人。

高尚是幽州人，原本不叫高尚，而叫高不危。高尚從小就懷揣遠大理想，為了做大事他不顧老母親離開家鄉出外闖蕩，在家中的母親無所依靠，最後淪落到了靠乞討度日的地步。連老母的死活都不顧的人注定是危險的。

高尚在前半生並不順利，他雖有學問，同時不乏文采，但卻遲遲沒有獲得機會。命運不濟的他有時會跟熟人感歎：「我寧可舉大事不成而赴死，也不願意終日咬著草根苟活。」顯然這是一個極具投機心理敢做大事的人。

幾番輾轉，高尚來到安祿山身邊，安祿山把他提拔為機要秘書。

安祿山很肥胖，瞌睡說來就來，經常與高尚說著話便打起了瞌睡。在安祿山打瞌睡的同時，高尚則低頭忙公務等安祿山醒來，一切有條不紊。久而久之，高尚得到了安祿山的信任，可以隨時進入安祿山的臥室。

漸漸地，安祿山開始被高尚影響，他想做大事的心理也慢慢傳遞給了安祿山。高尚想做大事可是沒有資本，這沒有關係，安祿山有，只要把自己跟安祿山捆綁在一起，自己就能做成大事。

高尚很快找到了志同道合的戰友，這個人就是文書官嚴莊，他也想做大事。

兩個想做大事的人就此縈繞在安祿山的身邊，他們要跟安祿山一起做一件驚天動地的大事。

不久高尚和嚴莊拿了一件神秘預言給安祿山。按照高尚和嚴莊的解釋，安祿山與神秘預言非常符合，換言之安祿山是有天命的人。安祿山被煽動得熱血沸騰，他被高尚和嚴莊架上了高臺，從此再也下不來了。

從此以後，安祿山開始有計劃的準備。

首先他從奚、同羅、契丹部落投降過來的士兵中挑選出八千人，他給這八千人起了一個響亮的名字——「曳落河」，「曳落河」即胡語中的「壯士」。八千「曳落河」之外，安祿山還豢養了一百餘名家僮，這一百餘人都驍勇善戰，據說可以以一敵百。

接著安祿山儲備了數萬匹戰馬，無數件兵器。另外安祿山還做了經濟上的準備，他派出眾多商人到全國各地經商，每年的經商所得都被他儲存了起來，留著將來做大事。

人、財、物準備就緒，安祿山的幹部梯隊也基本就位，核心層以高尚、嚴莊、張通儒、孫孝哲等四人為主，緊挨核心層的是史思明、田承嗣這些跟隨他征戰多年的將軍。歷時數年，安祿山在范陽打造了一隻威力巨大的火藥桶，只要一點火星，這只火藥桶就會轟然爆炸。

從內心講，安祿山並不想現在就讓這只火藥桶爆炸，因為他捫心自問李隆基對他不薄。

指責安祿山人面獸心的史家自然不會承認安祿山有感情，事實上安祿山有心有肝也有感情。他曾經的盟友吉溫被楊國忠打落下馬之後，他數次出手營救，最終沒能營救成功，安祿山的內心非常不安。後來吉溫被整死在獄中，安祿山痛心不已，他幾經周折找到了吉溫的兒子，吉溫的兒子當時只有六七歲，安祿山卻給他大量金銀，並且安排他當官，給予必要的照顧。

從這一點看，安祿山也有感情，並不是完全的人面獸心，純粹的冷血動物。

安祿山對李隆基便充滿了複雜情感，他注定要背叛李隆基的王朝，但同時又想顧忌李隆基的感受，因此《資治通鑒》記載：安祿山本想等到李隆基駕崩後發動叛亂，我認為也是相對可信的。

然而現在安祿山卻等不及了，因為楊國忠已經舉起了火把，一步一步逼近了他的火藥桶。

剝離河東戰區只是第一步，接下來會有第二步、第三步，等到第三步完成，安祿山的火藥桶只會炸了他自己。

傻子才會等到第三步。不想當傻子的安祿山自認別無選擇。

既然別無選擇，那就兵戎相見吧！

范陽鼓起

第四章

起兵

天寶十四載十一月初，安祿山派往長安奏事的使節回到范陽，奏事使節的歸來讓安祿山有了關鍵的道具——密旨。密旨名義上是使節從長安帶回，實際上是安祿山自己加工的山寨貨。

安祿山拿出「密旨」對諸將說道：「奉聖上密旨，令我率兵入朝討伐楊國忠，諸位將軍跟我一同前往！」

「密旨」一出，諸將面面相覷，眾人都非常驚愕，但誰也不敢多問一句，因為安祿山的臉上已經有了殺氣。

李隆基的兵制改革在此時成了一把雙刃劍，他讓軍隊徹底職業化，節度使擁有至高無上的權威，軍隊成為對外戰爭的一把利劍，而現在安祿山把利劍調轉了方向。

十一月初九，安祿山集結所部兵馬以及同羅、奚、契丹、室韋部落總計十五萬人，對外號稱二十萬，正式在范陽起兵，安史之亂就此拉開了大幕。

第二天，薊城城南進行了盛大的閱兵式，閱兵式上安祿山再次聲明此次出兵只為討伐楊國忠。閱兵完畢，安祿山再出一條禁令：膽敢妄加議論，影響軍心者滅三族。一切準備就緒，安祿山兵鋒一指，十五萬大軍浩浩蕩蕩向長安方向撲去。

這一年是西元七五五年，距離大唐開國的西元六一八年已經過去了一百三十七年。在這一百三十七年中，除了武德年間竇建德、劉黑闥曾經割據河北叛亂，其餘大部分時間全國一片安靜祥和。從唐太宗貞觀年間開始，即便有戰爭也都是在邊境，中原遠離戰火已經一百餘年。現在好日子到頭了，戰火由范陽而起，燒到了中原。

范陽兵變的消息很快在老百姓中口口相傳，河北頓時亂成了一鍋粥，驚慌失措的老百姓紛紛加入到逃難的行列，而河北的官員則開始做起了選擇題：要麼大開城門，熱烈歡迎；要麼腳底抹油，全家開溜；要麼硬挺一下，等待處死。

無論是哪個答案，都不容易選擇。

應對

當范陽兵變的消息傳到長安時，李隆基還在華清宮泡溫泉。原本李隆基邀請安祿山一起去華清宮泡溫泉，想不到安祿山爽約了。現在安祿山不請自來，而且不是一個人來，背後還跟著浩浩蕩蕩的十五萬人。

起初李隆基不相信自己的耳朵，他堅信安祿山沒有叛變，只是安祿山的仇家在造謠。然而告急奏疏累加到一起，李隆基終於相信了那個號稱大肚子裡只裝著忠心的胡人還是叛變了。在那一瞬間，李隆基被巨大的挫敗感包圍，他不得不承認在過去的幾十年裡自己的耳朵聾了，眼睛也瞎了。

早知今日，何必當初。

心急火燎的李隆基趕緊召來宰相們商議，與會的宰相個個愁容滿面，唯獨一個人笑顏逐開，似乎打了雞血格外亢奮。亢奮的人正是楊國忠，別人還苦惱於如何消除國家禍患，而楊國忠則得意於自己有一雙看到未來的眼睛：「看，我說的沒錯吧，我早說安祿山要反，你們還不信。」

轉過頭，楊國忠斬釘截鐵地對李隆基說：「現在一心想謀反的只有安祿山一個人，他手下的將士都不願意。不出十天，安祿山的首級必然會被送到長安。」

無知者無畏，無恥者無敵。

倘若在李隆基兵制改革之前，楊國忠描述的前景或許可以期待，因為那時軍隊非職業化，統帥無法做到一呼百應，即便叛亂挺不了多久就會分崩離析。現在則不同了，安祿山統領這批職業軍人已經十幾年了，早已是鐵板一塊，想要指望他們在短時間內內訌根本不現實。

然而小混混出身的楊國忠並不明白這一點，而老眼昏花的李隆基同樣不明白，他們都把安祿山想得太簡單了。輕敵的情緒在長安上空蔓延，不久一個人的到來更加劇了輕敵情緒。

此人名叫封常清，時任安西節度使，范陽兵變發生時他正好入朝彙報工作，於是便順理成章地成為李隆基的一棵救命稻草。

封常清安慰李隆基說：「如今太平已久，所以百姓看著烽煙就被賊寇嚇破了膽。然而事情有逆有順，形勢總有變化，臣懇請即日走馬赴東都洛陽，打開府庫，招募兵馬，然後率軍渡河，估計用不了幾天就能取安祿山的首級回來呈獻給陛下。」

還有比這更好的安眠藥嗎？

李隆基聞言大喜，好，好，好！

幾天後，李隆基任命封常清為范陽、平盧節度使，即日赴洛陽募兵迎敵。

李隆基這個任命非常值得玩味，這個任命恰恰驗證了我之前的推測：起兵之前，安祿山已經被剝奪了河東節度使頭銜。倘若沒有剝奪，封常清的頭銜會是范陽、平盧、河東三鎮節度使，而不是現在的兩鎮。同時李隆基這個任命也非常有趣，這個任命相當於股票期權，是給封常清畫的一張餅，只要你封常清滅了安祿山，那麼他的地盤就是你的了。

對於封常清而言，這是人生中難得的一次機遇，如果把握住這次機遇，那麼迎來的將是仕途的飛越，但如果把握不住呢？

布局

中原亂了，李隆基的心情也亂了。

他再也沒有心情留在華清宮泡溫泉，只好心思重重地回到皇宮。李隆基回到皇宮後開始著手布局，他必須打起精神應對那個叫做安祿山的叛賊。

布局第一步，李隆基在兩個人的名字上打了紅叉。

第一個被打紅叉的是安祿山的兒子安慶宗，幾個月前他與皇族女兒榮義郡主成婚，便留在京城出任太僕卿，太僕卿只是他的馬甲，他的真實身分是人質。現在父親安祿山叛亂，兒子安慶宗便成了亂臣賊子，也就沒有存在的必要了，斬！

第二個被打紅叉的人其實很冤，這個人就是安慶宗的新婚妻子榮義郡主，她被勒令自盡。榮義郡主從始至終，都是被動的，她與安慶宗是由李隆基賜婚，如果說她嫁給安慶宗是一個錯，那麼做為賜婚人的李隆基該當何罪？

把兩個可憐的年輕人送上路後，李隆基又發布了一系列任命：朔方節度使安思順（**安祿山的堂**

弟）調任戶部尚書；安思順之弟安元貞調任太僕卿；朔方右廂兵馬使郭子儀出任朔方節度使；右羽林將軍王承業出任太原尹；增設河南節度使，衛尉卿張介然出任首任河南節度使；榮王李琬為元帥，右金吾大將軍高仙芝（高麗人）為副帥，不日統軍出征。

在這個名單中總共涉及到七個人，這七個人分成了喜劇與悲劇兩種命運。喜劇只有郭子儀一個，悲劇卻是一下六個，其中就包括榮王李琬。

由於榮王李琬的戲份不多，索性讓他的悲劇提前登場。

榮王李琬是李隆基的第六個兒子，在開元天寶年間戲份不多，唯一一次閃亮登場就是這次出任掛名元帥。皇子擔任掛名元帥的傳統可以追溯到武則天時期，當時武則天討伐契丹，大軍設立的掛名元帥就是皇子李顯。掛名元帥說是元帥，其實只是穿一件元帥馬甲並非真的率軍出征，率軍出征的是副元帥。

然而就是這麼一個掛名元帥為榮王李琬帶來了殺身之禍，因為他出任掛名元帥動了太子的乳酪。按照常理這個掛名元帥應該落在太子李亨頭上，然而李隆基卻把元帥的馬甲套到了李琬身上。

難道是李隆基疏忽？

這不是疏忽而是有意為之，因為他心中忌憚太子。正是因為忌憚太子，李隆基才把元帥的馬甲轉手給了李琬，因為現存於世的皇子中按年齡排序，李亨最大，李琬第二。最終，這副馬甲害死了李琬。

一個月後，安史之亂如火如荼之際，榮王李琬暴卒，死因不明。榮王暴卒只是短短四個字，一直以來都被史家一筆帶過，但實際上這裡面隱藏著黑幕。

近年來，一位享譽華人世界的武俠小說大師提出一個新的觀點：榮王李琬是被太子李亨害死的。大師叫金庸，該觀點出現在他撰寫的牛津大學博士畢業論文上。

一語中的。

按照「誰受益、誰得利」推斷，榮王李琬暴卒得益最多的就是太子李亨，因此貌似忠厚的李亨逃不了關係。

榮王李琬的悲劇到此為止，其他五人的悲劇該陸續上演了。

洛陽陷落

戰爭使人瘋狂，戰爭使人亢奮。

從范陽傳來的戰鼓聲激起了長安、洛陽兩地青年參軍的熱情，於是便紛紛加入到政府軍的行列。十天之內，洛陽招募新兵六萬，長安招募新兵十一萬。

看著喜人的數字，李隆基欣喜不已，他賜給長安十一萬新兵一個響亮的名字：天武軍，從此你們都是朕的勇士。

所謂勇士，絕大多數是長安農貿市場上的流氓和無賴。然而李隆基並沒有意識到這一點，他看到的是喜人的數字，天武軍十一萬加洛陽原有軍隊六萬就是十七萬，比安祿山的部隊還多兩萬呢！

戰爭如果僅僅是比數字大小的遊戲，此時李隆基就已經贏了，可惜並不是。

不久副元帥高仙芝率軍東征，他率領的是五萬大軍，這五萬大軍的組成非常複雜，有飛騎、有彍騎、有邊防兵，還有濫竽充數的天武軍兵。帶著這支魚龍混雜的大軍，高仙芝開拔到陝郡（河南三門峽），他將在這裡築起一道防線。

與高仙芝一起出征的還有一名監軍宦官，名叫邊令誠，此人在潼關保衛戰中將扮演重要角色。對於韓信來說，他的一生成也蕭何敗也蕭何，對於高仙芝而言，邊令誠就是他的蕭何。當年高仙芝在邊塞發跡，邊令誠功勞不小，現在兩人又一同駐防陝郡，能否濤聲依舊呢？且觀後效。

順著高仙芝的防線往前推，在這道防線前面是封常清的洛陽防線，而在洛陽防線前面理論上應該還有數道防線，不過僅僅是理論上。

安祿山從天寶十四載十一月九日起兵，僅僅二十四天後便到了黃河邊。

黃河自古便是天塹，短時間內很難越過，況且為了將安祿山擋在黃河邊，封常清已經派人拆除了河陽橋，想從橋上過黃河，門都沒有。

橋是沒了，但安祿山還是過去了。

安祿山在靈昌渡口命人收集了破船、野草、木材，然後把這些東西拴到繩子上從北岸拉到南岸。這些東西一夜之間全部結冰，變成了巧奪天工的人工浮橋。安祿山的大軍踏著這座浮橋浩浩蕩蕩過了黃河，一下挺進了新成立的河南戰區。

首任河南節度使張介然怎麼也不會想到自己竟會是唐朝歷史上最短命的節度使，閃電上任，閃電告別，前後不到半個月。

要說張介然的運氣也真夠差的，他剛到總部陳留郡幾天，安祿山就到了，他在城裡，安祿山在城外。張介然抖擻精神做了戰前動員，然後給士兵發放守城武器。

發完武器，張介然心想，完了。

拿到武器的士兵一個個戰戰兢兢、瑟瑟發抖，眼神裡只有恐懼，指望這些嚇破了膽的士兵守城，比指望文盲拿諾貝爾文學獎更不靠譜。張介然心中暗暗叫苦，這叫什麼火線提拔啊？分明是火線送死。

幾天後，陳留郡太守舉城投降安祿山，包括張介然在內的近一萬名士兵都被賣了。

如果沒有陳留北城城門上的那張告示，或許張介然等人還有一條活路。然而，安祿山的兒子安慶緒一入城看到了告示。告示上明白寫著，原太僕卿、安祿山的兒子安慶宗已被斬於長安。告示本身只是一張紙，而這張紙卻搭上了近一萬條人命。

得知消息的安祿山放聲大哭：「我兒子有什麼罪？你們就把他殺了！」

哽咽的安祿山一指投降的士兵，一個不留。

從陳留郡往西就是滎陽郡（河南鄭州）。在滎陽郡，安祿山大軍沒有遭遇多大抵抗。戰鼓一響，號角一吹，滎陽城上守城的士兵嚇破了膽，他們頓時成了驚弓之鳥。沒廢多少勁，滎陽郡落到了安祿山的手中。

從滎陽郡再往西便是武牢，過了武牢，洛陽就在眼前。駐守武牢的正是封常清和他新招募的六萬大軍。

這一戰，安祿山的士兵算開了眼界了。打了那麼多仗，什麼凶神惡煞的兵都見過，可沒經過訓練就敢上戰場的兵還真沒見過。這仗還用打嗎？

武牢一戰，封常清六萬大軍慘敗；封常清集合殘兵退到蔡園再戰，再敗；退到洛陽上東門再戰，再敗。三戰連敗後，安祿山大軍已經兵臨洛陽城下，連他們自己都沒有想到前後不到一個月居然打到洛陽，太不經打了。

四天後，洛陽城破，安祿山大軍從四門如潮水般湧入。三敗將軍封常清鼓足勇氣再戰於都亭驛，再敗；退到洛陽皇城宣仁門再戰，再敗。

封常清一看不對勁，如果再敗恐怕連屢戰屢敗的機會都沒有了。趁敵軍還沒有包圍上來，封常清率領士兵推倒了皇城西牆，向西落荒而逃。屈指一算，此時距離他向李隆基拍胸脯承諾剿滅安祿山還不到一個月的時間。

封常清和他的六萬大軍跑了，留給洛陽城官員們一個兩難選擇：投降還是赴死？

河南尹達奚珣很快做出了選擇：我投降。

難題留給了其他官員，你們怎麼辦？

東京留守李憕對御史中丞盧奕說：「我等擔負國家重任，雖明知不能敵，但也要抵抗到死。」

盧奕（**前宰相盧懷慎的兒子**）鄭重地點了點頭。

李憕收攏了數百名殘兵，準備進行最後一戰，然而人心已散，數百名殘兵一哄而散，只剩下李憕一個光桿司令。李憕歎了一口氣，轉身一個人進了東京留守府，靜靜地坐在那裡，等待自己的命運結局。

與此同時，盧奕打發老婆孩子懷揣官印從小道逃回長安，他自己則穿戴好上朝的官服安坐在御史臺。左右隨從都跑了，偌大的御史臺只剩盧奕一個人。盧奕淡然一笑，該來的遲早都會來。

不久李憕和盧奕被抓到了安祿山的面前，安祿山一看，不降？好，那就成全你們。

斬首之前，盧奕大罵安祿山，一件一件細數安祿山的罪名。罵完安祿山，盧奕轉過頭來看著安祿山的亂兵說：「做人應該知道什麼是逆，什麼是順，我雖死，但沒有失去我的氣節，還有什麼可遺憾的呢！」

說完，從容赴死。

自毀長城

幾乎與李憕、盧奕從容赴死的同時，封常清率領殘兵敗將退到了陝郡。

陝郡已是一片兵荒馬亂，陝郡太守早已聞風跑到了河東郡，其餘官民能跑的全都跑了。封常清在陝郡防線一看心裡涼了半截，還得繼續跑，這裡的防線根本擋不住安祿山。

封常清對老領導、時任副元帥的高仙芝說：「我連日與賊血戰，發現賊寇兵鋒真的不可阻擋，而且目前潼關沒有軍隊駐防，如果賊軍繞過我們突襲潼關，長安就危在旦夕。況且陝郡肯定守不住，不如引兵退到潼關，把賊兵擋在潼關之外。」

早在安西戰區時，高仙芝和封常清就是老搭檔，高仙芝做節度使，封常清是輔佐他的判官，一直以來高仙芝很重視封常清的建議。

聽封常清如此說，高仙芝便在心裡盤算了一下自己手中的牌，那五萬魚龍混雜的士兵恐怕不是安祿山的對手，更要命的是陝郡防線也靠不住，一旦敵人繞過這道防線，不僅自己將腹背受敵，長安也危在旦夕。高仙芝下定了決心，撤。

撤退也是一個技術活，而高仙芝的五萬大軍幹不了這個技術活。高仙芝一聲令下，五萬大軍便亂哄哄往西跑，聽說安祿山大軍已經迫近，這五萬大軍跑得更快了。跑著跑著隊形便亂了，部隊建制也不復存在，沒見到安祿山，倒有不少自己人被踩，五萬大軍就這樣亂哄哄地跑進了潼關。

高仙芝不敢大意，馬上命令修築城防工事。城防工事剛修完，安祿山的偵察部隊已經到了潼關城下，在潼關城下盤桓一會兒又拍馬離去。高仙芝和封常清這才喘了一口氣，接下來潼關可少不了硬仗了。

先不管那麼多，先休整幾天再說。

高仙芝、封常清休整期間，李隆基也沒有閒著，他在醞釀御駕親征。

為了御駕親征，李隆基連下幾道詔書，徵調河西、隴右、朔方三戰區部隊進京勤王，除留下少數士兵駐守邊防外，其餘部隊一律由節度使率領，二十天內到長安報到。

病急亂投醫，拆西牆補東牆。李隆基這幾道詔書非常致命，一下動搖了王朝的國防體系，原本只是東北安祿山作亂，現在河西、隴右、朔方部隊被調走，三個地區的邊防已經脆弱得不堪一擊。若干年後吐蕃成為唐朝的心腹大患，與李隆基這次「拆西牆補東牆」有著莫大的關係。

然而李隆基已經顧不上了，他要不顧一切掐死那個叫做安祿山的胡人，遺憾的是楊國忠沒給他機會。

聽說李隆基要御駕親征，並且御駕親征期間由太子監督國政，楊國忠一下便慌了。楊國忠一直以來在李隆基面前玩得轉，在太子面前卻玩不轉，而且為了表明自己的忠心，楊國忠與太子很少走動，一旦太子監國他的處境將大不如前。楊國忠思前想後決定阻止李隆基御駕親征。

楊國忠找到了三位堂妹，短暫寒暄之後便給他們描繪了一個可怕的未來：太子素來厭惡我們楊家，嫌我們掌權太久了，一旦太子監國掌握大權，我們幾個的命恐怕就到頭了。

三位堂妹被楊國忠描述的未來嚇住了，頓時哭出聲來，這時楊國忠走上前與三位堂妹一起抱頭痛哭。哭過之後，四人決定一定要讓楊貴妃說服李隆基取消御駕親征。

自此李隆基的「御駕親征」無疾而終，再無人提及。

打消了御駕親征的念頭，李隆基把目光投向了潼關，這裡是長安最後的防線，關係到王朝的安危，幸好那裡有高仙芝、封常清兩員大將鎮守，應該出不了大問題。如果李隆基的這個想法能夠持續下去，或許安史之亂的歷史就會被改寫，最起碼不會持續那麼長時間。

但是幾天後李隆基的思路被一個宦官左右了。左右李隆基思路的宦官是邊令誠，時任高仙芝大軍的監軍。

原本邊令誠和高仙芝關係不錯。

當年在安西戰區時，高仙芝有一次出戰立下大功，興奮之餘高仙芝便自作主張向李隆基發出了得勝喜報，然而這封得勝喜報犯了上司的忌諱，惱怒的上司一見面就把高仙芝罵得狗血淋頭，這一罵把高仙芝得勝的喜悅心情都罵沒了，反而還得擔心自己的人身安危，因為上司說了：「如果不是看在你立功的份上，就一刀斬了你這個高麗狗！」

這時作為監軍宦官的邊令誠看不下去了，他上書李隆基為高仙芝鳴不平，他說：「高仙芝為國家立下汗馬功勞，而現在卻還要擔心自己的生死。」

這封奏疏一上，高仙芝的人生際遇發生了巨變，李隆基索性將高仙芝的上司從安西戰區調走，轉而任命高仙芝接任安西節度使。從這件事情來看，邊令誠可說是高仙芝的伯樂。

這一次又擔任高仙芝大軍的監軍，邊令誠以為會跟以往一樣，哥倆你好、我好、大家好。然而這次卻不同，邊令誠向高仙芝提出很多要求，高仙芝都沒有滿足他，這讓邊令誠心中非常不爽。可能是邊令誠胃口太大，也可能是高仙芝軍務在身沒時間應付邊令誠，總之高仙芝把邊令誠得罪了，而且得罪得很深。

俗語說：寧得罪君子，勿得罪小人。邊令誠決定報復，往死裡報復。

藉著回長安奏事的機會，邊令誠狠狠參了高仙芝、封常清一本：封常清誇大賊勢動搖軍心，高仙芝沒有詔命擅自棄守陝郡以西數百里土地，而且還盜賣軍糧和陛下給部隊的賞賜。

無中生有，無風起浪。

邊令誠所說的這些並經不起調查，如果李隆基能耐著性子派人仔細調查一番，真相自然水落石出，然而在最需要耐性的時候，李隆基失去了耐性。

一聽奏報，李隆基火冒三丈，這樣的人留他何用，斬！

悲劇向高仙芝和封常清迎面撲去，高仙芝毫無察覺，而封常清已經隱隱有了不祥的預感。

洛陽兵敗後，封常清曾經三次派人向李隆基彙報戰局，然而三次李隆基都沒有給予接見。封常清意識到情況不妙，便親自去長安彙報。走到半路，關於他的處理決定已經出來了：「免去所有官職和爵位，以平民身分回高仙芝軍中效力。」

久在官場，封常清知道自己的處境已經岌岌可危，他做了最壞的打算，提前寫好了給李隆基的遺書。封常清在遺書中寫道：臣死以後，望陛下不要輕視此賊（安祿山），請陛下一定要記住臣這句話。

這句話與一個月前封常清的誇口形成巨大反差，這說明封常清已經意識到安祿山的可怕，然而大難已經臨頭滿朝上下還不以為然。

樂觀，可怕的樂觀。

天寶十四載十一月十八日，邊令誠回到潼關，封常清和高仙芝的悲劇即將達到高潮。

邊令誠先捆住了封常清，宣讀李隆基的詔書，封常清微微搖了搖頭，這一天還是來了。封常清拿出早已準備好的遺書交給了邊令誠：「請幫我轉交聖上。」

封常清說完後從容就死，完成了自己在安史之亂中的角色。

封常清被處斬時，高仙芝被迫在刑場監斬，眼看多年老友與自己生死離別，高仙芝心如刀絞，此時他並沒有意識到他即將與封常清殊途同歸。

斬完封常清，高仙芝步履沉重回到辦公室，剛在座位上坐穩，邊令誠跟了進來，身後跟著一百餘名刀手。邊令誠從嘴裡擠出了幾個字：「皇上對將軍也有詔書。」

高仙芝誠惶誠恐地走下座位接旨，隨後聽到了讓他五雷轟頂的詔令。高仙芝悲憤地說道：「我遇敵而退應該處死，然而今日上頂青天下踩大地，說我盜賣軍糧和聖上的賞賜純粹是誣陷。」

然而再多的話邊令誠也已經聽不進去了，他把高仙芝押到了刑場。刑場邊圍滿了士兵，這些人中很多是高仙芝在長安招募的。高仙芝對這些士兵說：「我從長安把你們召到軍中，招募時你們雖然得到一些朝廷的賞賜，但更多的還是想建功立業，我也想帶你們一起建功立業，然而沒想到賊兵勢大，只能先退到潼關，守住這道防線。現在我問你們，如果我真的盜賣過軍糧和皇上賞賜，你們就說是，如果我沒有，你們就說枉。我到底有沒有盜賣軍糧？」

「枉！枉！枉！」喊聲震天。

高仙芝慘然一笑，衝著血泊中的封常清說道：「封二（封常清在家中排名第二），你從微不足道到成就功名一直跟著我，我先是提拔你當判官，後來你又接替我做節度使，今天咱倆又要死在一起，或許這就是命吧！」說完，高仙芝赴死。

高仙芝和封常清這兩個對帝國有巨大戰功的將軍，他們的人生頂峰在安西，他們的麥城在潼關。

高仙芝、封常清無辜被斬，對李隆基而言是自毀長城。

潼關內外

第五章

哥舒翰掛帥

衝動的李隆基將高仙芝、封常清問斬之後，潼關群龍無首。

李隆基臨時將高仙芝的部將李承光推上前臺，但這是權宜之計，李隆基知道李承光無法服眾，想要統御潼關守軍還需一個眾望所歸的人物。李隆基思來想去，想到了一個人——哥舒翰。

原本在楊國忠遏制安祿山的計畫中哥舒翰是重要一環，哥舒翰身兼河西、隴右兩鎮節度使，勢力不在安祿山之下，以哥舒翰對付安祿山正是楊國忠的如意算盤。然而千算萬算，楊國忠還是有一樣漏算，楊國忠漏算了哥舒翰的身體狀況。

如果沒有意外發生，哥舒翰的身體狀況遠在安祿山之上，因為安祿山的身體不是一般的差。

安祿山很胖，當年跟隨張守珪效力時，因為張守珪嫌他胖，安祿山每頓飯都不敢多吃，只能吃個半飽，這樣才能勉強達到張守珪的要求。張守珪倒臺之後，安祿山漸漸發跡，這時再也沒有人嫌安祿山胖，安祿山終於能吃頓飽飯了。這一吃就吃成了重達三百多斤的胖子。

人一胖就容易多病，肥胖的安祿山也不例外，很快他被糖尿病纏上了，雖然糖尿病不至於致命，但長期如影隨行，而且容易引發多種併發症。從安祿山生命後期的症狀來看，范陽起兵時他的糖尿病已經接近晚期。因此正常情況下哥舒翰的身體比安祿山好得多，遺憾的是哥舒翰發生了意外。

天寶十四載，哥舒翰從駐地前往長安晉見，去長安的路上哥舒翰順便視察了一處駐軍。在這次視察中，有些貪酒、有些好色的哥舒翰可能酒色都沾了，然後又帶著渾身酒氣進入了浴室。現代人都知道喝酒之後千萬不能蒸桑拿，而那時的哥舒翰並不知道。喝高了的哥舒翰進入熱氣騰騰的浴室，不一會兒便倒地不省人事。許久之後，哥舒翰醒了過來，這時他才發現身體不對勁了，中風了。

到達長安後哥舒翰就開始了自己的養病生涯，從此那個威風八面的哥舒翰已經不復存在，取而代之的是病病快快連自己身體都無法征服的哥舒翰。

李隆基知道哥舒翰的病很重，他本想讓哥舒翰安心養病，然而現在情況不允許了，潼關群龍無首，哥舒翰必須出山。李隆基發布任命，任命哥舒翰為全國兵馬副元帥，率軍八萬討伐安祿山。哥舒翰連忙辭讓，然而卻辭讓不掉，李隆基已經無米可炊，只能拿哥舒翰這匹病馬當好馬騎了。君命難違，哥舒翰硬著頭皮答應了。

考慮到哥舒翰身體欠佳，李隆基為哥舒翰配了兩個副手，御史中丞田良丘出任行軍司馬（作戰參謀長），起居郎蕭昕任判官。另外，驃騎大將軍火拔歸仁等率領各自部落軍隊跟隨哥舒翰出征，這樣算下來連同高仙芝舊部，潼關守軍達到二十萬。

潼關軍事布局乍看起來已接近完美，有哥舒翰掛帥，又有二十萬大軍保底，對付安祿山應該不難。一切僅僅是乍看起來，仔細一看危機重重。

中風的哥舒翰身體奇差，連自己的身體都無法理順，更別提理順二十萬大軍了。無法正常工作的哥舒翰只能當名義上的領導，具體工作交給行軍司馬田良丘負責，要命的是田良丘文官出身，不懂軍事，再加上性格懦弱萬事不敢負責，於是所有工作亂成一團麻。

雪上加霜的是，二十萬大軍也並非鐵板一塊，騎兵由兵馬使王思禮指揮，步兵由高仙芝的部將李承光指揮，兩人行政級別相同，誰也不買誰的帳。

就是這樣一個布局，承擔了李隆基幾乎全部的希望。

但此時如果策略得當，潼關的軍事布局也足以應付安祿山，只要把安祿山擋在潼關之外，長安便固若金湯，那麼安祿山依然鬧騰不了多久。

因為安祿山接下來將面臨前所未有的困局：進退兩難。

顏氏兄弟

進駐洛陽城的安祿山沒有想到，他的幸福竟如此短暫。

就在他為攻下洛陽城欣喜不已時，他猛然發現潼關防線固若金湯，想要越過潼關這條防線，短時間內已經沒有可能，他的軍隊只能被擋在潼關之外前進不得。

如果僅僅是前進不得也可以接受，畢竟洛陽已在手中。然而接下來的消息讓安祿山大驚失色，有一對顏氏兄弟居然在河北大地舉起了平叛大旗。

顏氏兄弟一個叫顏杲卿，一個叫顏真卿，兩人是同一個祖父的堂兄弟，值得一提的是兩人的五世祖叫顏之推，當過北齊的黃門侍郎，顏之推留給後人最津津樂道的是一本書——《顏氏家訓》。

顏真卿不是別人，正是與柳公權、趙孟頫、歐陽詢並稱「楷書四大家」的著名書法家，同時他還與柳公權形成一個組合——顏筋柳骨。

機緣巧合，安史之亂給顏真卿、顏杲卿兄弟一個前所未有的舞臺。

安祿山范陽起兵時，顏杲卿時任常山郡守（河北正定）。

面對安祿山來勢洶洶的兵鋒，顏杲卿知道死磕沒有意義，於是便跟長史袁履謙一起拜見了安祿山。這次拜見，安祿山很是歡喜，當場便賞賜「乖巧」的顏杲卿紫袍和金魚符，這表示安祿山將顏杲卿列入三品高官序列，算是不小的恩寵。

賞賜完畢，安祿山令顏杲卿繼續鎮守常山。

回常山的路上，顏杲卿指著身上的紫袍對袁履謙說：「我們穿這個玩意幹什麼？」袁履謙一聽頓時明白，兩人相視一笑，平叛的大旗從此刻便在心中舉起。

相比顏杲卿，顏真卿早早便看出安祿山的不臣之心，時任平原郡守（山東省陵縣）的他早在心中盤算應對之策，事有湊巧，一場大雨幫了顏真卿的忙。當時陰雨不止，顏真卿便以「城牆年久失修需要維護」為名在平原郡大興土木，他加高了城牆、挖寬了壕溝、充實了糧倉、清點了轄區內壯丁的數量，這一切都是為了備戰。

顏真卿修城的消息很快傳到了安祿山的耳朵裡，安祿山卻不以為然，在他眼中顏真卿只是一個不懂軍事的文官，哪裡懂得行軍打仗，修城就修吧。顏真卿就這樣在安祿山的眼皮底下完成了備戰，不久范陽兵變。

兵變之後，安祿山給顏真卿發了一道指令，命他率領平原、博平兩地總計七千士兵駐守黃河渡口，為大軍渡河提供方便。顏真卿把安祿山的指令往廢紙堆一扔，然後伏案寫就一封奏疏，安排手下抄小路星夜送往長安。

這是范陽兵變後，李隆基接到的第一份證實了安祿山兵變的奏疏。

奏疏到達長安之前，李隆基正被失望的情緒籠罩，幾天來他連續接到郡守投降安祿山的消息，他不禁感歎：「河北道二十四郡的郡守，難道沒有一個忠君愛國的義士嗎？」

等顏真卿的奏疏到達長安，李隆基又是一聲長歎：「我連顏真卿長什麼樣都不知道，他卻能做得這麼好。」

李隆基並沒有想到，那個與他素未謀面的顏真卿還能做得更好。

在李隆基長歎時，顏真卿已經開始了自己的行動，他向河北各郡派出親信，到處張貼討伐安祿山的檄文，河北的星星之火被顏真卿點燃。

顏真卿開始招兵買馬，不到十天就召集了一萬多人。對著這一萬多人，顏真卿開始了自己的演講，他的話不長，但每一句話都飽含著情感，演講完畢顏真卿淚流滿面，在場的一萬多人熱血沸騰。此情此景讓顏真卿看到了民心可用。

顏真卿已經完成了戰前動員，不久安祿山派來的使節又幫顏真卿加了一把火。

使節名叫段子光，奉安祿山之命前往河北各郡展示軍威，這一天段子光來到了顏真卿鎮守的平原郡，想讓顏真卿見識一下安祿山的軍威。段子光用來展示軍威的不是軍隊，而是三顆人頭，三顆人頭的主人是洛陽淪陷時慷慨就義的李憕、盧奕、蔣清，段子光要用這三顆人頭告訴河北各郡，跟安祿山對抗就是這個下場。

顏真卿一下認出了盧奕，因為他們有過交情，但為了安撫人心，顏真卿不動聲色地跟屬下說：「別聽他的，那三顆人頭根本不是洛陽高官的，而是隨便弄了三個充數的。」

耀武揚威的段子光以為達到了目的，卻沒有注意到顏真卿已經目露凶光。一聲令下段子光被捆了起來，顏真卿沒跟他廢話，直接拉出去腰斬。

斬完段子光，顏真卿才對屬下說了實話：「那三顆人頭是真的，我們應該為他們厚葬。」

顏真卿用蒲草紮成身子，給三顆人頭一一續上，然後裝入棺木安葬。三人的安葬場面宏大，更激起了平原郡軍民同仇敵愾之心，平原郡頓時被復仇的怒火籠罩。

在顏真卿的帶領下，附近各郡紛紛行動起來，斬殺安祿山派遣來的郡守，大家眾志成城保衛自己的家園。為了協同作戰，大家一起推選盟主，盟主正是眾望所歸的顏真卿。顏真卿的舉旗震動了安祿山，安祿山不敢輕忽，馬上派出大將張獻誠率軍一萬包圍了饒陽郡。饒陽郡離平原郡不遠，打下了饒陽郡，就該進攻顏真卿的平原郡了。

安祿山沒有想到一個顏真卿已經夠他頭疼了，緊接著顏杲卿也發難了。

可能是兄弟間心有靈犀，在顏真卿大張旗鼓招兵買馬時，顏杲卿也沒閒著，他不僅組織了一批起事的骨幹，而且派人與太原尹王承業取得了聯繫，兩人相約屆時相互呼應互為援軍。

這時顏杲卿接到了顏真卿的來信，顏真卿在信中建議由他們哥倆聯手在河北發難，阻斷安祿山的歸路，這樣就能延緩安祿山進軍長安的步伐，減輕長安的壓力。

誰說顏真卿不懂軍事？

顏杲卿馬上開始行動，他要在常山郡編織一張網，把附近與安祿山有關的蟲子一網打盡。最先掉進顏杲卿網裡的是李欽湊，事發前他率軍駐防井陘關。

井陘關，太行八陘之一，是出入太行山的重要通道，卡住井陘關就能擋住太行山以西的唐朝軍隊，這樣即使唐軍想前往河北平叛也只能捨近求遠。現在顏杲卿要打開井陘關，就需要把李欽湊裝進網裡。

顏杲卿給李欽湊寫了一封信，信的內容很誘人：奉安祿山之命，常山郡特意為井陘關守將準備了一頓犒賞晚宴。接到信的李欽湊興奮不已，沒等顏杲卿催第二遍便帶著部將到常山郡赴宴了。

晚宴果然很豐盛，有酒有肉有美女，李欽湊想要的這裡都有。肉吃夠了，酒喝透了，李欽湊醉倒在宴席上。這時李欽湊脖子一涼，腦袋便跟身子說再見了。剩下的部將一個個目瞪口呆，呆如木雞般被顏杲卿的手下捆了起來，這時他們才明白世上不僅沒有免費的午餐，連晚餐也沒有。本以為是犒賞宴，鬧了半天是鴻門宴。

第二天，顏杲卿的手下來到了井陘關，遣散了井陘關守軍，從此井陘關又回到政府控制，太行山東西一路暢通。

解決完井陘關，顏杲卿又將目光投到兩個人身上，一個叫高邈，一個叫何千年，兩個人都是安祿山的使節。

高邈奉安祿山之命回范陽辦事，辦完事回洛陽的路上被顏杲卿截住了：「別回洛陽了，我免費送你去長安。」

剛拿下高邈，手下來報，何千年從洛陽而來，要去范陽辦事，此時已到常山郡邊境。顏杲卿心中一樂，這麼巧，一下兩個。

高邈和何千年就這樣同時成了顏杲卿的俘虜，等待他們的是免費的長安之旅，不出天大的意外，這會是趟單程旅行。

在常山郡守府，顏杲卿與高邈、何千年見了面，以前大家是同僚，現在則是各為其主。甫一見面，何千年長歎一聲。顏杲卿有些疑惑，長歎從何而來呢？是為你自己，還是為我呢？

何千年說：「太守想要效忠李唐皇室，既然已經開始就應該考慮好的結束。你常山郡招募的人雖多，可都是烏合之眾，難以應敵，你所要做的是深溝高壘，不與安祿山爭鋒。等朔方那邊政府軍出來，你再出兵，然後傳檄趙魏之地，切斷安祿山的歸路，這樣安祿山就得束手就擒了。現在你應該虛張聲勢，出去散布謠言，就說李光弼已經率領一萬大軍出井陘關了，同時派人遊說圍攻饒陽郡的張獻誠，告訴他你所帶的兵都是臨時拼湊起來的民兵，沒有堅固的鎧甲也沒有鋒利的兵器，很難抵擋李光弼的精兵。這樣張獻誠必定解圍而去，這就算我獻給你的一條奇計吧！」

何千年在什麼背景下說這番話，史無明載，按照我的推測可能是為了自保，因此向顏杲卿呈獻了這條妙計。何千年的經歷告訴我們，對一個團體破壞最大的往往就是團體內部的人，所以說叛徒比敵人更可怕。

聽完何千年的話，顏杲卿點了點頭，這個何千年到底是當過安祿山的副將，軍事上確實有一套。

顏杲卿照方抓藥效果立現。張獻誠果然上當，一溜煙自己跑了，他所率領的一萬多士兵也作鳥獸散，饒陽郡解圍成功。

謠言的力量是無窮的。顏杲卿趁熱打鐵，派人到各郡散布升級版謠言：朝廷大軍已經出了井陘關，一天一夜就會抵達，屆時先平定河北諸郡。先行回歸政府的一律有賞，回歸晚的一律誅殺。

謠言再一次顯示出其強大的威力，很快地河北諸郡紛紛響應，總計有十七個郡宣布回歸政府，十七個郡兵力總數達到二十萬。這時依舊頑固站在安祿山一邊的只有范陽、盧龍等六郡，此時安祿山已岌岌可危。

顏杲卿接下來將目光投向了范陽郡，那裡是安祿山的老巢，如果把老巢端了，安祿山就再無可以依賴的根據地，到那時他只不過是一條旅居洛陽的流浪狗而已。

帶著顏杲卿的重託，郟城人（河南省郟縣）馬燧秘密潛入范陽郡，他此行的目的是遊說范陽留守賈循。馬燧對賈循說：「安祿山負恩悖逆，雖然現在攻下洛陽，但終歸還是會覆滅。您如果能誅殺那些不從命的將領，舉范陽郡回歸朝廷，傾覆安祿山的根基，這將是不世之功。」

馬燧的話很有煽動力，一下子把賈循說得有些心動，便滿口應承了下來。然而安祿山給賈循留下的陰影太大了，雖然賈循答應反水，但他一直猶豫不決。這一猶豫，消息便飄飄悠悠傳到了安祿山親信的耳朵裡，進而傳到安祿山的耳朵裡。也怪賈循太猶豫了，他想反水的消息已經在范陽、洛陽之間往返了一圈，他依然沒有動手。

先發致人，後發致於人。猶豫的賈循一直沒能下定決心，直到安祿山替他下了決心。安祿山派使節回到范陽，於密室之中將賈循縊殺，這下不用猶豫了。

顏杲卿的「覆巢計畫」宣告失敗，它曾一度無限接近成功。

解決了賈循，安祿山依然無法消除心中的怨氣，此時顏杲卿已經成為他不共戴天的仇人，他要讓這個仇人付出血的代價。安祿山命史思明、蔡希德率軍攻打常山郡，對於顏杲卿活要見人，死要見屍。一場針對顏杲卿的重點打擊即將開始。

重點打擊開始之前，顏杲卿並沒有意識到空前的危險正在降臨，他還在忙著向長安呈送奏疏和押送俘虜。經過一番忙碌，顏杲卿選定了去長安的使節，由他的兒子顏泉明帶隊，另外配幾個助手。

選派完畢，有一個人卻大哭起來。大哭的人叫張通幽，時任內丘縣丞。顏杲卿一愣，張通幽所為何事啊？

張通幽說：「我的哥哥張通儒現在安祿山帳下，按照法律我們張家算通敵。所以我想請求大人准許我一起去長安向皇帝求情，以消除張家的滅族之災。」

顏杲卿聞言被張通幽的孝心打動，好吧，那你就去吧。

張通幽千恩萬謝而去，不久他與顏杲卿之間便上演了「農夫和蛇」的一幕。

顏泉明、張通幽一行走到了太原，準備在太原歇歇腳然後繼續趕路。這時張通幽與太原尹王承業接上了頭，一筆骯髒的交易瞬間完成。

張通幽想投靠王承業，便給王承業送了一份見面禮：扣押顏泉明，由王承業另派使節前往長安獻俘，同時在奏疏上寫明：李欽湊是王承業殺的，高邈、何千年是王承業抓的，而顏杲卿辦事不力需要加以懲處。

見面禮不薄，王承業照單全收。

有道是人做事天在看，張通幽自以為他做的一切神不知鬼不覺，殊不知天知道、地知道、顏杲卿的堂弟顏真卿也知道了。長安和洛陽光復後，顏真卿向李隆基、李亨控訴了張通幽的罪行，最後李隆基下令將張通幽亂棍打死。

改頭換面的使節團從太原啟程向長安進發，等待王承業的是加官進爵，等待顏杲卿的則是人生悲劇。

不久顏杲卿等來了史思明、蔡希德，他們對顏杲卿展開重重包圍。如果此時王承業伸出援手，或許顏杲卿還有生還希望，然而王承業已經侵佔了顏杲卿的功勞，正巴不得借史思明、蔡希德之手殺顏杲卿滅口。

常山郡被團團圍住，顏杲卿已凶多吉少。一天過去了，兩天過去了，顏杲卿的處境越來越糟，糧食吃完了、箭也射光了。八天八夜之後常山城陷落，一萬餘人被史思明無情屠殺，只留下顏杲卿和袁履謙等人被押往洛陽向安祿山獻俘。

具有諷刺意味的是，王承業派出的使節幾乎與此同時抵達長安，王承業得到了期待已久的封賞：羽林大將軍。其手下與獻俘毫無關係而得到加官進爵的有一百多人，真正的功臣顏杲卿只是被徵召前往長安出任衛尉卿。

然而顏杲卿去不了長安了，他得到洛陽與安祿山面對面。

洛陽城內，安祿山看著這個差點端掉自己老巢的人，怒從心頭起，罵道：「你本來只是范陽一個戶曹官，我提拔你當了判官，沒幾年又破格提拔你當太守，我什麼地方對不起你，而你卻要背叛我？」

此言一出，正中顏杲卿下懷，顏杲卿怒目圓睜回罵道：「你本來只是營州放羊的胡人奴隸，天子把你提拔成身兼三鎮的節度使，恩寵無比，有什麼對不起你的，你還要背叛？我家世代為唐臣，俸祿官位都是朝廷給的，雖然是經你提拔，但怎麼能跟你謀反呢？我為國討賊，只恨不能殺了你，算哪門子謀反呢？你這個臊羯狗，為什麼不快點殺了我？」

顏杲卿正點中安祿山的軟肋，安祿山又羞又臊，惱羞之下一揮手將顏杲卿拖了出去。顏杲卿、袁履謙這對親密戰友被綁在洛陽橋的橋柱上凌遲處死。他們罵不絕口直到斷氣，這一幕讓無數人落淚也讓無數人感動。多年之後，顏真卿依然以自己是顏杲卿之弟為榮，依然會向別人提起洛陽橋那悲壯的一幕。

顏杲卿的人生就此謝幕，伴隨他一起謝幕的有袁履謙，還有袁氏一門三十餘口。

顏杲卿離開人世之後，河北又進入多事之秋。史思明、蔡希德率軍各個擊破，那些宣布回歸政府的郡城一個接一個陷落，只剩下少數幾個在孤零零的堅守。

原本河北已被顏杲卿下成一盤好棋，原本安祿山快要成為喪家之犬，只可惜賈循猶豫、張通幽負恩、王承業無恥，最終毀了顏杲卿一盤好棋。世事如棋，你左右得了自己，卻很難左右棋局。

郭李組合

西元七五六年，這一年應該是天寶十五載，然而安祿山並不同意，因為他要有屬於自己的年號。正月初一，安祿山在洛陽稱帝，自稱大燕皇帝，年號聖武。

伴隨著安祿山稱帝，權力蛋糕開始分割，後來向安祿山投降的原河南尹達奚珣出任侍中，安祿山死黨之一張通儒出任中書令，另外兩個死黨高尚、嚴莊一起出任中書侍郎。至此高尚、嚴莊兩個想做大事的人終於實現了自己的夢想。

安祿山等人的興奮沒有持續多久，很快他們發現噩夢開始了。

讓安祿山做噩夢的是郭子儀和李光弼，這兩個人在平息安史之亂的過程中居功至偉，對唐朝有再造之功。郭子儀在歷史上聲名赫赫，李光弼則被埋沒在歷史的角落裡，其實若論安史之亂的平叛戰功，李光弼是貨真價實的第一。

李光弼，名字看起來像漢人，其實是契丹人，他的祖上曾經擔任過契丹酋長，父親李楷洛官至朔方節度副使，驍勇善戰。李光弼繼承了父親的基因，從小愛讀書、善騎射，長大後步入行伍，在軍中逐步攀升。

天寶年間，李光弼成長為一員良將，與哥舒翰一起成為河西節度使王忠嗣的左膀右臂，王忠嗣對李光弼說：「你有一天肯定會坐到我的位子上。」

西元七五六年正月初九，王忠嗣的預言成為現實，經朔方節度使郭子儀推薦，李光弼被李隆基委任為河東節度使，從此一躍成為安史之亂中的平叛主角，而安祿山的噩夢也從此開始了。

二月初，李光弼率步兵、騎兵一萬餘人、太原弓弩手三千人東出井陘關，拉開了政府正規軍平定河北的序幕。

李光弼率軍直撲常山郡，一到常山城下便有了意外驚喜。常山三千民兵發難，殺死安祿山派來的胡人士兵，並把安祿山委任的郡守安思義押送出城投降。

李光弼心中一喜，開局不錯。看著被捆成粽子的安思義，李光弼決定在這個人身上做一點文章。

李光弼問：「你知道你自己犯了死罪嗎？」

安思義硬挺著不吭聲。

李光弼接著說道：「我知道你久在行伍，懂得軍事，你看看我這些兵，能擋住史思明不能？如果你是我，你怎麼辦？如果你出的計策可取，我保證不殺你。」

安思義點點頭，成交。

安思義說：「你們遠道而來疲憊不堪，如果遇到強敵恐怕很難抵擋，不如先讓軍隊駐紮到城裡提前做好防禦，提前做好敵我對比，優勢明顯時再出兵。史思明如今在饒陽，距離此地不過二百里，昨晚已經給他報過信，估計明天一早前鋒部隊就會到，大部隊會緊跟在後面，將軍不可不防。」

李光弼也不食言，命人給安思義鬆綁，同時下令全軍入城嚴陣以待。

安思義說的果然不錯，史思明果真來了。第二天一早，史思明前鋒部隊抵達常山城下，後面緊跟著大部隊，總計二萬餘騎。

眼看敵人上門，李光弼立刻派五千步兵出東門迎敵。然而東門根本出不去，史思明的騎兵正堵在東門口。李光弼微微一笑，好，我讓你堵門。一揮手，五百弓弩手登城，再一揮手，萬箭齊發。箭雨下，史思明的騎兵往後退了一些，但沒有走遠。李光弼又一揮手，一千名弓弩手分成四隊，四隊各自瞄準對著史思明的騎兵開始點射，一箭一個，兩箭兩個。史思明受不了了，再這麼下去，都成活靶子了。

史思明引軍退到了大道以北，李光弼引著五千步兵列陣於大道以南，李光弼命在陣腳四周的士兵槍桿向內、槍尖向外，頓時形成寒光閃閃的槍陣。李光弼用槍陣把本陣打造成無從下嘴的刺蝟，同時讓對方成了渾身是箭的刺蝟，只要有騎兵出來挑戰，李光弼沒有二話，射！

戰爭陷入了僵局，史思明不敢造次，只能在原地等到本部步兵的增援。史思明望眼欲穿的步兵到最後也沒能出現，因為他們剛剛走到半路就被李光弼包了餃子。

李光弼能包對方餃子，是因為他提前得到了消息，消息是心向政府的村民提供的，村民告訴李光弼有五千步兵從饒陽出發，一日一夜急行軍一百七十里增援史思明，現在正在一個叫逢壁的地方休整。

李光弼馬上撥出步兵兩千、騎兵兩千迎著史思明援兵的方向急行軍，任務是將對方援軍全部消滅。四千兵馬一路偃旗息鼓摸到了逢壁，當他們趕到時對方正在吃飯。天賜良機，不用可惜。

五千正在吃飯的士兵怎麼也不會想到這一頓居然是最後一頓，五千士兵就這樣消失，一個不剩。史思明幾乎與李光弼同時得到消息，頓時大驚失色，這仗沒法打了，撤！

從這時起，史思明和李光弼耗上了，一耗就是四十多天。儘管史思明首戰失利，但打起仗來一樣不含糊，很快他發現了李光弼的軟肋：糧道。

李光弼率軍遠道而來，軍中所需糧食需要通過糧道運送供應，這個軟肋被史思明抓住了，他一下子就把李光弼的糧道給斷了。糧道斷了，即使人受得了馬也受不了，常山城裡本來就缺乏馬草，這一斷更是雪上加霜。餓急了的馬連草席坐墊都吃了，沒用多長時間常山城的草席、坐墊全被吃光了，再沒有糧草，馬只能絕食了。

李光弼無奈，只好派出五百輛馬車前往附近的石邑城取馬草，這下正中史思明下懷。史思明派出兵馬準備半路攔截運草馬車，一打照面，史思明的兵倒吸一口涼氣，這個李光弼太賊了，居然早有準備。五百輛運草馬車上的車夫都穿著鎧甲，而在周圍還有一千名弓弩手護衛，整支運草隊伍結成一個方陣向前推進，就像一隻渾身帶刺無從下口的刺蝟。在叛軍士兵無可奈何目光的注視下，運草馬車平安進入常山城，馬草危機暫時渡過。

運草士兵鬆了一口氣，李光弼卻眉頭緊鎖。四十多天對陣下來，李光弼意識到僅靠現有兵力只能跟史思明相持，根本無法將之擊敗，要想擊敗史思明還得指望援軍。李光弼火速給郭子儀寫了一封信，請求郭子儀帶兵增援。不久郭子儀帶領浩浩蕩蕩的大軍增援來了，兩軍會合人數達到了十餘萬，這下可以好好敲打一下史思明了。

天寶十五載四月十一日，郭子儀、李光弼率軍打到了史思明駐軍的九門城。人多了就能幹點霸道的事了，他不來，咱就上門打。

九門城南，雙方開戰。這一戰雙方已經不在一個等級上，郭李聯軍十餘萬人，史思明一方只有數萬人，史思明一方明顯不支。這時對史思明一方致命的打擊出現了，唐軍陣中一位中郎將居然一箭射死了叛軍大將李立節，這一箭射破了整支叛軍的膽。叛軍開始潰散，史思明收攏不住只能落荒而逃，逃進趙郡暫時喘口氣。

六天後，郭子儀和李光弼又來了，僅僅一天趙郡城破。遺憾的是史思明於幾天前已經離開趙郡逃到了博陵。

李光弼不作調整，直接率軍攻打博陵，他要把史思明打殘。但李光弼整整圍攻了十天，還是沒有攻下來，這時他又遇到了缺糧的老問題。眼看博陵一時無法攻下，李光弼只好引軍退到恆陽（河北曲陽縣）就地籌集糧草，解決大軍吃飯問題。

短暫休整完畢，郭子儀、李光弼準備再次出擊，這一次他們故意賣了一個破綻給史思明：數萬唐軍從恆陽啟程前往常山城，後衛部隊防守很鬆懈。

史思明以為是天賜良機，便集合數萬殘兵在後尾隨，準備趁唐軍不備發動偷襲。然而三天過去了，史思明一點機會都沒有。不僅沒能偷襲成功，反而在行軍路上經常會竄出一股剽悍的唐軍騎兵騷擾一陣然後揚長而去。三天下來，史思明明白了，郭子儀、李光弼早有防備，算了，還是撤吧。

史思明率領部隊後撤，卻沒有意識到郭子儀、李光弼等的就是這一天。就在史思明後撤的路上，郭子儀、李光弼大軍後隊改前隊，緊緊咬住了史思明的部隊。郭李聯軍在沙河追上了史思明的部隊，猝不及防的史思明又吃了一個大虧，再次潰敗而去。

史思明連續幾仗都吃了大虧，心中只能暗暗叫苦，心想如果這時能天降神兵該有多好啊。神兵真的來了。安祿山聽說史思明在河北戰事吃緊，便從洛陽派出了援軍，援軍與史思明的部隊加到一起總數達到五萬，史思明又有了底氣。

正巧這時唐李聯軍回軍前往恆陽，史思明便一路尾隨，準備在恆陽尋找決戰的機會。在恆陽城下，史思明做好了決戰準備，可是他一直沒有找到機會。相反地，郭子儀、李光弼一直在跟他玩遊戲。

依靠深溝高壘優勢，郭李聯軍與史思明玩起了貓和老鼠的遊戲，史思明進攻時郭李聯軍便龜縮防守，反正牆高溝深插了翅膀你也飛不進來；當史思明撤退時，郭李聯軍則出城尾隨，能打就打，不能打就回。

另外郭李聯軍還給史思明部隊準備了特殊的禮物，就是白天在城牆上展示軍威，不打你，先嚇你；夜裡派兵襲營，逢人就砍，連砍帶嚇，讓你睡不著。

幾天下來，郭子儀、李光弼相視一笑，該決戰了。

天寶十五載五月二十九日，唐軍與叛軍決戰於嘉山，戰爭從一開始就倒向了唐軍一邊，唐軍兵多而且休整多日，叛軍兵少而且夜不能寐，這樣的仗沒法打。

這一戰唐軍斬首四萬，生擒一千，叛軍主將史思明失足墜馬，頭盔馬靴不知去向，只能不顧風度披頭散髮赤腳逃亡。史思明大營留守的士兵不知消息，誤以為史思明已經陣亡，正不知所措時便看見史思明拄著斷了一半的槍桿深一腳淺一腳地進了大營。

大軍慘敗，大營也待不下去了，史思明只好連夜集合殘兵逃亡博陵。剛進博陵一會，就聽士兵奏報：李光弼又來了。

史思明歎口氣，真是前世冤家。

李光弼將博陵團團圍住，與此同時唐軍大勝的消息傳遍了河北大地，這時又出現了令人振奮的一幕：河北十餘郡百姓紛紛誅殺安祿山任命的太守，十餘郡再次回歸政府懷抱。

到此時安祿山的南北通道又斷了，想指望范陽根據地給洛陽供血已不可能，即便有叛軍單槍匹馬想從政府軍防區通過，多數也被擒獲。這是河北第二次出現有利於朝廷的棋局，第一次棋局由顏杲卿、顏真卿兄弟執子，這一次則是由郭子儀、李光弼聯手打造。

安祿山的煩惱

河北戰報傳到洛陽，安祿山的鬱悶達到了頂點。

他一直以來的夢想就是稱帝，以為稱帝之後就能過上美好生活。然而事與願違，稱帝不到半年煩心事一樁接著一樁，現在河北全境已經多數歸順政府，只剩下范陽幾個郡苦苦支撐，這就是自己追求半天得到的結果嗎？

鬱悶的安祿山召來「中書侍郎」高尚、嚴莊，他要發洩一下自己心中的鬱悶。

安祿山指著高尚、嚴莊罵道：「你們倆數年來都在鼓動我謀反，還說什麼萬無一失。現在前面擋著潼關，幾個月都打不過去，北面的道路也斷了，唐軍正從四面向我們包圍，我現在有的不過是汴、鄭等幾個州，你們說的萬無一失又在哪裡呢？你倆現在就從我眼前消失，以後也別來見我！」

高尚、嚴莊大氣不敢出，只得灰溜溜退下。幾天過去了，高尚、嚴莊果真沒敢出現在安祿山面前，他們怕安祿山急了會當場將他們斬立決。

這時安祿山的部將田乾真從潼關回洛陽奏事，順便替嚴莊、高尚求情：「自古帝王開創大業都是有勝有敗，哪有一下就成功的。如今我們四周政府軍隊雖多，但都是新招募的烏合之眾，沒有經過訓練，怎能抵擋我們多年訓練出的薊北精兵，所以不足為慮。高尚、嚴莊都是輔佐陛下開國的元動，一旦陛下連他們都拋棄了，那麼諸將聽說了還不個個寒心。如果上下離心，臣就替陛下感到危險了。」

田乾真一席話打開了安祿山的心結，是啊，政府軍雖多可都是烏合之眾，哪裡擋得住我的范陽精兵。

安祿山轉憂為喜，說道：「阿浩（**田乾真小名**），你還真懂我的心思。」

經過田乾真開導，安祿山的好心情持續了一段時間，然而每當夜深人靜時，安祿山的憂慮又爬上心頭，如今河北形勢不妙，范陽危在旦夕，該不該放棄洛陽歸保范陽呢？畢竟那裡是自己的家啊。

安祿山猶豫再三，左右為難，他捨不得就這麼放棄洛陽，若不放棄范陽又形勢吃緊，如同魚和熊掌兩個他都想要，而兩個似乎又不能同時要。

人生怎麼這麼多選擇題啊？

向左走？向右走？

自作孽，不可活

第六章

哥舒翰的報復

金無足赤，人無完人，這句話用在哥舒翰身上同樣適合。

自從出任天下兵馬副元帥以來，哥舒翰的心頭一直有個結，結的名字叫安氏兄弟。安氏兄弟指的是安祿山和安思順，當年他倆與哥舒翰一直不和，而且在高力士召集的酒宴上，安祿山曾經大罵哥舒翰「突厥狗」。想起這一幕，哥舒翰心裡便不是滋味，明明自己已經想和解，偏偏安祿山沒文化聽不懂自己的話，反而罵自己「突厥狗」，實在是欺人太甚。

想想這潼關真有意思，一道關把安祿山兄弟從中間隔開，安祿山在外面造反，安思順在裡面當官，有點意思。

往日恩怨是不是就這麼算了？哥舒翰問自己。幾次自問自答後，哥舒翰心緒難平，不行，不能就這麼算了，就算現在收拾不了安祿山，也要把安思順收拾了。哥舒翰開始在心中謀劃，一場陰謀正在針對安思順展開。

安思順並沒有意識到哥舒翰要報復，他正處於劫後餘生的慶幸之中，暫時顧不上哥舒翰。原本以他與安祿山的堂兄弟關係，安祿山起兵叛變他是脫不了關係的。幸好七十歲的李隆基並不糊塗，他清楚記得安思順數年前曾經向他彙報過安祿山可能叛變，這次彙報成了安思順的護身符。

范陽兵變後，安思順調離敏感的朔方節度使職位，到長安出任戶部尚書，這說明李隆基恩怨分明。安思順沒有想到，恩怨分明的不僅有李隆基，哥舒翰同樣也是。

不久哥舒翰的部下在潼關關卡上抓住一個人，從這個人身上搜出了一封信，是安祿山寫給安思順的。「如獲至寶」的哥舒翰馬上給李隆基寫了一封奏疏，指控安思順犯有七大罪狀，建議李隆基將之處死。

人證、物證俱在，安思順，你如何抵賴？

不久戶部尚書安思順以及安思順的兄弟、太僕卿安元貞被李隆基誅殺，家屬全部流放嶺南。

這時哥舒翰長出了一口氣，舒坦。

整件事從始至終都是哥舒翰導演的，信是偽造的、人是指使的、扣是給安思順做好的、刀是借李隆基的。哥舒翰行雲流水、一氣呵成，他自以為做得天衣無縫。然而朝廷上下逐漸都知道了，這次是哥舒翰故意栽贓陷害，而李隆基睜一隻眼閉一隻眼，裝糊塗而已。

如果安思順真想叛亂，早跟安祿山一塊起兵了，何必等到今天。

哥舒翰的報復被很多人看在了眼裡，同時也被楊國忠看在眼裡，楊國忠心裡一驚，原來哥舒翰手段這麼狠呢！看來以前看走眼了。

相互猜忌

從相愛到分手，需要多久？或許數年，或許一天。

從推心置腹到相互猜忌，需要多久？或許天長日久，或許一天足夠。

官場如同情場，有親密無間時，也有分崩離析日。現在，楊國忠和哥舒翰便走到了翻臉的十字路口，究其主要原因是身邊傳話的人太多了。

眾所周知，楊國忠與安祿山一直不和，安祿山起兵打出的口號就是「誅殺楊國忠」。本來「誅殺楊國忠」只是安祿山拉大旗扯虎皮，沒想到楊國忠的人緣太差了，這句口號居然得到了多數人的回應，其中便包括哥舒翰的手下、兵馬使王思禮。

王思禮是懂歷史典故的人，他知道漢朝「七王之亂」時漢景帝殺掉晁錯讓「七王之亂」失去了冠冕堂皇的理由。既然漢景帝能殺晁錯解圍，那麼本朝為什麼不能殺楊國忠呢？況且那個楊國忠確實該殺。殺了楊國忠，安祿山一夥不就沒有冠冕堂皇的藉口了嗎？

王思禮在心中起了殺機。為了殺掉楊國忠，王思禮制定了兩套方案，一套文殺，一套武殺。

文殺必須通過哥舒翰，他現在說話最有分量。王思禮找到哥舒翰，給哥舒翰提了一個建議：上疏李隆基，懇請李隆基誅殺楊國忠。

哥舒翰聽完，使勁搖了搖頭，誅殺楊國忠？還讓我上疏？怎麼可能！

文殺方案被哥舒翰否決，王思禮馬上啟動第二套方案：武殺。

王思禮說：「你不上疏也行，那就給我三十名騎兵，我去長安把他劫到潼關，就在潼關把他殺了！」

決定權交到哥舒翰手中，如果他同意，楊國忠的命挺不過當晚。

哥舒翰搖搖頭說：「如果這樣做的話，那就是哥舒翰造反，而不是安祿山造反了。」

文殺、武殺兩套方案就這樣無疾而終，哥舒翰以為這事就這麼過去了，沒想到居然過不去。

不久就有人到楊國忠的耳邊傳話了，傳話人沒在歷史上留下名字，姑且就叫無名氏吧。

無名氏對楊國忠說：「如今朝廷重兵都在哥舒翰手中，如果哥舒翰揮旗西指，宰相大人您不就危險了嗎？」

楊國忠頓時出了一身冷汗，哥舒翰算計安思順的手法他已經見識過，他知道這個人的手有多黑。如果那樣，恐怕……楊國忠感覺身上有些發冷。

以楊國忠與哥舒翰的關係，原本不至於到翻臉的地步，只是兩人身邊傳話的人太多了，傳著傳著便走樣了。現在楊國忠和哥舒翰的關係就被傳言攪和得很緊張了，楊國忠意識到必須行動起來給自己裝一道防火牆。

楊國忠對李隆基說：「潼關大軍雖然軍容強盛，但在其背後卻沒有常規軍作後援，萬一失利京城就危險了。不如從皇宮所屬士兵中挑選出三千人，就在宮中訓練以保安全。」

李隆基一想不無道理，重兵都在潼關，長安卻空了，實在應該充實一下長安防務。

三千士兵就這樣抽調了出來，楊國忠任命自己的親信李福德等人率領，這是楊國忠為自己裝的第一道防火牆。

有了第一道防火牆，楊國忠覺得還是不踏實，有必要再裝第二道。不久楊國忠又招募了一萬人，他把這一萬人交給親信杜乾運率領，這一萬人駐紮在灞上，名義上是防賊，實際上卻是防哥舒翰。

楊國忠安裝完成兩道防火牆以為這下安全了，沒想到安全沒有隨之而來，哥舒翰的猜忌卻加深了。兩道防火牆扎眼地矗立在那裡，哥舒翰如鯁在喉，他知道這是楊國忠用來對付自己的，看來這個人想要對自己不利。哥舒翰決定行動，動手拆防火牆。

哥舒翰用了兩步拆除了灞上的防火牆。

第一步，哥舒翰給李隆基上了一道奏疏，建議統一潼關和灞上軍隊的指揮權，灞上軍隊交由他統一指揮。李隆基表示同意。

第二步，哥舒翰給灞上守將杜乾運發了一個通知：到潼關議事。這次議事，杜乾運有去無回。哥舒翰隨便找了一個藉口將杜乾運斬首。

灞上防火牆拆除完畢。這時楊國忠徹底怕了，再這麼下去哥舒翰對自己下死手只是時間問題。

潼關陷落

楊國忠在算計哥舒翰，哥舒翰也在提防楊國忠，潼關仗還沒打便陷入兩大高官的相互傾軋之中。

楊國忠夜不能寐，他在苦思自保方略，他必須找到一條萬全之策，才能保證自己全家無憂。皇天不負有心人，總算讓楊國忠找到了。楊國忠的萬全之策與兩個地方有關，一個是劍南戰區，一個是潼關關卡，兩者結合到一起就是楊國忠的如意算盤。先通知劍南戰區做好接駕準備，後逼迫哥舒翰出潼關決戰。

一先一後，背後隱藏著玄機。

讓劍南戰區做好接駕準備，這是楊國忠提前給自己準備好後路，即使潼關失守自己也能跑到劍南戰區享福，那裡是自己的地盤，我的地盤我作主。

讓哥舒翰出潼關決戰，有兩種可能：一種可能，哥舒翰打勝了，那麼就是功高震主，該卸磨殺驢了；另一種可能，哥舒翰打敗了，那更好，正好借安祿山的刀。

算盤打到這一步，潼關之戰在楊國忠看來就必須打了，無論打贏或打輸對哥舒翰都沒有好處，而對楊國忠則百利而無一害。從這個如意算盤可以看出楊國忠就是一個徹頭徹尾的小人。楊國忠把整個王朝綁架了，他要拿整個王朝的安危作賭注，去換取自己一家的安全。

就在這時難得的「戰機」出現了。探馬奏報叛軍將領崔乾祐駐防陝郡，據說只有不到四千兵馬，而且都是老弱殘兵。楊國忠眼前一片陽光燦爛，真是想什麼來什麼。同樣被奏報鼓舞的還有李隆基，他同樣認為這是千載難逢的決戰良機，於是李隆基派出使節催促哥舒翰出兵。

哥舒翰沒有遵旨，而是給李隆基上了一道奏疏：安祿山叛亂蓄謀已久，現在他剛剛開始叛亂，怎麼可能在陝郡毫無準備？陝郡的老弱殘兵一定是誘餌想引誘我們上當，如果出兵就中了他的計。叛軍遠道而來，尋求的是速戰；政府軍扼守險要，最有利的方法還是堅守。況且叛軍殘害百姓，兵鋒必定日漸衰落，將來一定會有內訌。屆時利用他們的內訌可以不戰而勝，而且我們追求的是最終的成功，何必苛求成功的速度。況且現在向各地徵集的兵還沒有集結完畢，請陛下再等一些日子。

無獨有偶，在哥舒翰上疏同時，郭子儀、李光弼也給李隆基上了奏疏：懇請陛下允許我們向北出兵直取安祿山的老巢，屆時把叛軍將士的妻子、孩子作為人質向叛軍招降，那時叛軍必將潰散。潼關大軍務必要堅守以消弱叛軍兵鋒，切不可輕易出擊。

兩封奏疏字字珠璣，只要其中一封奏疏被採納，唐朝歷史就會改寫。

李隆基猶豫了，他知道上疏的三位都是久經沙場的老將，他們的經驗是從血與火中得來的，不可不聽。李隆基還在猶豫，楊國忠來了，他已經看到了難得的「戰機」就絕不會讓大好的機會從自己的手邊溜走。

楊國忠對李隆基說：「叛軍此時防備鬆懈，正是我軍出兵的好時機，而哥舒翰卻逗留不進，這將白白浪費大好時機。」

說這話時，楊國忠一臉誠懇、一臉正氣凜然、忠君愛國，李隆基以為楊國忠是為自己的王朝著想，卻沒有想到他的王朝在楊國忠算盤裡只是一個小小的籌碼。

李隆基下定決心，不等了，決戰！

從長安到潼關，皇宮中派出傳旨的宦官絡繹不絕。接二連三的傳旨讓哥舒翰滿腔悲憤卻無處申訴，他拍打著自己的胸脯痛哭失聲，他的心中充滿了憤怒卻不能說出來，他只能在心底吶喊。這是什麼旨意啊？這是讓大唐王朝懸崖上走鋼絲，自尋死路啊！

但哥舒翰別無選擇，君命難違。

天寶十五載六月四日，無奈的哥舒翰引兵出關，踏上凶多吉少的征途。三天後，主動出擊的唐軍與叛軍將領崔乾祐的部隊在靈寶西原遭遇，唐軍慘敗的結局早已預知了。

崔乾祐之所以在這裡與哥舒翰遭遇是他蓄謀已久的計畫，這裡南面是峭山的懸崖峭壁，北面是黃河滔滔河水，沿山傍河的狹長地帶長達七十里，正好是用兵的絕佳地形。

六月八日，決戰打響。

哥舒翰將大軍指揮部設在沿黃河而下的船上，先鋒官王思禮則率領五萬精兵沿河岸向前尋找戰機，在五萬精兵後面是十萬大部隊。遠遠望去，崔乾祐的兵並不多，哥舒翰便揮旗命令先鋒部隊向前挺進，他自己則率領三萬大軍登黃河北岸，為王思禮擂鼓助威。

王思禮率軍繼續前行，映入他眼簾的是鬆鬆垮垮的叛軍，看上去人數不過一萬，而且零零散散的完全沒有列陣打仗的樣子，王思禮的將士們不由得笑了，就這樣還敢出來叛亂。將士們沒有意識到他們看到的只是表面。

王思禮率軍追了上去，兩軍接上了火，一萬多叛軍「驚慌失措」紛紛潰散。就在這時意想不到的事情發生了，在峭山懸崖峭壁上突然出現大批叛軍士兵，王思禮一愣神的工夫一堆滾木礌石從山上滾落連蹦帶跳地砸向唐軍士兵。

五萬大軍被砸得七零八落毫無還手之力，人家居高臨下用石頭當武器，唐軍手拿刀槍只能徒呼奈何，形勢岌岌可危。必須盡快突圍，不然全得砸死在這裡。

黃河北岸的哥舒翰見狀連忙揮旗，命令王思禮用氈篷馬車開道，氈篷馬車在當時相當於重型坦克。氈篷馬車很快衝出了一條道路，然而路又斷了。在氈篷馬車的前方停放著數十輛裝滿草的大車，氈篷馬車跑到這裡時草全燒著了，頓時形成一道濃煙滾滾、遮天蔽日的火牆。

唐軍士兵在濃煙中伸手不見自己的五指，一聽到響聲便以為是敵人殺了過來便下意識拿起刀槍刺殺，而他們並不知道這是自己人在打自己人。

混亂過後終於平靜下來，大家將矛頭指向了火牆，火牆後面可能就隱藏著叛軍。箭紛紛向火牆後面射了過去。等到太陽西下濃煙散去後這時才發現火牆後邊什麼都沒有，而此時發現已經晚了，箭都射光了。

當大家正不知所措時就聽到背後亂作一團，崔乾祐正率領同羅部落騎兵抄了唐軍後路從背後掩殺過來。局面至此不可收拾，五萬大軍頓時潰散。

恐慌的情緒達到了極點並開始急速傳染，從前鋒部隊的五萬敗兵傳染到了十萬毫髮未傷的大部隊。可怕的事情發生了，十萬大部隊聽說前鋒部隊慘敗頓時不戰自潰，十萬大軍土崩瓦解。緊接著黃河北岸三萬大軍也崩潰了，一哄而散。

哥舒翰傻眼了，僅僅一天的工夫他輸光了全部籌碼。

黃河兩岸的唐軍逃之夭夭，哥舒翰也只好放下身段帶著麾下一百來個騎兵開始逃命。哥舒翰一行逃回了潼關，本來還準備通過吊橋進城，現在一看不需要了，哪裡都是平地。潼關城下挖有三條尺寸相同的壕溝，寬兩丈，深一丈，沒有吊橋插翅難過。現在逃兵蜂擁進城，人馬掉進壕溝無數，最後三條壕溝都填平了，抬腳就進。

逃進潼關後，哥舒翰一清點，十八萬大軍只逃回八千。

一天後，崔乾祐來了，八千殘兵沒能擋住崔乾祐的進攻。潼關失守，長安門戶大開。

早知今日，何必當初。

回想唐軍這次主動出擊完全是蠢豬式的自殺行為，放著潼關這道防盜門不用，偏偏出門自尋死路，到頭來連自己家的防盜門都弄丟了。丟失防盜門的哥舒翰一路逃到了關西驛站（陝西華陰縣東），在這裡他稍作喘息便派人四處張貼告示，收攏殘兵，準備反攻奪回潼關。

哥舒翰正張羅著，這時蕃將火拔歸仁帶著一百餘名騎兵包圍了驛站。火拔歸仁走進驛站對哥舒翰說：「叛軍到了，請大人趕緊上馬。」

哥舒翰不敢怠慢，走出驛站，這時火拔歸仁帶領騎兵都跪了下來，說道：「大人率二十萬大軍，一戰便全軍覆沒，還有何面目回京面聖？況且您難道沒看見高仙芝、封常清的下場嗎？大人不要去長安了，還是去洛陽吧！」

哥舒翰心中一涼，壞了，火拔歸仁這是要挾持我投降安祿山。

哥舒翰自然不能答應，他挪動病體準備下馬。然而英雄末路時一切都不如願，英雄末路的哥舒翰連馬都下不了。火拔歸仁用繩子將哥舒翰的雙腳捆到馬肚子上，然後押著哥舒翰和他的手下一起往洛陽方向進發。火拔歸仁滿心以為哥舒翰就是自己的投名狀，有這樣的投名狀在手，安祿山自然會對自己刮目相看。

一行人在叛軍的引領下來到洛陽，哥舒翰與安祿山再次面對面。這是兩人翻臉後的第一次見面，沒想到卻是這樣的見面方式，安祿山得意地坐著，哥舒翰則被人押著站在安祿山的面前。

安祿山不無得意地說道：「以前你經常小看我，今天你又怎麼說啊？」

令安祿山意想不到的事情發生了，哥舒翰一下子跪倒在地，說道：「臣肉眼凡胎，不識聖人。如今天下還沒有平定，李光弼在常山、李祇在東平、魯炅在南陽，他們都是陛下平定天下的障礙。陛下只要留下臣，容臣寫信招降他們，用不了幾天他們都會來投降。」

還有比這更大的驚喜嗎？

安祿山頓時大喜，哥舒翰真是識時務，不僅向我表示臣服還想幫我招降納叛，好，好！大喜的安祿山隨即委任哥舒翰為司空、同平章事（宰相）。

一旁的火拔歸仁看著哥舒翰受封，心裡火急火燎。這個安祿山，什麼時候封我啊？怎麼說哥舒翰也是我送來的啊！

火拔歸仁眼巴巴地看著安祿山，這時安祿山似乎剛發現火拔歸仁，便使勁看了火拔歸仁幾眼。火拔歸仁一看有戲，便睜大眼睛豎起耳朵等待自己的封賞。

安祿山大喝一聲說道：「你，背叛主人，不忠不義，推出去斬了！」

火拔歸仁傻眼了，鬧了半天居然是這樣的封賞。

原來不忠不義不僅讓忠誠之士唾棄，連安祿山這樣的人都看不起。

斬完火拔歸仁，哥舒翰開始給李光弼等人寫信，原本以為自己的現身說法足以召喚李光弼等人投降，沒想到他收到的是一封封絕交信。絕交信不僅拒絕投降，而且言語犀利對哥舒翰責備不已。哥舒翰連歎數聲，早知如此何必自取其辱呢。

眼看哥舒翰連連碰壁，安祿山對哥舒翰失去了耐心，他知道眼前這個哥舒翰已經失去了利用價值，司空、宰相的頭銜對哥舒翰而言有些奢侈了。還是把他打回原形吧！

押下去，關起來！

從此哥舒翰的人生不見天日。

一年後，安祿山的兒子安慶緒放棄洛陽，臨走時將監獄中的哥舒翰殺害，一代名將落得如此結局令人唏噓。原本他可以頤養天年，原本他可以有尊嚴的活著，原本他可以從容走完自己的人生路，無奈潼關之戰改變了原有的生活軌跡。

馬嵬坡

第七章

長安亂

潼關失守，連鎖反應隨之發生。河東、華陰、馮翊、上洛四郡防禦使（警備司令）不約而同地選擇棄城逃跑，士兵也立刻作鳥獸散，在他們身後留下了四座空空蕩蕩的城池。

恐慌情緒迅速蔓延到長安，蔓延進李隆基的皇宮之中。

李隆基依然不相信潼關已經陷落，他還在等消息，他相信會有將領把好消息帶給他，然而好消息一直沒來。直到傍晚，到了該舉平安烽火的時間，潼關方向卻毫無反應。如果潼關一切正常，按照約定在傍晚時分就點起烽火向長安報平安，現在平安烽火沒有如約點起，說明潼關已經淪陷於敵人之手。這時李隆基終於相信潼關失守了。

前所未有的恐懼感從李隆基的心底升起，這是他七十年人生中從來沒有過的事情，然而這一刻卻真實地發生了。更令他難堪的是潼關失守便意味著長安保不住了，開國一百三十八年的大唐王朝居然連自己的國都都保不住。

這一夜，李隆基一夜未眠，他不知道他的王朝該往何處去。

第二天（天寶十五載六月十日），李隆基召來宰相開會，想聽一聽宰相們的建議。這次會議對別人而言純屬意外，對楊國忠而言早在意料之中，他等這一天已經好久了。看別的宰相無言，楊國忠給出了自己的建議：請陛下前往劍南戰區總部——蜀郡（四川成都）。

李隆基思考片刻便同意了，畢竟蜀郡易守難攻，看起來是個不錯的容身之地。前往蜀郡的動議便這麼定了下來，李隆基一臉惆悵，楊國忠臉上不動聲色但心裡卻樂開了花，一切盡在他的掌握之中。

天寶十五載六月十二日，恐慌的情緒在長安愈演愈烈，百姓手足無措，百官人心惶惶，這一天百官上朝的出勤率很低。看著明顯空了的朝堂，李隆基的心更涼了，人心散了。

歎息之後，李隆基高調宣布：朕將御駕親征，討伐安祿山。

在場官員面面相覷，雖沒有言語但眼神裡都暗含著潛臺詞：陛下在說夢話吧。

官員們早把李隆基看透了，那個曾經英明果斷的皇帝早就消失了，現在這個皇帝只不過是過去那個皇帝的肉身而已。

李隆基繼續自說自話，做出自己的部署：京兆尹魏方進為御史大夫兼置頓使（**善後處理總監**）；京兆少尹崔光遠升任京兆尹、西京留守；宦官將軍邊令誠（**誣殺高仙芝、封常清那位**）掌管皇宮所有鑰匙。

以上部署是公開的，接下來是一般人不知道的秘密部署。龍武大將軍陳玄禮集結禁衛六軍，不分青紅皂白賞賜一番，同時精選九百餘匹戰馬集結待命。到這時知道內情的人寥寥無幾，絕大多數人依然被蒙在鼓裡。

天寶十五載六月十三日注定被載入史冊，這一天開國一百三十八年的大唐王朝皇帝李隆基偷偷放棄國都前往蜀郡。天剛矇矇亮，李隆基攜楊貴妃姐妹、皇子、嬪妃、公主、皇孫、楊國忠以及親近宦官、宮女出延秋門，一路向西開始逃難。

李隆基所做的這一切，皇宮中知道內情的人很少，而那些不在皇宮的嬪妃、公主、皇孫也被排除在外，一切都是為了高度保密。

接近上朝時間，還有官員在宮門外等待上朝，宮中儀仗隊也已經就位，用於計時的滴漏聲依然清晰可聞，一切看上去、聽上去都很正常。宮門突然打開，宮女和宦官爭先恐後往外衝，皇宮內外頓時亂作一團。皇帝已經跑路了。

沒有比這更恐怖的消息了。李隆基跑路的消息迅速傳播，長安城的王公貴族紛紛四散逃命，那些昔日氣派無比的豪宅頓時成了一座座空宅。

能跑的人紛紛往城外跑，不過有一群人卻反其道而行之，別人往城外跑，他們往城裡跑。這是一群有賊心、有賊膽的人，他們的目標是皇宮和那些已經成為空宅的豪宅。他們衝進了豪宅、衝進了皇宮，目標就是搶一把，搶完之後，揮揮手，放把火。

長安的混亂達到了頂點。這時西京留守崔光遠和宦官邊令誠站了出來，他們組織人撲滅了大火，殺了十幾個趁火打劫的人給猴看，長安的秩序這才安定了下來。

然而安定下來的長安已不再屬於李隆基，它已經屬於安祿山了。西京留守崔光遠派自己的兒子前往洛陽會晤安祿山，同時邊令誠也把皇宮內所有鑰匙獻給了安祿山，這一刻長安向安祿山敞開了大門。

天盡頭

在家千日好，出門一時難，李隆基現在深刻地體會到這句話的真諦。離開長安僅僅二十里，李隆基就成了狗不理。

逃難之前，李隆基派宦官王洛卿提前出發，到沿途經過的郡縣通知官員做好接駕準備，李隆基滿心以為這樣就可以一路順風，沒想到事與願違。

到了望賢宮，李隆基一看別說接駕了，連條狗都沒有。再一打聽，李隆基呆住了，負責通知官員接駕的宦官王洛卿居然跟咸陽縣令一起玩起了失蹤。既然這兩人指望不上了，那就找別人吧。宦官奉李隆基之命再去召喚別的官員，結果大家都玩起了躲貓貓，來接駕的一個也沒有。

狗不理的李隆基捱到了中午以為情況會有好轉，不想沒有更好，只有更糟。到了飯點，連飯也沒有。無奈之下，楊國忠只好親自出馬到街上給李隆基買幾個燒餅，本來還想多買幾個，不巧賣燒餅的沒剩下幾個，想多買，沒了。

還好天無絕人之路，附近百姓得知了李隆基駕到的消息，便自發出來貢獻食物，這下正合了嗷嗷待哺的皇孫們的意。皇孫們顧不上體面了，直接用手抓著粗米飯吃，一會兒工夫全吃光了，再摸摸肚子還沒吃飽。含著金鑰匙出生，何時有過這樣的日子。看著皇孫們狼狽不堪的模樣，李隆基不禁悲從中來掩面而泣。

這時有一位老者走到李隆基的面前，說道：「安祿山包藏禍心已經不是第一天了，以前有人到皇宮告發安祿山謀反，陛下往往誅殺了之，結果安祿山陰謀得逞陛下才會流落在外。許久以來，朝中大臣只知阿諛奉承不敢直言，所以皇宮以外的事情陛下都不知道，而我早知道會有這麼一天，但皇宮森嚴，我等小民的心無法上達陛下。話又說回來了，如果不發生這些事，小民哪有這樣的機會與陛下面對面談話呢？」

老者的話一句句刺到了李隆基的心裡，李隆基歎息一聲：「這都是因為我糊塗，悔之晚矣！」

老者感歎數聲後轉身離去，留下歎息不已的李隆基。

在望賢宮停留數小時後，李隆基一行繼續趕路，子夜時分到了金城（陝西興平市）。同望賢宮的遭遇一樣，金城縣令也消失了，李隆基還是狗不理。但不幸中也有萬幸，由於金城縣令和金城的富戶們走得急，連儲備好的酒肉都沒有拿走，這下李隆基一行伙食有著落了，再也不用像中午那樣要麼餓著肚子硬挺，要麼厚著臉皮到民間乞討。

金城一夜很快過去。第二天，李隆基一行來到了馬嵬坡（陝西興平市西馬嵬鎮）。

如果楊國忠有一雙看到未來的眼睛，他一定會想法設法繞開這個地方。可惜他沒有，於是他毫無知覺地踏進自己的葬身之地。

此時一場針對楊國忠的陰謀正在醞釀。醞釀陰謀的主角叫陳玄禮。陳玄禮是龍武大將軍，李隆基此行帶領的禁軍由他主管，現在陳玄禮將矛頭指向了楊國忠，他想除掉這個禍國殃民的傢伙。

陳玄禮不是一個人在戰鬥，他還有同伴。究竟誰是他的同伴，史家一直爭論不休，有人說是太子李亨的宦官李輔國，也有人說是高力士。總而言之，陳玄禮的背後有人指使，指使他的人要麼是太子李亨，要麼是高力士。無論李亨，還是高力士，他們對楊國忠都恨到了極點，正是這個瞎折騰的小人弄得皇帝連國都都丟了。此人不除，留之何用？

楊國忠的命到頭了。

天寶十五載六月十四日中午，楊國忠人生中最後一個中午。當時一群吐蕃使者正圍著楊國忠的馬頭訴苦，他們告訴楊國忠他們找不到食物，請楊國忠幫忙解決一下。楊國忠還沒回答，一群士兵便衝了上來：「楊國忠與胡人一起謀反。」

這句話吹響了發難的號角，一名士兵張弓搭箭，一箭射在楊國忠的馬鞍上。楊國忠眼見不好，撥馬就跑，一直跑到了驛站的西門內。楊國忠以為就此躲過一劫，沒想到一回頭，一群士兵揮刀衝了上來，此時再想跑已經來不及了。

亂刀齊下！

打了一輩子精明算盤的楊國忠就這樣毫無先兆地死於亂刀之下，而且死後也不消停，他的頭被割了下來掛在驛站門外。與楊國忠一起被亂刀砍死的還有他的兒子戶部侍郎楊暄以及楊貴妃的兩個姐姐韓國夫人、秦國夫人，他們都是給楊國忠陪讀的。

不一會，有一個人自動加入了陪讀的行列。這個人叫魏方進，李隆基剛剛委任的御史大夫。魏方進千不該萬不該在那麼敏感的時候說了一句話，他衝著發難的士兵喊道：「你們怎麼敢謀害宰相！」

士兵們一擁而上，亂刀再次砍下。一句話送了一條命。魏方進就這樣成了楊國忠的陪讀。

這時宰相韋見素聽說了楊國忠被殺的消息便出來查看，沒想到一下成為眾矢之的。士兵們拿著鐵器往韋見素的頭上掄，韋見素的頭頓時鮮血直流。幸好韋見素平常為人不錯，千鈞一髮之際還有人救他。只聽有人喊道：「別傷害韋大人。」掄鐵器的士兵終於停了手。

經過緊急搶救，韋見素又活了過來，總算沒成為楊國忠的陪讀。

放過了韋見素，發難的士兵並沒有就此罷手，相反地他們的發難升級了，一下子團團包圍了李隆基入住的馬嵬坡驛站。李隆基被外面的嘈雜聲驚動了，他知道一定有事情發生。左右告訴李隆基沒什麼事，只是楊國忠謀反被士兵們誅殺了。

李隆基的血一下湧到了頭頂，怕什麼偏偏來什麼，這不就是兵變嗎？太可怕了。

經歷過大場面的李隆基知道，越是這個時候越是要保持冷靜，既然楊國忠已經被誅殺，那就順水推舟先把士兵的怒氣安撫下去再說。李隆基拄著拐杖出了驛站門口，親自向士兵們表示慰問，李隆基在慰問之後下令士兵收隊回營，然而令他意想不到的事情發生了，士兵們居然對他的命令置若罔聞。

前所未有的恐懼佔據了李隆基的內心，這是以前從來沒有過的，士兵居然對皇帝的命令置之不理，他們到底想幹什麼？

李隆基命高力士前去詢問士兵的要求。

陳玄禮代表士兵對高力士說：「楊國忠謀反，楊貴妃不應該再陪伴在陛下身邊，願陛下割捨恩愛，維護法律尊嚴。」

李隆基驚呆了，他簡直不相信自己的耳朵。他們居然要求朕賜死楊貴妃？

李隆基被驚愕包圍了，他緩緩說道：「我自有處置。」

說完，李隆基坐到座位上，雙手拄著拐杖深深地低下了頭。這是他一生中最艱難也是最煎熬的時刻，他知道士兵們已經殺紅了眼，但要讓他賜死楊貴妃，他狠不下心。

許久之後，韋見素的兒子、京兆司錄韋諤跪到李隆基的面前說道：「如今眾怒難犯，安危就在一瞬間，請陛下趕緊做出決定。」

李隆基回應說：「貴妃一直身處後宮之中，她哪裡知道楊國忠要謀反啊？」李隆基如此說是為楊貴妃開脫，他不知道這麼說能不能救楊貴妃，但他必須試一下。

一旁的高力士歎了一口氣說道：「貴妃確實沒有罪，然而將士們已經殺了楊國忠，如果貴妃還留在陛下身邊，將士們怎麼會安心呢？願陛下好好考慮一下，只有將士們安心了，陛下才能平安。」

高力士的話已經很直白了，要麼楊貴妃一個人死，要麼你陪她一塊死，李隆基，你選吧！

李隆基別無選擇，他只能讓楊貴妃死。身為皇帝國都丟了，心愛的貴妃也保不住了，李隆基的痛苦無以復加。李隆基決絕地一揮手，楊貴妃的人生戛然落幕。

在馬嵬驛的佛堂裡，高力士縊死了風華絕代的楊貴妃，從此世上再無雲想衣裳花想容的楊貴妃，只有永不落幕的楊貴妃傳奇。

伴隨著楊貴妃的香消玉殞，馬嵬坡兵變宣告結束，這場以楊國忠為目標的兵變歷時數小時，一舉覆滅了曾經紅極一時的楊氏家族。

馬嵬坡兵變後楊氏家族還有漏網之魚，楊國忠的妻子裴柔、幼子楊晞、虢國夫人以及虢國夫人的兒子裴徽都跑掉了。可惜喪家之犬注定跑不遠。不一會兒的工夫，四條漏網之魚就被一網打盡了。

屈指一算，從西元七四五年進長安，到七五七年馬嵬坡兵變，楊國忠的人生在這十二年中跌宕起伏，他曾經如喪家之犬處處碰壁，也曾經紅極一時位極人臣，然而最後卻沒有逃脫盛極而衰的結局，十二年終究成了代價慘重的黃粱一夢。如果可以重新選擇，他會選擇十二年如夢如幻的巔峰體驗，還是會選擇平平淡淡過一生呢？

至於楊貴妃，由於篇幅的原因我沒有過多涉及楊貴妃的受寵以及她所謂的「禍國殃民」。在我看來把楊貴妃歸為「紅顏禍水」是不公平的，因為大唐王朝衰落的責任在李隆基而不在楊貴妃。遺憾的是不少史家還是將亡國的責任推到女人身上，比如人妖合體的蘇妲己，比如陳叔寶的後庭花，再比如導致晉王朝八王之亂的賈南風，似乎每一個覆滅王朝的背後總是站著一個紅顏禍水的女人。其實女人的肩膀很稚嫩，她們扛不起覆滅一個王朝的重任。

兵變終於平息，馬嵬坡被沉沉夜色籠罩。我們不知道李隆基是如何捱過了馬嵬坡那長長的一夜，沒有楊貴妃的夜晚，他寂寞嗎？

第二天一早，又到了出發的時候，李隆基身邊的高級官員只剩下韋見素一人，其他人要麼給楊國忠陪讀去了，要麼腳底抹油溜了。就這個韋見素，還是虎口拔牙搶回來的，不然李隆基就成了光桿司令了。

李隆基在內心又歎息了一聲，只能用火線提拔的方式來充實幹部隊伍。韋見素的兒子韋諤成為火線提拔受益者，他被直接任命為御史中丞、善後事宜總監，這樣他們爺倆成為逃亡路上李隆基最信任的人。

解決了幹部的問題，李隆基以為可以出發了，沒想到士兵們又有了新想法。士兵們說道：「楊國忠謀反，我們把他殺了，現在卻要去楊國忠的地盤——蜀郡，他的舊將故舊都在那裡，肯定會對我們不利，所以蜀郡不能去。」

不去蜀郡？還能去哪裡呢？

眾人開始七嘴八舌。有人建議去河西、隴右，有人建議去靈武，有人建議去太原，還有人建議回長安。聽著眾人七嘴八舌的建議，李隆基心中暗暗叫苦，此時此刻他只想直奔蜀郡，其他地方都不是他的理想之地，至於回長安就更不可能了，剛從長安逃亡出來，怎麼可能再回去呢？

放在以往，李隆基必定會大喝一聲表明自己的態度，然而現在他卻不敢了，昨天剛發生一場兵變，他依然心有餘悸。

剛剛火線提拔的韋諤看懂了李隆基的心思，便提出一個折衷建議：「目前需要有抵禦叛軍的準備才能回長安，而如今兵力太少，所以不能再回長安了。不如暫且前往扶風，再慢慢商量去處。」

折衷的建議得到了大家的認可，一行人便準備往扶風郡進發。

就在這時，附近的百姓擋住了去路，他們攔住了李隆基的馬頭，說道：「皇宮是陛下的家；陵寢是陛下的百年之所，如今陛下捨棄這些，又將去哪裡呢？」

李隆基啞口無言，他不知道該如何回答，索性將難題留給太子，讓太子李亨斷後安撫群情激昂的百姓。

百姓攔住太子李亨的馬頭說道：「皇上既然不肯留下來，我等願意帶領子弟跟隨殿下一起破賊收復長安。倘若殿下和皇上都到了蜀郡，誰來給中原百姓作主呢？」

說話間，人越聚越多，轉眼已經有數千人的規模。

接下來的描述，來自《資治通鑑》：太子李亨搖了搖頭，沒有答應百姓的請求。李亨說：「皇上遠赴蜀郡，我怎麼忍心不陪伴在左右。況且現在我還沒有跟皇上當面告辭，總得跟皇上見一面再定去向。」

李亨撥馬欲走，他的兒子建寧王李倓和宦官李輔國攔住了馬頭，說道：「安祿山作亂，四海分崩離析，不收拾人心，如何恢復山河。如果殿下跟隨皇上入蜀，叛軍燒斷進出蜀郡的棧道，那麼中原之地就等於拱手讓給叛軍了。人心如果一旦渙散就無法收復，再想有今天的局面也辦不到了。如今之計，不如集結西北守衛邊防的士兵，同時召回正在河北討賊的郭子儀、李光弼，然後聯合進軍向東討伐安祿山，收復長安、洛陽使社稷轉危為安，宗廟得以重建，到那時打掃乾淨皇宮迎接皇帝歸來，豈不是人間最大的孝。何必拘泥於日常的噓寒問暖，像小孩子一樣呢！」

李輔國和李倓說完，李亨的另外一個兒子、廣平王李俶也加入了遊說行列，李亨猶豫了。這時百姓上來抱住了李亨的馬，李亨徹底走不動了。

李亨無奈，只好命李俶飛馬報告李隆基：百姓熱情高漲，不肯放李亨走。

李隆基聞言，說了一聲：「天意啊！」

隨後李隆基分出兩千士兵以及飛龍廄的御馬交給李亨，同時宣布要傳位給李亨，然而李亨卻堅決拒絕了。

僅從上面這段描述來看，李隆基、李亨父子絕對是古今父子關係的典範——父慈子孝。然而真實的史實卻並非如此，李隆基與李亨之間一直藏著深深的芥蒂，父子倆一直處於相互猜疑、相互戒備的狀態，從來沒有真正的父慈子孝。

之前馬嵬坡兵變的背後便有李亨的影子，倘若沒有李亨背後支持，陳玄禮絕沒有膽量誅殺楊國忠一族。現在馬嵬坡百姓擋路正好給了李亨與父親分道揚鑣的藉口，他不想再活在父親的陰影之下，他想開闢一片屬於自己的天地。

試想如果李亨跟著李隆基去蜀郡，那麼他將依然生活在李隆基的陰影下，當了二十年太子的他不想再重複以前的生活了。於是李亨決定與父親分道揚鑣，走一條與父親不同的路。

李亨的想法並沒有錯，只是他一味強調自己的仁孝就讓人作嘔了，想當皇帝就說想當皇帝唄，何必遮遮掩掩，給自己找那麼多理由？

古代的皇帝，就是做作。

李隆基向左，李亨向右

與李亨分別後，李隆基一行來到岐山，這時軍中傳起了謠言：安祿山的前鋒部隊已經尾隨而來。謠言讓剛剛平復的軍心再次動搖，李隆基看在眼裡，心急如焚。

夜晚，李隆基入住扶風郡，這時士兵們已經心猿意馬心思全不在守衛之上，言談之中對李隆基的不敬脫口而出，即便龍武將軍陳玄禮想制止都制止不住。

李隆基皺起了眉頭，照這麼發展下去，還能走到蜀郡嗎？

就在李隆基發愁時，從蜀郡運來的十萬匹彩綢抵達了扶風郡，這些彩綢激發了李隆基的靈感，他要用這些彩綢化解目前的困局。李隆基命人將彩綢堆到院子裡，然後把禁衛士兵都召了進來。

靠著二樓的欄杆，李隆基開始了一生中最重要的一次演講：「朕近些年老了，所託非人以至於安祿山作亂，朕還得遠遠躲避他的兵鋒。朕知道你等都是倉促出行，沒來得及與父母妻子告別便跟朕跋山涉水來到這裡，一路勞累到了極點，朕對此深感慚愧。此去蜀郡道路險長，而且蜀郡偏小，或許那裡供應不上眾多人馬，因此今天允許大家各自回家，朕自己與皇子、皇孫、宦官一起入蜀，想必也能走得到。今天在這裡就與大家訣別，諸位可以把這些彩綢分了作為回家的路費。回到家裡見到父母以及長安父老替朕問好，請他們各自好好珍惜自己。」

李隆基說完老淚縱橫，淚水沾濕了衣襟。李隆基的話推心置腹，一下打動了禁衛士兵，在場的士兵都哭了，說道：「臣等生生死死都跟隨陛下，不敢有二心。」

良久，李隆基回應說：「是去是留，全由你們自己決定。」

無疑這次演講是成功的，從此軍心穩定了下來，一個多月後李隆基平安入蜀。

李隆基那邊解決了路線問題，李亨這邊卻還不知道往何處去。天下之大，哪裡是他的龍興之地呢？廣平王李俶說：「天色漸晚，此地不可久留，大家說說咱們該往何處去？」

眾人一片沉默。

這時建寧王李倓提出了自己的建議：「昔日殿下曾經當過朔方節度大使，每年過年時將帥們都會遞上拜年的帖子，我依稀記得他們的名字。況且朔方離這裡比較近，兵馬也非常充足。現在安祿山叛軍剛進入長安一定忙於搶掠無暇他顧，我們就趁這個機會前往朔方，到那之後再圖謀大局。」

李倓說完，看著父親李亨，等他做最後決定。

李亨心裡何嘗有譜，二十年來他只是做一個掛名太子而已並沒有得到真正的歷練，現在聽兒子如此建議那就不妨試一試。前往朔方的動議就這麼定了下來，李亨一行人開始趕路。

剛走出不遠，險情發生了，前面居然出現了叛軍。李亨不敢輕忽，急忙命令士兵迎戰。敵我雙方打成了一團，許久之後只聽見一聲大喊：都別打了，自己人。

這時大家停下手仔細一看，確實是自己人，對方不是叛軍，而是從潼關撤下來的敗兵。李亨擦了擦頭上的冷汗，既然是自己人那就合兵一處吧，前往朔方。兩軍瞬間合併，一起開拔。

行不多遠，又遇到了一道坎。這道坎是一條河，名字叫渭河，李亨一行人就被渭河攔住了去路。渭河上沒有橋，要想過河只能蹚水，然而河水很深，不會游泳的人根本過不去。李亨無奈，只能把人馬分成兩撥，有馬的一撥，沒有馬的一撥，有馬的由馬馱著過河，沒馬的原路返回。僅此一分，李亨的籌碼少了一大半。

過了渭河，李亨的籌碼繼續減少，由於擔心安祿山追擊，李亨採取了一路狂奔的方式，一日一夜急行軍三百餘里，等到宿營地一看跟上來的士兵只剩下幾百人。

就拿這麼點人開始創業？真把自己當努爾哈赤了（靠十三副鎧甲起兵）。

還好接下來的日子好過了一些。李亨一行輾轉來到了平涼郡（寧夏固原縣），這裡有皇家馬場，在這裡李亨挑選了數萬匹戰馬，同時招募了五百名士兵，有這些人馬打底，李亨的軍事力量有了一點模樣。

與此同時，朔方的官員也沒有閒著，他們積極行動了起來要給李亨一個大大的驚喜。

第八章

李亨當政

靈武登基

李亨還在平涼逗留，朔方的官員們卻再也坐不住了，因為他們看到一個天大機會：擁立新君。古往今來，擁立新君都是一件讓人夢寐以求的事情，朔方的官員同樣不能免俗。

朔方留後杜鴻漸與六城水運使魏少遊等人一起開了一個會，會上得出一個結論：平涼地勢開闊不易屯兵，靈武（朔方戰區總部所在地）士兵糧食都非常充足，如果迎接太子到此，向北召回正在作戰的士兵，向西徵發河西、隴右勁旅，向南平定中原，這可是萬世難得的機會。

杜鴻漸等人的結論還算比較公允，只是這樣的結論一半為公、一半為私，在一切為公的旗號下，杜鴻漸他們公私兼顧打一點自己的小算盤。

嚴格來說，杜鴻漸的做法是越權的，因為此時朔方節度大使是郭子儀，而杜鴻漸只是郭子儀外出期間臨時主持工作，現在杜鴻漸拍板迎接李亨就是慷郭子儀之慨，搶了郭子儀的功。只是擁立新君的機會太誘人了，他戰勝不了自己的心魔。

杜鴻漸火速派使者到了平涼，與使者一起到達的還有邀請李亨到朔方的奏疏以及朔方戰區士兵、馬匹、兵器、糧食、軍用物資名冊，這一切都是杜鴻漸用來表示誠意的道具。

看到奏疏和名冊，李亨一直忐忑不安的心終於放下了，朔方戰區還真是識時務，想什麼就來什麼。

這時河西戰區司馬裴冕正好路過平涼，趕上這千載難逢的機會。原本裴冕要到長安出任御史中丞，現在安祿山叛亂、李隆基入蜀，裴冕當機立斷不再抱李隆基的粗腿，他要改換門庭投到李亨名下。

裴冕對李亨說：「殿下，別猶豫了，去朔方吧！」

李亨就此堅定了決心。

李亨還沒出發，朔方留後杜鴻漸已經迎到了平涼北境，和他的奏疏同樣口吻：殿下，去朔方吧！幾股力量交集到一起，李亨索性順水推舟，他知道轎子已經被抬起來了，他此去朔方注定要由「殿下」升級為「陛下」，不然群眾都不答應了。

七月九日，李亨抵達靈武郡，他的登基大典同時進入倒數計時。一進入靈武，裴冕和杜鴻漸便忙碌起來，他們已經把李亨的轎子抬了起來，便計畫著再進一步勸說李亨稱帝。

勸說李亨稱帝是一件既簡單又困難的事情，簡單是因為李亨早想稱帝，不用勸都想；困難是因為李亨明明想稱帝，卻要裝出一幅不想稱帝的樣子，旁邊的人還要表示理解跟著演戲。

做作程度直逼趙匡胤的黃袍加身。

裴冕、杜鴻漸對李亨說：「將士們都是關中人士，日夜思念家鄉，他們之所以不遠萬里跟隨殿下來到邊塞，就是想立下寸尺之功。倘若陛下寒了他們的心，以後再想收攏人心就難了。願陛下就勉強滿足眾人的心願吧，這也是為江山社稷著想。」

李亨搖搖頭，不，我不能答應你們。

裴冕、杜鴻漸馬上入戲，既然李亨不答應，我們接著請願。

請願書一上再上，總共上了五回。第五回請願書終於起到了效果，李亨終於有了回覆：我願意。

中國歷史就是這樣，有時做作得令人髮指。最讓人啼笑皆非的是權臣篡位，明明要篡前朝的位了還裝作一副忠君愛國、至死不渝的樣子，面對前朝皇帝的禪讓詔書還得連續推辭三回，三回推辭完了再做出一副不情不願的樣子：討厭死了，我就勉為其難吧。

做作也好，演戲也罷，李亨終於邁出了登基的關鍵一步。

七月十二日，李亨在靈武城南樓登基稱帝，尊父皇李隆基為上皇天帝，赦免天下，改年號為至德。至此李隆基的天寶過時了，從七月十二日開始，年號：至德。

此時中國大地上有三個皇帝，一個叫李隆基，一個叫李亨，一個叫安祿山。

嚴格意義上說，李亨這個皇帝並不合法，因為他連傳國玉璽都沒有，你見過沒有傳國玉璽的皇帝嗎？

只是李亨已經被架上去了，不管有沒有傳國玉璽都必須當這個皇帝，因為他的皇帝頭銜對屬下而言就是一道黏合劑，失去這道黏合劑，等待他的必將是分崩離析。

永王攪局

李亨在靈武不聲不響地稱帝了，遠在蜀郡的李隆基渾然不覺，他一如既往地行使著皇帝的權力，卻不知道自己已經成了兒子口中的「太上皇」。

拿過全國地圖，李隆基開始切帝國的蛋糕，他要把全國分成幾塊，讓多個兒子利益均沾，在李隆基看來，把雞蛋放在幾個籃子裡要比放在一個籃子裡保險得多。

李隆基的分割如下：

太子李亨任天下兵馬元帥，同時兼任朔方、河東、河北、平盧節度使，南取長安、洛陽。

永王李璘出任山南東道、嶺南、黔中、江南西道節度使。

盛王李琦出任廣陵大都督，同時兼任江南東路及淮南、河南等路節度使。

豐王李珙出任武威都督，兼任河西、隴右、安西、北庭等路節度使。

在李隆基的布局中，太子李亨只是領到了最大的一塊蛋糕而已，與他一起領蛋糕的還有三個弟弟李璘、李琦、李珙。所不同的是李琦、李珙的頭銜都是虛的，他們並不實際到任，只是穿一個節度使的馬甲而已。而李璘的頭銜卻是實打實的，他不僅穿上了四道節度使的馬甲，而且還親自到總部赴任。不經意間，李隆基成為李亨新政權的攪局者，因為他的權力分割為李亨培養了另外一個攪局者——永王李璘。

李璘是李隆基的第十六個兒子，自幼聰敏好學，但是他長得不是一般的醜，而且視物不正，可能是鬥雞眼。

從個人情感而言，李亨和李璘的關係原本不錯。李璘小時候生母就去世了，李亨便擔負起照顧李璘的任務。在李璘小的時候，李亨夜裡還抱著他睡覺，哥倆的感情基礎相當深厚。如果沒有安史之亂，李亨和李璘還會繼續著「兄友弟恭」的佳話，可惜安史之亂橫空出世，破壞了他們的「兄友弟恭」。

李亨趁亂在靈武稱帝，大唐王朝的皇權遭遇了非典型更迭。原本李璘對於這個結果是欣慰的，畢竟大哥李亨多年媳婦熬成婆，作為關係甚篤的弟弟他替李亨感到高興。可能是上天覺得李亨繼位太順利了，於是便故意給他製造一點難題，而這個難題居然由與李亨關係最好的李璘來完成，真是造化弄人。

生活是最好的編劇，讓李璘在不經意中有了對抗李亨的資本。

李璘管轄的四道總部位於江陵（今湖北荊州），安史之亂後江淮各地運往朝廷的貢品以及田賦全部經江陵中轉，這樣李璘便輕而易舉地取得了對貢品和田賦的控制權，於是李璘的手中有了錢。

如果說有了錢還不可怕，不久李璘手中又有了兵。當初為了平定叛亂，李隆基允許李璘在江陵招募兵馬，於是李璘手裡就有了相當規模的兵馬，這時再讓李璘乖乖對李亨俯首稱臣就有點難度了。

畢竟大家都是皇子，誰不對扎眼的皇位心馳神往呢。

李璘從此動了心思，不過心中還在猶豫，畢竟皇位看上去尊貴，要坐上去卻很難，這裡面隱藏著巨大的風險。李璘還在猶豫，他的兒子襄城王李瑒卻按捺不住蠢蠢欲動的心，既然太子李亨能自說自話在靈武繼位，父親李璘同是皇子為什麼不能繼位呢？

襄城王李瑒心裡充滿了不平衡。

和有人抬李亨上轎一樣，在李瑒身邊同樣有一批人想抬李璘、李瑒父子上轎，畢竟擁立新君可是千載難逢的奇功。這些人替李瑒做了規劃。安史之亂後北方烽煙四起，南方大體平靜，此時永王手握四道兵權，控制的疆域有數千里，如果順勢佔領金陵（今南京）自立政府，正是比擬東晉王朝的基業。

所謂規劃就是遠期目標，目標宏大得足以讓人熱血沸騰，李瑒就被所謂的規劃迷住了雙眼，他想把規劃變成現實。

經過李瑒的遊說，歲數很大、閱歷很淺的李璘同意了，常年長在後宮的他並不知道人世間的艱苦，他以為開創帝業只是灑灑水的事情，或許在他看來把規劃變成現實乃輕而易舉之事，卻不知道規劃和現實之間有著巨大的差距。

一邊是「想到」，一邊是「得到」，中間還差一個「做到」。

無知無畏的永王李璘開始大規模招兵買馬，同時延攬社會名士為己所用。這時一張熟悉的面孔出現在李璘的面前，李璘一看連他都來了，事情成功了一半。

來者不善，正是大名鼎鼎如假包換的大詩人李白。

後來的歷史教科書說，「李白參與永王李璘叛亂」，其實這是誣衊。以當時的情況看，李白參與的不是叛亂而是創業，如果李璘功成，李白就是開國元勳。

只可惜，如果僅僅是如果。

論起來，李亨稱帝與李璘叛亂只是五十步與百步的關係。他們同為皇子，都有稱帝之心，彼此誰也不用說誰，只是成王敗寇，李璘最終兵敗，因此創業便成了謀反，李白也成了參與謀反的人。

一開始李璘的創業還是有幾分模樣，李白跟隨李璘一起見證了初始的火紅場面。李白從隱居的廬山出發，進入了李璘的幕府得到高級別禮遇，在李璘東巡長江的樓船上，大詩人李白參與了只有高層才能參與的軍事會議。沿途李白看到了民眾對永王李璘的歡迎，這讓他詩興大發：

二帝巡遊俱未回，五陵松柏使人哀。

諸侯不救河南地，更喜賢王遠道來。

二帝指的就是「唐玄宗李隆基、唐肅宗李亨」，既然二帝巡遊不回，不救河南之地，那麼賢王李璘遠道而來收拾殘局有何不可呢？

詩人總是浪漫的，他沒有意識到自己已經踩上了高壓線。

在李璘擅自巡遊長江不久，遠在靈武的李亨便得到了消息，他意識到自己最親的弟弟已經成為攪局者，必須讓他停止攪局。李亨隨即發布詔書命令李璘返回蜀郡，回到老爹李隆基的身邊當乖孩子。然而李璘的心已經燃燒起來了，熱烈的溫度讓他欲罷不能，他不再聽從李亨的命令，他要前往金陵開創屬於自己的基業。

但開創基業並不是說說就好，常年身居宮城，未曾經歷過風霜的李璘並不是一個適合創業的人。他是一盆常年開在溫室大棚裡的花，冷不丁想冒充參天大樹，那是癡人說夢。雪上加霜的是，他的兒子李瑒也是一盆溫室的花，同樣眼高手低、紙上談兵。

西元七五七年二月，北方安史之亂烽煙正盛，南方一場皇族的內戰也在同步進行。永王李璘在丹陽郡（今江蘇鎮江）與李亨的部隊遭遇，從未有過沙場經驗的李璘一看對方的陣勢頓時慌亂了起來，而此時他手下的將領們也動了心思。

在將領們看來，李璘和李亨的較量是皇族內戰，沒有絕對的對錯可言。然而相比之下，李亨的勢力更大，而且底氣更足，看起來李亨的勝算更大，而李璘是凶多吉少。一旦李璘失敗，將領們就將變成亂臣賊子，與其這樣還不如趁沒打之前開溜，省得將來跳進黃河也洗不清。

仗還沒打，手下將領已經有很多人開了小差，李璘在氣勢上先輸一著。隨後李璘在膽量上又輸了一著。

李亨的隊伍在夜間對陣時燃起大量火炬以壯軍威，李璘的隊伍不甘示弱也在軍營中點起了火炬以示對抗。本來是勢均力敵的火炬對抗，沒想到素無作戰經驗的李璘卻理解反了，他看到軍營中的火炬居然以為李亨的部隊已經打進了自己的軍營。

就這點素質的李璘馬上帶著家屬緊急撤離，連夜逃出了丹陽郡。天亮後一打聽，原來自己的軍營還在，是昨晚看錯了，李璘這才又帶著家屬回了丹陽郡。

此時丹陽郡已經守不住了，由於昨夜李璘連夜逃跑動搖了軍心，屬下士兵大量開了小差，剩下的只是一幫殘兵，用這些殘兵守城那是天方夜譚。三十六計，走為上計，李璘帶著殘兵逃出了丹陽郡，沿江東下，沒想到還是被追上了。李璘的兒子李瑒率軍抵抗，被一箭射落馬下死於亂軍之中，他的皇太子夢想也湮滅於亂軍之中。

李璘收拾殘兵準備南下嶺南，然而來不及了，江西採訪使皇甫侁派兵搜捕將李璘捉獲，隨即在驛站之中將他誅殺。不過皇甫侁的馬屁拍到了馬腿上，得到奏報的李亨反而認定皇甫侁私自誅殺永王，陷自己於「殺弟」的不義之中，將之免職永不錄用。

這就是永王李璘的攪局，只開了個頭，都沒來得及收尾，他曾經有一個割據江東的夢，只可惜夢很快碎了。

順著李璘的話題，說一下李白的結局。

李璘兵敗後，李白被扔進大獄，一度難逃一死。後來經過多人求情，李白被釋放出獄。不過死罪可免，活罪難逃，他被流放到夜郎故國之地——貴州桐梓。幸運的是流放途中李亨大赦天下，這樣李白不需要再去體會「夜郎自大」的味道了。

李白掉轉船頭順江而下，一日千里，欣喜之餘還寫下了千古名篇——《早發白帝城》：

朝辭白帝彩雲間，千里江陵一日還。
兩岸猿聲啼不住，輕舟已過萬重山。

既寫實，又寫意，既寫沿江的美景，又寫看風景的心情。其實風景一切如故，變化的只是看風景的心情。

數年後，李白前往當塗（安徽當塗縣）投奔族叔、當塗縣令李陽冰。他興沖沖而去，沒想到當塗成為他人生最後的落腳點。李白在當塗病了，病得很嚴重，終於一病不起。

在李白人生的最後時光裡，有一個朋友始終惦記著他，這個朋友幾次在夢中夢到他過世了，醒來發現自己已淚流滿面，於是就寫下了詩篇《夢李白》。這位朋友先後寫了兩首《夢李白》，其中一首為李白的一生定了調：

冠蓋滿京華，斯人獨憔悴。
孰云網恢恢，將老身反累。
千秋萬歲名，寂寞身後事。

朋友的名字叫杜甫。

關於李白的人生最後結局，不同的書籍有著不同的記載：

《新唐書》：李陽冰為當塗令，白依之。代宗立，以左拾遺召，而白已卒，年六十餘。

《舊唐書》：永王謀亂，兵敗，白坐長流夜郎。後遇赦得還，竟以飲酒過度，醉死於宣城。

《唐才子傳》：白晚節好黃、老，度牛渚磯，乘酒捉月，遂沉水中。

《新唐書》的說法是病逝，《舊唐書》的說法是醉死，《唐才子傳》的結局是酒醉後入水捉月，沉於水中。第一種結局最平實，第二種結局符合人物性格，第三種結局最是浪漫。這便是大詩人李白，單單一個人生結局，竟然讓後人有著三種猜測的選擇。

至於哪種結局最真實已經不重要了，總之那個冠蓋滿京華的詩人已經去了，後世留下的是他那九百多首詩篇。時至今日，四川江油市和湖北安陸市展開了「李白故里」之爭，如果李白地下有知，該作何感慨呢？

借坡下驢

和永王李璘的不識時務相比，李隆基的見機行事能力強上百倍。

西元七五六年八月十二日，李亨派出的使者輾轉來到蜀郡，他們給李隆基帶來了一個消息：太子李亨已於一月前在靈武登基。這個消息原本足以石破天驚，因為李亨是先斬後奏，不經父皇同意就擅自登基，嚴格說起來就是篡位。使者小心翼翼地奏報完畢便屏住了呼吸，他們不知道李隆基會做出何等反應。

李隆基面露喜色，說道：「吾兒應天順人，我還有什麼可擔憂的？」什麼是好演員，這就是好演員，明明心裡氣得吐血，表現出來卻是無比喜悅，天才，一等一的天才。

以當時的處境論，乍聽到李亨自行登基，李隆基心中一定是不爽的，在皇權終身制的背景下，沒有一個皇帝會容忍兒子不打招呼自行登基，這是對自己的最大蔑視。然而李隆基卻忍了，而且做出一幅歡天喜地的樣子。

究其原因，可能有以下五點：

西元七五六年，李隆基已經七十一歲了，人生古來七十稀，該是平心靜氣的時候了。

到西元七五六年，李隆基已經當了近五十年皇帝，也當夠本了。

安史之亂摧毀了李隆基多年的自信心，身為皇帝連國都都丟了，還有什麼心氣呢？

馬嵬坡兵變，楊貴妃罹難，身為皇帝連最心愛的女人都保護不了，這樣的皇帝含金量幾何？

太子不辭而別，分道揚鑣，又在靈武自行登基，身為皇帝鞭長莫及，顏面何在？

綜合以上五點，李隆基心灰意冷，他不想再去作無謂之爭，既然兒子想要那就拿去吧，畢竟早晚都是他的。

回望自己的皇帝生涯，李隆基感慨萬千，當年自己設計將父親逼成太上皇，現在風水輪流轉，自己被兒子逼成了太上皇，或許這就是報應吧！

八月十六日，李隆基下詔：自今日起，朕的「制」（詔書）、「敕」（敕令）改稱「誥」，官員給朕上疏一律稱「太上皇」。四海之內軍國大事皆由皇帝先行裁決，然後報給朕知；等到收復長安，朕將不再管事。

八月十八日，李隆基登上高臺舉行儀式，命侍中韋見素、宰相房綰、崔渙（後兩位皆是李隆基入蜀途中火線提拔）攜帶傳國玉璽以及冊封李亨為皇帝的詔書前往靈武傳位。事情發展到這一步，李亨的「先上車後買票」接近成功，他的父親李隆基不再糾纏於皇帝頭銜，而是大度地將傳國玉璽拱手相讓，這是李亨之前所沒有想到的。

一個月後，韋見素等人將傳國玉璽以及傳位詔書奉到了李亨面前，李亨卻連連擺手拒絕。李亨說：「現在只因中原大地還不平靜，我暫且管理百官，怎敢趁著危亂要求繼承皇位呢。」群臣一再請求李亨接受傳國玉璽和詔書，李亨卻沒有答應，他把傳國玉璽和傳位詔書放置到另外一間大殿，然後每天早晚前去致敬，就像以前向李隆基早晚問安一樣。

左膀右臂

雖然李亨沒有接受李隆基的傳國玉璽和傳位詔書，但這兩樣東西已經成為他的囊中之物，反正已經到手，何必急於一時？

李亨不去想傳國玉璽和詔書，他把關注的焦點投向了自己的龍興大業，而在成就龍興大業的過程中，他需要給自己物色一些人選，讓這些人成為自己的左膀右臂。郭子儀、李光弼首先進入了李亨的視野，他們將是李亨將來最為倚重的力量。

李亨登基不久，郭子儀便率領五萬大軍從河北返回了靈武，這五萬大軍頓時讓李亨有了鳥槍換炮的感覺，李亨的軍事力量瞬間提升了幾個檔次，龍興之心油然而生。

八月一日，李亨開始布局，他把郭子儀、李光弼都安排到關鍵的位置上：郭子儀出任兵部尚書、靈武長史，同時兼任宰相；李光弼出任戶部尚書、北京（太原）留守，同時兼任宰相；兩人過去所有官職保持不變。從這個任命開始，郭子儀、李光弼成為當仁不讓的平叛主角。

不久李光弼聲名大振。李光弼聲名大振是因為他殺了一個人——侍御史崔眾。

自八月一日接受任命後，李光弼便帶領五千士兵來到了太原，正式接手太原防務。說起來李光弼這五千士兵有些寒酸，這五千人並非正規軍，而只是景城郡、河間郡的民兵。可能就是因為李光弼帶的是五千民兵，原先主管太原防務的侍御史崔眾便沒把李光弼放在眼裡，他不僅對李光弼愛搭不理，同時又不按照約定時間交接防務，他以為李光弼不敢把他怎麼樣。

崔眾在錯誤的時間、錯誤的地點做了一系列錯誤的舉動，等待他的只能是悲慘的結局。他不知道李光弼看他不順眼已經不是一天兩天了。

崔眾不是太原防務的最初負責人，他的前任是河東節度使王承業（**將顏杲卿功勞據為己有的那位**）。王承業因為任職期間軍紀敗壞，被朝廷免去官職，侍御史崔眾受命接管了太原防務。兩人交接不久，朝廷對王承業痛下殺手，派出宦官到太原誅殺王承業。

到了這個地步，王承業已經夠慘了，崔眾卻當眾落井下石，對臨刑前的王承業百般侮辱。侮辱王承業時，崔眾心安理得、不以為然，他不知道背後有一雙眼睛正在憤怒地盯著他。士可殺不可辱，都要行刑了何必再妄加羞辱。憤怒的人正是李光弼。

現在新帳、舊賬疊加到一起，崔眾的路到頭了。

就在這時，傳旨宦官來到了太原城中，他此行的目的是傳達李亨旨意，將崔眾調回靈武，出任御史中丞。

李光弼看了傳旨宦官一眼，說道：「崔眾有罪，已經被我關了起來。現在我就要斬了他這個侍御史，如果你拿出聖旨升他的官，我就斬他這個御史中丞。」

李光弼的意思很明顯，這個人我殺定了，無論他是侍御史還是御史中丞。傳旨宦官被李光弼決絕的語氣嚇住了，他沒敢堅持，擢升崔眾為御史中丞的聖旨也沒敢出示。

李光弼一聲令下，於軍中將崔眾斬首示眾，這一下便讓全軍不寒而慄。

李光弼首秀成功。

郭子儀、李光弼先說到這裡，接下來該說說文官了。李亨最為倚重的文官有兩位，一位叫房綰，另一位名字暫時保密，他在隨後的章節中即將隆重登場。

房綰成為李亨的左膀右臂，要從李隆基逃出長安說起。

李隆基從長安逃亡時多數群臣並不知道，到了咸陽後，李隆基跟高力士議論了起來：「朝臣中誰會跟來，誰不會來，你能猜測一下嗎？」

高力士回應說：「張均、張垍兄弟深受陛下恩寵，而且張垍還是駙馬，他們兄弟倆可能會先來。至於刑部侍郎房綰恐怕不會來。當年大家都說房綰有宰相之才，而陛下卻沒有用他，況且安祿山又曾經推薦過他，可見二人關係不錯，那他更不會來了。」

李隆基淡淡地說：「世事難料啊。」

幾天後，張氏兄弟沒來，房綰來了。

李隆基看著房綰問道：「張均兄弟倆呢？」

房綰說：「臣臨出發時曾經叫過他倆，可他們逗留不前，嘴上沒說但看他倆的樣子似乎已經做出了決定。」

李隆基聽完，回頭對高力士說：「朕早知會如此。」

李隆基當場做出決定任命房綰為吏部侍郎，同時兼任宰相。幾乎與此同時，原宰相陳希烈及張均、張垍兄弟向安祿山投降，成為安祿山的宰相。

兩相對比，房綰的品格要比陳希烈以及張氏兄弟高得多。

房綰出任宰相一個月後便接到了重大任務：與韋見素一起攜帶傳國玉璽以及詔書前往靈武郡傳位。這次任務讓房綰進入李亨的視野，李亨早就聽說過房綰的聲名，這次相見更是誠心相待。房綰也不含糊，一副當仁不讓的架勢，每次與李亨討論時事表情甚是慷慨激昂，他投入的表情讓李亨也不禁動容，兩人關係迅速升溫。

皇帝如此器重，房綰便以天下為己任，知無不言，言無不盡，無論能不能插手的事情他都插手。別的宰相一看房綰如此熱衷，又深受皇帝賞識，索性拱手相讓，惹不起，躲得起。

時間一長，以天下為己任的房綰幾乎把人都得罪遍了，而他自己渾然不覺。房綰被皇帝所謂的恩寵蒙住了雙眼，他以為皇帝的恩寵都是真的，卻沒有想到所謂恩寵只不過是逢場作戲，脆弱到只需要一個小報告就能把所有的恩寵歸零。

打房綰小報告的人叫賀蘭進明，時任北海郡太守。賀蘭進明特意從自己的轄區前往李亨所在地拜見，這次拜見讓李亨非常高興，這說明賀蘭進明很有心，眼中有李亨這個新科皇帝。李亨高興之餘便任命賀蘭進明為南海郡太守，同時兼任御史大夫。

幾天後，賀蘭進明進宮謝恩，李亨發現了蹊蹺。明明自己任命賀蘭進明為御史大夫，怎麼最後居然成了代理御史大夫。

代理二字從何而來？

一定是宰相房綰搞的鬼。

眼見李亨疑惑，賀蘭進明知道機會來了。賀蘭進明對李亨說：「陛下不必疑惑，這都是因為臣往日與房綰有些私人恩怨，想不到今天他卻挾私報復。」

這句話並不致命，致命的是下面一席話。

賀蘭進明接著說道：「晉朝用王衍做三公，成天清談浮誇，最終導致國家大亂。現在房綰同樣喜歡說大話，追求虛名，所任用的都是一些浮誇之徒，與王衍有得一比。陛下任用他當宰相，恐怕不是社稷之福。況且房綰在蜀郡輔佐太上皇時，建議把陛下和諸王派到各地擔任節度使，他特別主張把陛下安置到邊塞苦寒之地，同時他又把自己的黨羽安排到各地掌握大權。房綰的用意很明顯，太上皇任何一個皇子當皇帝，他都能富貴無憂。陛下您看，這哪裡是忠臣的作派。」

賀蘭進明把話說到這個份上，房綰的恩寵便到頭了。

一直以來李亨對李隆基的那次權力分割耿耿於懷，因為按照李隆基的權力分割，李亨不是天下之主，而只是較大一塊蛋糕的持有者而已。現在經賀蘭進明提醒，李亨意識到權力分割的主意正是房綰出的，看來這個人是個投機份子並不可靠。

從此李亨對房綰改變了看法，對他不再恩寵有加，而是戴上了不信任的有色眼鏡。房綰很快感覺到了李亨的變化，他意識到自己失寵了，為了挽回曾經的恩寵他向李亨提出了一個要求：給我一支隊伍，我要收復長安。

大話說慣了，既不怕閃了舌頭，也不怕閃了腰。

可能是李亨太想收復長安了，他居然同意了房綰的要求。

李亨的智商是？存疑，存疑。

充滿期望的李亨委任房綰為首都長安征剿司令兼蒲關、潼關警備司令，同時允許房綰自行選擇將領。房綰自行選擇了四個人，御史中丞鄧景山出任副帥，戶部侍郎李揖出任行軍司馬，給事中劉秩出任參謀，臨出發前又補選兵部尚書王思禮出任副帥。

四人之中，房綰最看重的是李揖和劉秩，軍中事務全部委託給這兩個人。要說這兩個人確實也是飽讀詩書，兵書也看了不少，只是兩人不僅從沒有上過戰場，連軍隊都沒待過。

指望這麼兩個人打勝仗？

房綰對李揖和劉秩充滿了信心，他逢人就說：「叛軍勇士雖多，可他們肯定擋不住我的劉秩。」

如果打仗僅僅用嘴該有多好啊！

大話說完，房綰將全軍分為三軍，分別是南軍、中軍、北軍。西元七五六年十月二十一日，房綰率領中軍、北軍在咸陽陳濤斜地區與安祿山叛軍遭遇。大戰開始前，房綰胸有成竹，因為他有秘密武器：牛車。

房綰從古代兵書中汲取了精華，採用了車戰之法，在他的陣中有兩千輛牛車，在牛車的周圍夾雜著騎兵和步兵。房綰清晰記得古兵書中提到，戰爭開始後驅趕牛車進攻，給敵軍造成混亂就能衝破敵軍的陣腳。

房綰的記憶並沒有錯，只是他不知道那是在理想情況下，一旦對方有了防備，牛車對於戰況的作用恐怕就要打折了，有時甚至是副作用。

房綰正準備驅動牛車參戰，叛軍陣營中卻響起了震天鼓聲，巧合的是房綰逆風，叛軍順風，震天鼓聲順風飄到了牛的耳朵裡，所有的牛一下子全驚了頓時焦躁起來。這時早有準備的叛軍順風放起了火，房綰的牛徹底崩潰了。

兩千輛牛車沒有衝向敵軍，反而在本陣橫衝直撞起來，叛軍趁機吹響進攻號角，房綰的中軍、北軍無力抵擋如潮水敗退。戰後一盤點，死傷四萬，生還不過幾千。

兩天後，不甘心失敗的房綰再次指揮南軍迎戰，結果還是慘敗。這次敗得更徹底，不僅損兵而且折將，南軍主帥、中軍主帥一起向叛軍投降。

還有比這更慘的失敗嗎？

房綰戰敗的消息傳回，李亨氣得幾乎吐血，哎，這個只會說大話的傢伙。李亨本想狠狠地處分房綰，然而經過一個人的勸說後，李亨才高抬貴手放過了房綰。

李亨轉頭對那個人說：「看來誰都指望不上了，只能指望你了！」

山人李泌

李亨要指望的那個人叫李泌，這是一個有故事的人。從李亨開始，他先後陪伴了唐朝三任皇帝，接下來兩位是李亨的兒子—唐代宗及李亨的孫子—唐德宗。

李泌，京兆（長安）人，自幼以才思敏捷、精明幹練著稱於世。他的祖上更是赫赫有名，他的六世祖是北周八柱國之一李弼，而他的曾祖一輩也有一位名人——隋末農民起義領袖李密。不過祖上的榮光到李泌這一代時已經煙消雲散，李泌登上歷史舞臺靠的還是自己。

由於自幼名聲在外，李隆基召見了李泌，這次召見李隆基對李泌印象非常好，便把李泌介紹給了當時還是忠王的李亨，李泌與李亨的交情從這時便開始了。等李亨出任太子時，李泌也長大了，開始給李隆基上疏言事，這時李隆基意識到該給李泌一個官職了。

出乎李隆基意料的是李泌居然拒絕當官。李泌態度堅決，李隆基也不再勉強，便讓李泌與李亨結成布衣之交，從此李亨稱呼李泌為「先生」，大小事情都要聽一聽李泌的建議。

李泌、李亨的布衣之交漸入佳境，不料卻礙了楊國忠的眼。楊國忠看李亨不順眼，同時也看李泌不順眼，楊國忠找了個機會便把李泌貶到了蘄春郡（湖北蘄春縣），許久之後李泌才被赦免。這次被貶讓李泌心灰意冷，他索性玩起了歸隱，到潁陽當起了隱士。

如果沒有安史之亂，或許李泌的隱士生涯還會繼續下去，然而安史之亂改變了李泌的生活軌跡。李亨與李隆基在馬嵬坡分道揚鑣之後便想起了李泌，他想要成就龍興大業，此人絕不可少。

就這樣李泌被李亨召喚到了靈武郡，多年老友異地重逢。李亨握住李泌的手久久不願鬆開，對李亨而言此時的李泌就是一根救命稻草。

李亨把恩寵一古腦加到了李泌的頭上，李亨想任命李泌當中書令，李泌又拒絕了。

李泌說：「陛下待我以賓客之禮，這要比宰相尊貴得多，陛下又何必委屈我當宰相呢。」

李亨無奈，只能認可李泌的說法。然而李亨的心裡始終不踏實，他還是想給李泌蓋上一個屬於自己的戳，蓄謀已久的李亨終於找到了機會。

有一天，李亨與李泌一起視察軍營，士兵們暗中對兩人指指點點：「穿黃衣服的是聖人（皇帝），穿白衣服的是山人。」

士兵們一邊指點、一邊疑惑，白衣服山人是幹嘛的？既不是官員，為什麼跟皇上關係那麼親近？既然那麼親近，為什麼不當官呢？

士兵的竊竊私語很快傳到了李亨耳朵裡，李亨意識到這裡面有文章可做。

李亨對李泌說：「你看，你不穿官服，士兵們都疑惑了。如今艱難之際，朕不敢委屈你做官，你就暫且穿上三品紫袍以消除眾人的疑惑吧。」

李泌不得已，只能接受三品紫袍。穿上紫袍，李泌按照常規進宮謝恩，這時李亨又說話了：「既然穿上了紫袍，怎能沒有官職呢。」

李泌還沒有反應過來，李亨已經從懷中掏出了詔書：任命李泌為侍謀軍國（**皇家資政**）、元帥府行軍長史（**元帥府秘書長**）。李泌這才意識到自己掉到李亨的「陷阱」裡了。

李泌堅決辭讓，李亨接著遊說道：「朕不是逼你當朕的臣屬，只是想讓你幫我渡過難關。平定叛亂之後，朕任由你當隱士，絕不阻攔。」

皇帝推心置腹到了這個地步，李泌不好再推辭，從此便轉換身分當起了李亨的下屬。李泌沒有讓李亨失望，他不僅有才氣而且目光長遠，能言別人不能言之事，比如皇子的長幼之序。

李亨年長的皇子有兩位，一位是廣平王李俶，一位是建寧王李倓，李俶為長，李倓年齡略小。但李倓的才氣、謀略更勝李俶一籌，這一點在馬嵬坡前後表現無遺。當時正是李倓建議從馬嵬坡前往靈武郡，而在前往靈武郡的途中，又是李倓組織敢死隊保護李亨一行的安全。時間一長，李倓在軍中的地位越來越高，李亨便動了讓李倓掛帥東征的念頭。

李亨的想法剛一表露，便遭到了李泌的反對：「建寧王確實是元帥之才，然而廣平王卻是建寧王的兄長。如果建寧王東征成功，豈不是要逼廣平王做吳太伯（**自己身為太子，為了將王位讓給弟弟，主動離家出走**）嗎？」

李亨回應說：「廣平王是嫡長子，不需要用元帥來提高身價。」

李泌說：「廣平王畢竟還沒有正式被封為太子。如今天下艱難，大家看重的還是元帥。如果建寧王大功告成，陛下不封建寧王當太子，他手下的將士們也不會答應。本朝太宗及太上皇不就是最好的例證嗎？」

李泌的眼光的確比一般人長遠，別人只看到眼前，他已經看到了若干年之後。現在他把若干年後可能出現的惡果擺在李亨面前，李亨便不得不重新考慮。經過考慮，李亨改弦易轍，封廣平王李俶為天下兵馬元帥，李俶、李倓的長幼之序便這樣穩定下來。

掛帥出征不看能力只看長幼，以今天眼光看簡直不可理喻，然而放在當時的背景下就是鐵律，誰破壞這個鐵律就有可能後患無窮。奪嫡多數就是因為破壞了長幼有序的鐵律，李泌如此做是未雨綢繆。

解決了長幼之序，李泌馬上投入到繁忙的工作中去。

此時安史之亂如火如荼，緊急戰報此起彼伏，從早到晚沒有一刻停歇。李亨命使臣將這些戰報都送到元帥府由李泌先審閱，如有十萬火急的軍務則重新封口緊急遞送給李亨，其餘事務則留到第二天再議。

除此之外，皇宮中所有鑰匙、印信由李俶與李泌共同掌管。李亨對李泌推心置腹到了如此程度，李亨相信李泌不會讓他失望。

李泌確實沒讓李亨失望，不久他帶給了李亨一個巨大驚喜。

彭原對策

登基後的李亨一直醞釀著收復長安，然而卻苦於兵力不足，冥思苦想之後，李亨想到了一招——借兵。

這是李亨打出的一記七傷拳，在傷害對方的同時也傷害自己。李亨借兵標誌著曾經鼎盛的大唐王朝走上了下坡路，因為原本唐朝是不需要借兵的，有的只是徵兵。

在太宗李世民、高宗李治東征高句麗時，回紇等胡人部落、國家也曾經跟隨出征，那時不是借兵而是徵兵，天可汗一聲令下胡人軍隊便應聲出征，沒有半點條件可講。即使在李隆基鼎盛時期，徵調胡人軍隊也是輕而易舉的事情，只有命令，沒有條件。

現在李亨不是徵兵，而是借兵。徵兵是沒有條件的，而借兵則是有條件的。

李亨派出使節向北往回紇借兵，向西往拔那汗國（中亞納曼干市）、大食（阿拉伯帝國）等國借兵，他要打造一支多國部隊對付安祿山的叛軍。

眼看李亨如此布局，李泌提出建議：陛下不如移駕到彭原（甘肅寧縣），等安西以及拔那汗國兵馬到來後再進駐扶風郡，到那時江南稅賦正好運到也可以供應大軍。

李泌的建議正中李亨下懷，移駕彭原就意味著龍興大業邁出關鍵一步，等大軍到齊反攻長安指日可待。

李亨一行就這樣從靈武郡到了彭原。抵達彭原後，李亨與李泌進行了一番對話，在這次對話中李泌拿出了自己醞釀已久的策略，如果這個策略得以貫徹，安史之亂持續時間將大大縮短。

李亨問李泌：「如今叛軍兵鋒如此強勁，天下何時才能平定？」

李泌說：「據臣觀察，叛軍把掠奪的金銀財寶以及美女都運回了范陽，從這個表現看他們哪有什麼一統天下的大志啊。如今安祿山所依仗的多數是胡人將領，漢人肯為他效勞的只有嚴莊等少數人，其他人都是被脅迫的。據我推測，不出兩年天下無賊。」

李亨來了興致：「哦，為什麼？」

李泌說：「叛軍中驍勇善戰的，不過史思明、安守忠、田乾真、安忠志、阿史那承慶等幾人而已。如果令李光弼從太原出井陘關，郭子儀自馮翊進入河東，那麼史思明、安忠志不敢離范陽、常山，安守忠、田乾真不敢離長安，我們用兩支軍隊就牽制了他們四員大將，安祿山手邊能用的就只剩阿史那承慶了。這時命令郭子儀不打華陰，只需要保持長安洛陽道路暢通。陛下命令各地徵調來的部隊在扶風郡集結，跟郭子儀、李光弼的部隊輪流出兵發起進攻。安祿山如果救頭，我們就攻擊他的尾，如果救尾，我們就攻擊他的頭。讓叛軍在數千里的戰線上疲於奔命，我軍以逸待勞，叛軍來則避其鋒芒，叛軍去則尾隨出擊，原則是不攻城、不斷路，讓叛軍來回奔波。等耗到明年春天，命建寧王李倓出任范陽節度使，沿邊塞從北進攻，李光弼從南進攻，兩軍成犄角之勢直取安祿山范陽老巢。到那時叛軍退無可退、守無可守，我軍從四面八方一起進攻，叛軍只能束手就擒了。」

李泌說完，李亨大喜，不禁對李泌豎起了大拇指，高，實在是高！

從戰略意義而言，李泌的彭原對策不亞於諸葛亮的隆中對。

隆中對其實存在致命缺陷，缺陷就在荊州，因為荊州的存在就是一個矛盾。一方面劉備要取得天下就必須佔據荊州，而另一方面劉備又需要聯合孫吳，矛盾的癥結在於取了荊州就必定無法與孫吳友好相處，這一點在三國後期已經得到證明，所以說諸葛亮的隆中對就是自相矛盾。

兩相對比，李泌的彭原對策更接近完美。

不久安祿山出事了，彭原對策又多了一分實現的可能。

快樂的豬

第九章

短暫幸福

在李隆基、李亨父子倉皇逃亡的同時，安祿山迎來了短暫的幸福。不知基於什麼心理，安祿山攻破潼關之後並沒有命令軍隊快速挺進長安，居然在潼關足足逗留了十天。

安祿山在想什麼呢？是他對李隆基抱有愧疚之心？是在給李隆基留出逃跑時間？還是擔心長安有埋伏？我們無從知道安祿山的真實心情，我們只知道安祿山在逗留潼關十天後才命令部隊進入長安。

安祿山的心情好到了極點，此時距離范陽起兵不過七個月，而他已經佔領了兩京，所建立的大燕帝國向西威脅到汧、隴（甘肅東部及陝西西部），向南壓迫江漢（華中地區），向北已控制河東一半區域（山西），整個帝國在唐朝版圖上中心開花，假以時日不可限量。

大好形勢沖昏了安祿山的頭腦，他居然對李隆基、李亨父子的去向漠不關心。如果安祿山頭腦能保持清醒，派出部隊連夜追擊，那麼無論李隆基還是李亨恐怕都凶多吉少，到那時何談收復兩京。遺憾的是安祿山什麼都沒有做，他任由李隆基逃亡蜀郡，任由李亨逃亡靈武，然後站穩腳跟向他反撲。這是安祿山的失算，也是整個安祿山集團的失算，他們都被長安的花花世界迷住了雙眼。

進入長安，安祿山的部將們只集中精力盡情享受，沉浸在長安的溫柔鄉裡，安祿山的部將們再也沒有向西繼續進攻的意願，他們更願意留在長安享受幸福生活。曾經的勇猛迅速腐化，部將們在腐化，而安祿山卻在不懈追求當李隆基的感覺。

當年到長安晉見李隆基時，安祿山見識了李隆基的排場。

每逢宴席，李隆基就會把太常（祭祀部）演奏雅樂的樂團分成兩部分，一部分為坐部，坐在堂上演奏，另一部分為立部，站在堂下演奏。雅樂演奏完畢，鼓吹、胡樂、教坊、府縣散樂、雜技依次登場；在這之後是「山車」、「旱船」表演；接著是大型團體舞《霓裳羽衣》。

安祿山最感興趣的是接下來的表演：一百匹經過訓練的馬匹踏著鼓點，踩著舞步出場，嘴裡銜著酒杯給李隆基祝壽；數隻馴熟的犀牛、大象一一登場，對著李隆基一會叩拜，一會起舞。

現場的一切深深震撼了安祿山，從那時起他也想擁有這樣的排場。如今安祿山終於有機會實現自己的夢想了。在洛陽，「大燕皇帝」安祿山照貓畫虎，他要過一把李隆基的癮。大殿之上，一切看上去與過去一樣，只不過主人由李隆基換成了安祿山。

安祿山對這場大型文藝匯演充滿了期待，尤其是大象表演。看大象表演，安祿山一是為了實現多年的夙願，二是在那些沒見過世面的部將面前顯示：看，朕是真命天子，連大象都向我叩拜。

安祿山興致勃勃地等來了匯演，不久他的好心情就被大象破壞了。按照流程，大象應該在馴象師的引導下向安祿山叩拜，然而任由馴象師百般引導，大象就是不拜。

安祿山的臉上掛不住了，這個不識相的大象，往常不是叩拜得很溜嗎？

難道它也知道我是冒牌山寨皇帝？

安祿山怒從心頭起，拉下去，讓這個象眼看人低的傢伙從我眼前消失。大象付出了慘重代價，他被安祿山的手下以極其殘忍的方式殺害。

不識相的大象被拉走之後，安祿山強撐著繼續看文藝匯演，不一會又有人砸場子。這會兒砸場子的不再是大象，而是一名樂師，名叫雷海清。雷海清是皇家樂隊的樂師，同時也是「梨園子弟」學校的老師，李隆基既是是他的聽眾，也是他的領導（**李隆基是學校校長**），雷海清對李隆基充滿了感激之情，他始終忘不了李隆基的知遇之恩。

如今他們一行人被押到洛陽，被迫給偽皇帝安祿山演奏，雷海清心裡充滿了悲憤。更讓他悲憤的是在他們演奏的同時，居然有叛軍士兵拿著已經出鞘的劍在一旁監視。對牛彈琴，對牛彈琴。

雷海清止住了演奏，「騰」地一下站了起來，拿起手中的樂器狠狠地砸在地上，面向西方大聲痛哭起來。西方是李隆基待的地方。

安祿山徹底惱了，象不給面子也就算了，連人也不給面子，拉下去！

雷海清被綁到了試馬殿前的大柱子上，他為他的「衝動」付出了代價：大卸八塊而死。

雷海清死了，安祿山的鬱悶卻升級了，演出陣容明明跟幾年前一樣，為什麼找不到以前的感覺呢？難道李隆基的感覺是不可複製的？

排場或許可以複製，品味卻不能拷貝。

內憂外患

短暫幸福過後，安祿山又陷入內憂外患之中。

如果說外患（**唐軍反撲**）始終存在，那麼內憂完全是安祿山自己造成的。

安祿山大軍挺進長安後，有人向安祿山報告了一個消息：李隆基逃出長安時，很多長安市民曾經趁亂搶劫過皇宮和國庫。

這個消息成為考驗安祿山執政能力的一道試題，就看他怎麼解答。如果是一個有眼光的行政者，此時最有可能做的選擇是首惡嚴懲、其餘不問，這樣既能起到震懾作用又能穩定人心。

安祿山如何做的呢？他把全長安的百姓都當成了盜賊。

在安祿山的指示下，叛軍在長安整整搜查了三天，挨家挨戶翻箱倒櫃、掘地三尺，順手將老百姓的私財一併沒收。這還不算，安祿山又嚴令各縣加大搜查力度，凡是與皇宮、國庫有關的東西，哪怕只是一文錢、一兩重的東西都必須嚴查到底，而且順藤摸瓜，沒有止境。

長安沸騰了！

安祿山將全長安的百姓都推到了自己的對立面。

這時長安街面上開始流傳謠言：太子李亨帶兵即將攻取長安。

謠言從李亨離開馬嵬坡北上靈武郡時就開始萌芽，現在越傳越凶，時間一長就成了連鎖反應，有時百姓會忽然在大街上喊一句：「太子大軍到了！」瞬間街面全空，大家都躲到家裡等著看打仗去了。

謠言不僅影響了長安百姓，也影響了駐紮長安的叛軍，心中沒底的叛軍士兵每逢看到北方有塵土飛揚便驚慌失措急著逃跑。

長安一片亂世景象，豪傑們在亂世中就有了久違的舞臺。不久恐怖消息在叛軍士兵中傳播，最近有一夥武林豪傑專對叛軍下手，已經有不少士兵遭了他們的毒手。驚恐的叛軍士兵開始四處搜查，並由此誅殺了不少疑似「豪傑」。

然而豪傑就如同韭菜一般，割了一茬，又發一茬，叛軍士兵殺了不少「豪傑」，但叛軍士兵還是接二連三遭遇襲擊。雙方陷入「貓和老鼠」的遊戲對抗之中。在一輪輪對抗中，叛軍士兵戰戰兢兢度過每一天，不久他們悲哀地發現他們所擁有的長安不過是一座孤城，一出長安西門便陷入了戰爭的汪洋大海之中。

不經意間，叛軍的生存空間被極大地壓縮，他們的軍事力量往西不超過武功（陝西武功縣），往南不超過武關（陝西商南縣西北），往北不超過雲陽（陝西涇陽縣北雲陽鎮）。

與此同時，江南各地的稅賦源源不斷地彙集到襄陽，然後由襄陽轉運到蜀郡或者靈武郡。此消彼長，叛軍與唐軍的軍事力量對比到了關鍵的臨界點。

梟雄末路

內憂外患之下，安祿山徹底與幸福絕緣，他開始被重重苦惱困擾，困擾到他再也無法化解。

安祿山最大的苦惱來自糟糕的身體。自從范陽起兵後，安祿山的身體就走上了下坡路，身體每況愈下。起兵之初他眼中的世界便開始模糊，而隨著時間的推移，他眼中的世界越來越模糊，直到最後他的眼睛全瞎了，而且身體還生了大瘡。

史書上說安祿山得的是眼疾，其實從症狀來看應該是糖尿病晚期引發的多種併發症。起兵之後一路操勞，安祿山的病情必然不斷加重，到後來便引發了多種併發症。

人一有病便容易煩躁，安祿山也不例外。在病魔的折磨下，安祿山的煩躁達到了頂點，他動不動就發脾氣，一發脾氣就抬手亂打，他的內侍以及近臣都遭到過他的毒打，而且不只一次兩次。

被毒打的人中，「中書侍郎」嚴莊赫然在列。嚴莊本來是近臣，深得安祿山賞識，安祿山在洛陽稱帝之後便過上了深居簡出的生活，內外消息傳達的重任都落到了嚴莊肩上。他本來還以為這是一個美差，到頭來才發現這簡直不是人幹的活。雖然安祿山對他比較寵幸，但脾氣上來照打不誤，於是他經常頂著熊貓眼在洛陽皇宮中辦公。

莊嚴三番兩次被打他都忍下來了，但被打次數多了，嚴莊再也忍不下去了，這種倒楣的日子什麼時候到頭呢？嚴莊開始尋找出路，然而找了半天出路都被堵死了，他死活繞不過安祿山這一關，只要他在安祿山手下當一天差就逃不了被打的厄運。

如果安祿山不在了呢？

一開始嚴莊被自己的念頭嚇壞了，轉念一想，一切皆有可能。嚴莊決定從安祿山的兒子安慶緒身上做文章，他知道安慶緒對安祿山很不滿。安慶緒的不滿源自安祿山的厚此薄彼。

安慶緒是安祿山的第一個妻子康氏所生，在他下面還有好幾個弟弟，其中一個叫安慶宗，是安祿山最寵愛的段氏所生。安祿山於洛陽稱帝後，段氏水漲船高成為皇后，這樣一來矛盾就產生了。

安慶緒雖然是最年長的兒子，但安祿山並不喜歡他，愛屋及烏的安祿山喜歡段氏生的安慶宗，於是便有將安慶宗立為太子的念頭，只是戰爭一直不斷，太子之位一直懸而未決。安祿山的念頭很快被安慶緒知曉，從此安慶緒便生活在恐懼之中，他擔心有朝一日被父親莫名其妙處死，畢竟這種事在歷史上層出不窮。

挨打的嚴莊，恐懼的安慶緒，命運的安排讓兩個人走到了一起。

嚴莊極其嚴肅地對安慶緒說：「現在有件大事不得不做，機不可失。」

安慶緒一看嚴莊的表情，頓時全明白了，他雖然性格懦弱，但也不想將來莫名其妙被處死，他不想再活在終日恐懼中了。

安慶緒對嚴莊說：「兄長不管做什麼，我都聽你的。」

針對安祿山的殺機就這樣萌芽了，這一切都是他自作自受。

安祿山集諸多恩寵於一身，卻造了李隆基的反，他率先顛覆了「君君臣臣」的綱常，當他已經顛覆了「君臣」這天下最大的綱常，又怎麼可能要求兒子繼續遵守呢？

任何破壞規則的人，都將受到規則的懲罰，安祿山、史思明概莫能外。

殺機已起，剩下的就是尋找執行計畫的人選。安祿山最寵愛的內侍李豬兒成了嚴莊眼中的最佳人選。李豬兒，契丹人，為人機警、聰明伶俐，從十幾歲起就服侍安祿山，深得安祿山賞識。

可能是對李豬兒太欣賞了，安祿山決定將他和李豬兒的關係再進一步，他狠了狠心給了李豬兒一刀，李豬兒當場疼得昏死了過去。一天一夜之後，李豬兒從昏迷中醒來，這時他才發現自己的身體不對勁，他被安祿山閹割了。從此李豬兒成為安祿山的貼身宦官。別無選擇的李豬兒只能一條道跑到黑，在服侍安祿山的道路上盡職盡責。隨著安祿山登基稱帝，李豬兒成為越來越紅的內侍。

好景不長，煩躁的安祿山開始打人，李豬兒最貼近安祿山，因此挨打的機會最多。挨打次數多了，李豬兒對安祿山原本就很複雜的情感更加扭曲，漸漸地李豬兒的體內隱藏了一只火藥桶，只要一點火星就會劇烈爆炸。

火星很快就來了。嚴莊對李豬兒說：「你前後挨的打，恐怕連你自己都數不清了吧！不行大事的話，你離死也不遠了。」

李豬兒的火藥桶即將爆炸。

西元七五七年正月五日深夜，安祿山的生命進入倒數計時。嚴莊和安慶緒手拿兵器站立在安祿山的寢宮外，李豬兒則手提大刀進入安祿山的寢宮，安祿山曾經加諸於他的，他要一刀一刀還回去。

值班內侍看李豬兒提刀進來，心知不好，然而看李豬兒一臉凶神惡煞的模樣，一個個都不敢動，他們不想捲入這場是非。

李豬兒對準安祿山高高隆起的肚子狠狠地砍了下去，一刀，兩刀……安祿山在夢中疼醒，下意識去摸枕頭旁邊的刀，按照他的習慣那裡通常會放一把刀。安祿山居然沒有摸到，因為早被李豬兒提前拿走了。

安祿山發狂一般搖著寢帳竿子喊道：「這一定是家賊幹的！這一定是家賊幹的！」

血從安祿山的肚子裡汩汩流出，安祿山的生命到了盡頭。

從范陽起兵到此時，前後不到兩年。早知道是夢一場，又何必當年那般癡狂！

安祿山的路走完了，安慶緒接過了安祿山的衣缽，他以為自己接過了一個寶貝，卻沒有想到所謂寶貝只是一只裝著災難的盒子而已。從安祿山開始，這只災難盒子開始擊鼓傳花般地傳遞，從安祿山到安慶緒，從安慶緒到史思明，從史思明再到史朝義，碰過盒子的四人都遭遇殊途同歸的結局。

大事告成的安慶緒沒有時間想太多，他與嚴莊開始了緊急的善後工作。

嚴莊命人搬開安祿山的床掘地數尺，眼看深度差不多了，便把安祿山的屍體用氈毛毯裹住，然後推進數尺深的坑中。掩埋完畢，大床挪回原位，一切看上去都跟從前一樣。

嚴莊和安慶緒一對視，然後看著在場的內侍說：「你們看到了什麼？」

內侍們異口同聲地說道：「我們什麼都沒看到。」

安祿山就這樣「悄無聲息」地消失在歷史之中。

第二天，嚴莊對外發布消息：「皇帝」安祿山病重，封晉王安慶緒為太子。

不久安慶緒在洛陽登基，尊安祿山為太上皇，然後用「痛不欲生」的聲調告訴文武官員：太上皇已經駕崩了。

至此安祿山這一頁翻過去了，接下來到了安慶緒這一頁。

安慶緒，安祿山的兒子之一。按說安祿山一代狼王，他的兒子應該差不到哪裡去，實際情況卻恰恰相反。安慶緒不僅昏庸懦弱，而且說話言語無序，怎麼看都沒有一代帝王的風範，這樣的「皇帝」如何服眾？

哎，怎麼扶了這麼個阿斗？嚴莊在心中忍不住歎息。當初只為了逃避安祿山的毆打，只為了拉一個同盟軍，沒想到拉了這麼一個寶貝蛋。

嚴莊無奈只好藏拙，索性讓安慶緒裝神秘，躲在皇宮深居簡出，嚴莊開始還擔心安慶緒鬧情緒，想不到如此安排正中安慶緒下懷。從此安慶緒整日飲酒作樂，把所有事情都交給他的「兄長」嚴莊打理，安慶緒封嚴莊為御史大夫、馮翊王，無論大事小情都由嚴莊裁決。為了籠絡諸將，安慶緒主動為他們加官進爵，以討他們的歡心。

經過一番上下其手，嚴莊和安慶緒以為危機已經過去，樂觀的他們並沒有察覺到他們已經不可救藥地走上了下坡路。

太原保衛戰

洛陽城中，大燕皇帝安祿山慘死；數百里外，太原城內外李光弼和史思明也在進行一場慘烈的拉鋸戰。

這場拉鋸戰由史思明發動，他在聽說郭子儀率領五萬大軍返回朔方後，便打起了太原城的主意。史思明推算，郭子儀帶走的五萬大軍是太原城的全部正規軍，五萬大軍一走，太原城內只剩下一群民兵，這群民兵能守住太原城？開什麼玩笑。

史思明一聲令下，聯合蔡希德等人率軍十萬直撲太原城。此時太原城內兵不足一萬，而且都是民兵。看到史思明大兵壓境，太原諸將緊張了起來，眾人商議，要不先把城牆加固一下吧，這樣有利於堅守。

太原留守李光弼搖了搖頭：「太原城周圍長達四十里，現在叛軍馬上要來，我們卻大興工程，這樣還沒看到叛軍，我們就先把自己累倒了。」

不修城，拿什麼抵擋叛軍？

李光弼自有辦法。他率領士兵和老百姓出城在城外挖起了深壕，這些深壕就是李光弼為太原城加修的防線。與此同時，李光弼下令製造十萬塊土磚。

史思明的進攻開始了，太原城城牆時而被打開缺口，這時李光弼的土磚派上了用場，缺口一出現，土磚便增補了上去，不一會兒的工夫缺口便堵上了，想打開缺口得重新再來。折騰了幾個回合，史思明認栽了，他打開的缺口再多也沒有李光弼的土磚多。史思明收兵退去，醞釀下一撥進攻。

對於下一撥進攻，史思明心中有數，只要太行山以東的攻城工具運抵太原城下，太原城必破無疑。然而等了許久，攻城工具始終沒有來，連同運送工具的三千胡兵也消失了。史思明仔細打聽才知道，三千胡兵運送攻城工具已經走到半路，不料落入李光弼部隊的包圍全軍覆沒了，一個沒活。

攻城工具指望不上了，史思明只能在太原城下跟李光弼耗，這一耗就是一個多月。史思明漸漸失去了耐心，他要跟李光弼硬碰硬。硬碰硬之前，史思明挑選出一部分騎兵作為機動部隊，交代道：「我率軍攻城北時，你們就到城南遊弋，我率軍攻城東，你們就到城西遊弋，總之一有機會就趁勢攻打。」

史思明率軍開始跟李光弼死磕，同時指望機動部隊給自己一個驚喜。史思明又失望了，治軍甚嚴的李光弼根本不給他突襲的機會。無論史思明的機動部隊遊弋到哪裡都會發現守軍嚴陣以待，從早到晚沒有任何鬆懈，突襲機會始終沒有出現。

史思明的如意算盤落空了，這時輪到李光弼算計史思明了。

李光弼在太原城中開始懸賞招募，他要成立一支特種部隊，只要有一技之長能派上用場的，李光弼立刻賞以重金。經過招募，三個工人進入李光弼的視野，這三人的職業是造幣工人，他們有一項特長：挖地道。

史思明的噩夢開始了。每逢史思明一方士兵開始罵戰，三位工人便開始行動。一會兒的工夫地道便掘出城外，掘到了罵戰士兵的腳下，三位工人一伸手，拽著罵戰士兵的腳脖子就拖進了地道，然後拉回城中斬首示眾。時間長了，史思明的士兵都養成了低頭走路的習慣，生怕從地底下莫名其妙地伸出一隻手。

罵戰停了，史思明的攻城死磕又開始了。史思明不含糊，攻城雲梯和土山雙管齊下一起派上了用場，他不信用這兩樣東西攻不下太原城。

還真攻不下。無論是雲梯還是土山，它們到遭遇了剋星：地道。最後雲梯掉進地道毀了，土山遭遇地道塌了。

史思明憤怒了，他下令強攻，不惜任何代價一定要拿下太原城。這一次他又遇到了新難題——大砲。

李光弼的特種部隊新研發了一種巨型大砲，砲彈是一等一的巨石，巨型大砲打出的巨石呼嘯著向史思明的攻城部隊砸去，一顆石頭下去至少砸死二十多個。幾發巨石砸完，史思明的部隊安靜了，齊刷刷退到數十步外，先躲出石頭射程再說。

史思明沒了招數，只能繼續圍，繼續困。

圍困很快起到了效果，城內的李光弼挺不住了，派人出城跟史思明商談投降，史思明求之不得，馬上答應。到了約定投降的時間，李光弼的一員裨將率領數千人出城投降，史思明不禁笑顏逐開，然而幾分鐘後史思明覺得有點不太對勁，既然約定投降，李光弼為什麼不來？

史思明抬頭往太原城城牆一看，李光弼正笑瞇瞇地看著自己。此時忽然聽得轟隆一聲響，史思明下意識往後一閃，定睛一看，自己的大營塌了一大片，士兵一下死了一千多個。史思明正準備善後，李光弼大開城門率軍衝進了史思明大營，史思明又是一場大敗。到這時史思明才知道弄了半天李光弼是詐降。

大營坍塌又是怎麼回事？

那是李光弼的特意安排，他讓三個工人在史思明大營下挖了地道，然後用木頭頂住了已經掏空的地面，到了約定時間繩子一拽地面準時開裂。

前前後後打了一個多月，史思明損兵折將，始終無法拿下太原城。就在史思明決定與太原城死磕到底時，安祿山「駕崩」的消息從洛陽傳來，史思明腦海中瞬間閃過一個想法，他決定暫時放下太原城，他要回范陽做更大的事。

史思明將蔡希德留在了太原城下，自己引軍回到了范陽。史思明回到范陽不久，太原城內的李光弼主動出擊大破蔡希德部隊，徹底解了太原之圍，戰後打掃戰場，據稱斃敵七萬。

太原城保衛戰就這樣結束，李光弼和史思明又回到了原來的生活軌跡。

對於李光弼而言，生活與以前沒有太大不同；而對於史思明而言，他的生活將發生變化。

兩京光復

第十章

自欺欺人

西元七五七年二月十日，李亨抵達鳳翔郡，他將在這裡吹響收復長安的號角。

十天後，隴右、河西、安西、西域徵調的士兵齊聚鳳翔郡，與此同時江南各地租賦也陸續運抵，人、財、物全齊了。

長安百姓聽說李亨已經駕臨鳳翔郡，紛紛從長安城中逃出，絡繹不絕地前往鳳翔郡。

天時、地利、人和，李亨全佔了。

李亨興奮不已，李泌同樣興奮。興奮之餘，李泌提醒李亨盡快按照去年彭原對策，命安西、西域兵團向北沿邊塞出兵，直取范陽。李泌滿心以為李亨會欣然接受，沒想到李亨的態度發生了遊移。

李亨說：「如今大軍集結完畢，租賦也已經運抵，應當趁士氣正盛直取長安、洛陽，而你卻要行軍數千里，往東北邊塞進軍，是不是有點繞遠了？」

李泌回應說：「如今以集結鳳翔的軍隊直取兩京，肯定會取得成功。然而叛軍退出兩京後會贏得喘息機會，屆時會更加強盛，而我軍必定受困，因此直接往長安進軍絕非久安之策。」

李亨不解，問道：「為什麼？」

李泌說：「如今我們所依仗的是西北邊塞以及西域的胡人士兵，他們耐寒而怕熱，如今趁他們士氣正盛攻擊安祿山已經疲憊的部隊，勢必可以攻克。然而到兩京攻克時，春天即將過去，叛軍收拾殘兵正好返回范陽老巢休養，而我軍即將面對潼關以東的酷暑。到那時我軍必定困乏渴望班師，想留都留不下。叛軍回老巢厲兵秣馬，等我軍退去之後必定捲土重來，那麼征戰就無休無止了。所以不如先往叛軍范陽老巢用兵，把巢穴端掉，叛軍失去根據地就可以從根剷除。」

李泌說完看著李亨，他希望眼前這個皇帝能夠做出一個正確選擇。

李亨說話了：「朕想早日在長安皇宮內給太上皇早晚請安，絕不能實行你的計畫。」

李泌，李亨，一個軍事天才，一個軍事白癡。

如果採用李泌的策略，用不了幾年全國就可以全部平定，藩鎮之禍也可以從根本上避免，可惜李亨鼠目寸光，他居然放棄了李泌的完美策略。

范陽與兩京的關係如同放風箏的人與風箏的關係，兩京是風箏，范陽是放風箏的人。李泌主張剷除放風箏的人，李亨卻直接去抓風箏，前者是釜底抽薪，後者是揚湯止沸，這就是天才與白癡的區別。

嚴格說來，李亨並非真正的軍事白癡，他只是一葉障目，被耀眼的皇位迷住了雙眼，因此不惜採用飲鴆止渴的方式來收復兩京。畢竟自己的皇位來路不正，皇子皇孫眾多，而且已經有了永王李璘的前車之鑒，當務之急還是收復兩京，讓自己的屁股穩穩當當、踏踏實實坐在皇位上。

「我死以後，哪管洪水滔天」，這是法國國王路易十五的情婦說的話，李亨儘管沒有這麼說，但他卻是這麼做的。只要坐上皇位，哪管以後洪水滔天。

看著態度決絕的李亨，李泌的心涼透了。多年以來，李泌以為自己了解李亨，今天看來自己還是不了解這個人。這個人成天口口聲聲以江山社稷為重，到最後還是以自己的皇位為重，而且為了皇位不擇手段、不問將來，這樣的皇帝還值得輔佐嗎？

李泌暗自在心裡搖了搖頭，他告訴自己兩京收復之日便是自己歸隱之時。

一 攻長安

急於反攻長安的李亨開始布局，在他的布局中，郭子儀是最重要的一枚棋子。李亨任命郭子儀為司空、天下兵馬副元帥，這個任命意味著郭子儀將是反攻長安的主帥。

接到任命，郭子儀馬不停蹄從河東郡奔赴鳳翔郡，不料大軍開拔途中與叛軍遭遇。叛軍李歸仁部在三原（陝西三原縣）北部對郭子儀進行阻撓，郭子儀猝不及防倉促應戰。

過了一段時間，郭子儀發現李歸仁的兵力並不多，只有五千騎兵，而且沒有後援。郭子儀決定將計就計，讓李歸仁有來無回。經過偵察，郭子儀將一支伏兵埋伏在白渠留運橋，那裡是李歸仁退兵的必經之路。口袋已經為李歸仁紮好，就等李歸仁一頭扎進來。

果不出郭子儀所料，李歸仁眼看五千騎兵無法在郭子儀身上沾到便宜，便引軍緩緩退去，一步一步退到了留運橋。這回輪到李歸仁傻眼了，他沒有想到郭子儀的報復如此之快。留運橋上下伏兵四起，李歸仁部隊猝不及防頓時崩潰，李歸仁一看不好，索性棄馬跳入河中，憑藉深厚的游泳功底從水中順利逃生。李歸仁的部下可就沒有那麼幸運了，他們多數被殲滅，李歸仁兵團幾乎全軍覆沒。

趁著殲滅李歸仁部的好彩頭，郭子儀與王思禮會師於西渭橋（陝西咸陽西南），兩軍一起進駐潏水西。與此同時，叛軍將領安守忠與敗軍之將李歸仁一起率軍駐紮在長安西郊清渠，兩軍遙遙對峙，這一對峙就是七天。

西元七五七年五月六日，安守忠突然向後撤退，撤得很徹底、很狼狽。郭子儀和王思禮一看，叛軍退了，可能是叛軍內部起了變化，此時不追，更待何時？

郭子儀、王思禮太急於收復長安了，急切之中卻忘了一句俗語：心急吃不了熱豆腐。郭子儀、王思禮隨即驅動大軍追擊，就此落入叛軍的圈套。在郭子儀的前方出現了九千叛軍騎兵，這些騎兵都是安守忠精選出來的敢死隊，他們排出了一字長蛇陣。熟讀兵書的郭子儀並沒有把一字長蛇陣放在眼裡，他馬上揮軍上前攻打。

就在這時，令郭子儀意想不到的事情發生了。叛軍一字長蛇陣突然變陣，頭尾迅速分離化為兩翼，向郭子儀大軍發動了前後夾擊，郭子儀大軍一下子亂了套。兩軍對陣，不怕面對面、硬碰硬，就怕突然前後夾擊。

叛軍九千騎兵前後夾擊，衝亂了郭子儀大軍，郭子儀根本無法指揮，大軍瞬間潰敗無法收拾。一仗下來，軍用物資、武器丟失殆盡，連監軍宦官也被叛軍生擒，一攻長安就這樣以潰敗收場。慘敗的郭子儀只好收拾殘兵退守武功，同時向李亨奏報戰敗消息。

消息傳到鳳翔郡，整個鳳翔郡都震動了，樂觀的情緒一掃而光，鳳翔郡再次被愁雲籠罩。

鳳翔郡行宮中，李亨坐立不安，原本他指望郭子儀一戰收復長安，沒想到居然是一場潰敗。盤算手中的籌碼，李亨暗暗著急，雖然江南稅賦已經運到但國庫還是空虛，為此他只能用官爵濫賞以減少國庫的壓力。

在郭子儀兵敗之前，李亨的濫賞已經開始了，諸將出征前李亨都會交給他們一批空白的官員委任狀，這些委任狀上至開府儀同三司、特進、大將軍，下至中郎將、郎將，委任狀上一律空白，由領兵的將軍到現場臨時填寫，就算是給部將們的賞賜。到後來需求量實在太大，李亨便採用臨時官員委任狀代替。這樣一來，「高官」滿天飛，「將軍」遍地走。

郭子儀兵敗之後，濫賞的情況進一步加劇，李亨手中沒有可以賞賜的東西（租賦用來採辦軍需打仗），只能繼續用官爵濫賞。這下委任狀就「通貨膨脹」臭大街了。

一張空白的禁軍大將軍委任狀，黑市流通價僅為幾瓶酒，只夠痛痛快快喝一頓而已；凡是此時應募從軍的一律穿三品紫袍、佩戴金魚符，理論上也相當於三品高官。

沒多久便出現了一系列有趣的現象：書童、奴僕都穿三品紫袍、佩戴金魚符，掃地雜役冷不丁一亮身分：俺也是三品。

徹底亂了套了。這一切，都是李亨濫賞惹的禍。

在這裡需要說明一下，雖然書童、奴僕都穿紫袍，但不會真正影響李亨的行政體系，因為濫賞出去都是虛名，並非真正的官職。如同當年李淵晉陽起兵時，曾經封一個郡所有的老頭為五品散官一樣，就是一個形式並沒有太多實際意義。

再戰長安

一戰長安失利的陰霾漸漸散去，李亨開始著手二戰長安。

二戰長安之前，郭子儀給李亨提了一個建議：鑒於回紇士兵作戰勇猛，不妨向回紇多借點兵。

李亨表示同意，馬上派人向回紇再次借兵。

借兵的請求很快得到了回紇汗國的同意，回紇汗國葛勒可汗大手一揮，同意借給唐朝四千精兵，並且由他的兒子、回紇親王親自率軍出征。李亨的心定了下來，這下可以再戰長安了。

西元七五七年閏八月二十三日，李亨在鳳翔郡內舉行一場盛大的犒賞宴會，與會的是以郭子儀為首的高級將領。宴席上，李亨宣布再次進軍長安。

宣布完進軍，李亨盯著郭子儀說道：「大事能否成功，就看這次出征了。」

宣布完進軍，郭子儀慷慨激昂地回應道：「此次出征如果不能成功，臣只能以死謝罪了。」

再戰長安拉開序幕。

西元七五七年九月十二日，天下兵馬元帥、廣平王李俶率領朔方、回紇、西域聯軍十五萬，對外號稱二十萬，浩浩蕩蕩從鳳翔郡出發。

出發之前，李俶與回紇親王有過幾次接觸，雙方的感覺不錯便結拜為兄弟，李俶為兄，回紇親王為弟。對於這個回紇弟弟，李俶青眼有加，因為回紇弟弟的風格不是一般的高。

在回紇精兵剛抵達鳳翔郡時，郭子儀擺下宴席招待，按照慣例宴席需要連擺三天。這時回紇親王發話了：「國家有難，我們遠道而來只為救難，不是來吃飯的。」

可惜，是裝的。

西元七五七年九月二十七日，李俶率領十五萬大軍來到了長安城西，列陣於香積寺北、灃水之東。大軍分成了三部分，前軍由河西節度副使李嗣業率領，中軍由天下兵馬副元帥郭子儀率領，後軍由關內節度使王思禮率領。後來的事實證明，由李嗣業率領前軍是多麼地正確。

李嗣業，京兆高陵人，身高七尺。天寶初年，李嗣業應募入伍來到安西，在這裡迅速成長為一員勇將。

在李嗣業成為勇將的道路上，陌刀功不可沒。李嗣業剛到安西時軍隊正盛行陌刀，憑藉自己的武術功底很快地把五十斤重的陌刀使得得心應手，一舉成為軍中最厲害的陌刀手。每逢出戰，陌刀陣派頭的必定是李嗣業，他憑藉著手中的陌刀逐步晉升。

天寶七載，李嗣業跟隨高仙芝征討勃律國，高仙芝挑選了兩個陌刀將，其中一個就是李嗣業。娑勒城一戰，正是李嗣業第一個攻進敵營為高仙芝的部隊打開缺口才將敵營徹底攻破，戰後論功，李嗣業第一。

李嗣業跟隨高仙芝征戰有得意時，也有失意時。在與大食的征戰中他與高仙芝就走了麥城，兩萬大軍到最後只剩下幾千。後來李嗣業掩護高仙芝撤退，退到一個山谷口時發生了交通堵塞，人、馬、駱駝混雜到一起徹底把山谷通道堵住了，而此時大食軍隊已經尾隨了上來。李嗣業見狀手持大棒上前開路，手起棒落，人擋殺人、馬擋殺馬。經過他一陣猛掄，山谷口終於恢復了暢通，軍隊得以順利撤回。

現在這個猛人率領前軍站在反攻長安大軍的最前沿，他的正前方是叛軍的十萬大軍。叛軍陣中一陣騷動，郭子儀的手下敗將李歸仁出陣挑戰，李嗣業沒有把李歸仁放在眼裡，他指揮軍隊一步一步向前推進。李嗣業逼近了叛軍陣營。這時叛軍也動了，全軍黑鴉鴉地一起向李嗣業迎面撲來。

對方傾巢而出，讓李嗣業大感意外，一般而言進攻是需要有層次的，這樣可以形成梯隊進攻，而且可以相互策應。現在十萬叛軍傾巢而出就是搏命打法，已經沒有章法可言了。

李嗣業決定不與叛軍硬碰硬，先往回收一下自己的防線，然後伺機再打。這一回收就發生了意外。叛軍見唐軍後撤，馬上加快進攻速度直撲唐軍輜重部隊，輜重部隊士兵一看叛軍向自己撲來頓時慌了手腳，紛紛放棄輜重往回跑，他們一跑就帶亂了整個前軍。

前軍已經到了崩潰的邊緣。這時李嗣業站了出來，大聲說道：「今天如果不用身體擋住叛軍的話就會全軍覆沒。」

說完，李嗣業脫光了上身，赤膊上陣，他立於陣前，把陌刀對準了驚慌失措的唐軍士兵。李嗣業手起刀落，後退士兵被砍得血肉橫飛、人馬俱碎。連續砍了數十人後，唐軍後退的態勢被止住，大家都不敢退了，因為光膀子李嗣業拿著明晃晃的大刀片擋在那裡。

士兵們不再退卻，李嗣業一揮手，他的秘密武器隆重登場。李嗣業的秘密武器正是他賴以成名的陌刀陣。李嗣業縱身一跳，跳到陌刀陣最前面，一聲令下陌刀陣整體向前推進，步伐整齊、刀光閃閃，如同一道道刀牆向十萬叛軍掩殺過去。叛軍哪裡見過如此恐怖的刀牆，更沒有見過光著膀子提著大刀打頭陣的主將，一時間不知所措紛紛向後退卻。

在李嗣業的帶領下，唐軍將士都恢復了血性，個個捨生忘死。將軍王難得為了救自己的裨將被冷箭射中眉毛，皮肉瞬時耷拉了下來，王難得伸手一抓把箭拔出，又一抓把耷拉的皮肉拽了下來，然後頂著一臉模糊的血肉繼續上前廝殺。

形勢向有利於唐軍的一面繼續發展，此時叛軍只能寄希望於他們提前埋伏好的機動部隊，如果這支機動部隊能夠突然殺出，叛軍還能反敗為勝。可惜機動部隊永遠來不了了。

唐軍提前得知叛軍將一支精銳騎兵埋伏在叛軍大營東邊，便命令朔方左翼作戰司令僕固懷恩引著回紇騎兵前去迎擊，這一迎擊大出叛軍意外，很快地機動部隊就再也機動不了，全軍覆滅了。

這下叛軍沒有指望了，只能硬著頭皮與唐軍死磕。打著打著，叛軍感覺壓力明顯減輕了，李嗣業和他的前軍居然退出了戰鬥。莫非是打不過，想跑？

就在叛軍想組織反撲時，他們發現自己陣營的後方亂了起來。李嗣業率領前軍以及回紇騎兵已經悄悄迂回到叛軍大營後方，從後面向叛軍發動了襲擊。

前後夾擊，這仗沒法打了。從中午十二點一直打到下午六點，十萬叛軍被徹底打殘了，斬首六萬之外，掉進壕溝摔死壓死的不計其數。十萬大軍終於崩潰，所剩不多的殘兵哀號著往長安城中退去。

長安城已經近在咫尺。

這時朔方左翼作戰司令僕固懷恩找到廣平王李俶說道：「叛軍即將棄城逃跑，請大帥允許我率領二百騎兵追擊，一定能抓到安守忠和李歸仁。」

李俶回應道：「將軍苦戰半天也累了，先休息吧，等明天再追。」

僕固懷恩堅持道：「李歸仁、安守忠都是叛軍中的驍將，他們本來已經快贏了，結果突然被我們打敗，這是上天賜給我們的良機，怎麼能白白放他們走呢。一旦讓他們再次聚集軍隊，一定會再次成為禍患，到那時悔之晚矣。戰爭講究的是速度，為何要等到明天呢？」

僕固懷恩說得有理有據，可惜李俶聽不進去。一夜之中，僕固懷恩反覆請命四五次，結果都沒有得到批准。

第二天，天濛濛亮時，長安方面傳來消息，安守忠、李歸仁、張通儒、田乾真跑了。

李俶，讓我怎麼說你！

長安收復，回紇親王終於露出了本來面目。他們確實遠道而來，確實是來救難的，確實不是來吃飯的，但同時也是來履行合約的。合約是當初借兵時李亨與回紇葛勒可汗約定的，條款如下：攻克長安之時，土地、男子歸唐；金銀財寶、女人、小孩歸回紇。

這就是李亨給回紇開出的借兵條件，一個出賣全體長安百姓的條件。

歷史有時就是如此讓人寒心。

現在回紇親王摘下了自己的慈善面具，要求廣平王李俶兌現承諾。

李俶想了一下，走到回紇親王的馬前，衝著自己這位回紇弟弟施了一個禮，說道：「如今剛剛收復長安，如果馬上進行劫掠，那麼洛陽百姓一定會幫助叛軍守城，洛陽就無法攻克，不如咱們就改到洛陽兌現承諾吧！」

李俶一席話點醒了回紇親王，回紇親王馬上跳下馬，抱住李俶的腳說道：「願意為殿下直取洛陽。」

成交！

如此一來，長安百姓躲過一劫，洛陽百姓被出賣了。

西元七五七年九月二十八日，李俶率軍進入長安，此時距離他的祖父李隆基逃出長安已經過去了一年三個月。長安百姓夾道歡呼，盼望了一年多唐軍終於打回來了，只是在歡呼的同時他們並不知道，一場無厘頭的災難在毫無察覺中與他們擦肩而過，這一切還得感謝「仁慈」的廣平王李俶。

可憐，可歎，可悲！

父慈子孝

長安收復的捷報傳到鳳翔郡，李亨激動地流下了熱淚。激動之餘，李亨給遠在蜀郡的父親寫了一道奏章，奏報長安收復的消息，同時請李隆基擇日重返長安。這時隨軍東征的李泌返回鳳翔。

李亨對李泌說：「朕已經上奏章請太上皇重返長安，而朕自回東宮繼續當太子。」

李泌頓時緊張地問道：「奏章還能追回來嗎？」

李亨回應說：「已經走很遠了。」

李泌說道：「這樣一來，太上皇不會回來了。」

李亨大吃一驚，為什麼？

李泌說：「陛下那麼說，太上皇怎麼會信呢？」

李亨追問：「那怎麼辦？」

李泌說：「如今之計，只好以群臣的名義再給太上皇上一道奏章，奏章上詳細說明當初馬嵬坡如何挽留太子，靈武郡如何勸太子登基。如今長安收復，陛下思念太上皇，因此請太上皇盡快回到長安以成全陛下的孝心。這麼寫就可以了。」

李亨一聽，有道理，馬上命李泌草擬奏章。

看著擬好的奏章，李亨閱覽了起來，一邊看，一邊流下了眼淚：「朕一開始真的只是想將權力交還太上皇。今天聽先生如此一說，才意識到自己的失誤。」

假話說多了，自己都以為是真話了。

過了一段時間，李亨派往蜀郡的第一個宦官回來了，宦官帶回了李隆基的詔書。詔書寫道：請把劍南道劃給我吧，讓我自己照顧自己，不必再回長安了。

真讓李泌說中了。

接到詔書後李亨茶飯不思，不知如何是好。幾天後，第二個呈遞群臣奏章的宦官回來了，他給李亨描述了事情的經過：太上皇剛接到陛下自請回到東宮的奏章時彷徨不安連飯都吃不下，根本不想回來了。等看完我送去的群臣奏章後，太上皇終於轉憂為喜，命令奏樂擺宴而且還定下了歸期。

一切都在李泌的預料之中。

我還是那句話，親情在皇帝家中始終是奢侈品。

李隆基、李亨父子之所以有這樣的一齣，是因為他們表面父慈子孝，實際卻父子相疑。

李亨的第一份奏疏寫得冠冕堂皇，但李隆基卻讀出了其中的寒意。試想李亨已經羽翼豐滿，而且又收復兩京，此時的他自稱願意重新回東宮當太子，李隆基會信嗎？

如果信了，他就不是李隆基了。

群臣的第二份奏疏其實是李亨奏疏的補丁，所起的作用也不過是皇帝的新衣，不過第二封奏疏抓住了一個要點——孝道，這是李隆基、李亨父子共同的軟肋。點到這個軟肋，李隆基便不得不歸了，如果他滯留蜀地不歸，那麼將置李亨於「不孝」的境地，他們爺倆苦心經營多年的「父慈子孝」便破產了。

因此當第二封奏疏抵達蜀郡時，李隆基「笑顏逐開」決定回來。雖然他已不再是皇帝，但他還是太上皇，他需要把自己的角色繼續演下去，直到謝幕的那一天。

洛陽光復

長安慘敗後，叛軍集合殘兵退守陝郡（河南三門峽），在陝郡構築起一條防線。

大燕皇帝安慶緒得知消息後，拿出自己全部的家當，把洛陽城所有兵馬都交給了「兄長」嚴莊，嚴莊便帶著這些人馬挺進陝郡，與長安退下來的敗兵合兵一處。瘦死的駱駝比馬大，經過這番拼湊陝郡防線又集合了十五萬兵馬，與唐軍號稱的二十萬兵馬不相上下。

西元七五七年十月十五日，廣平王李俶率領東征大軍抵達曲沃（河南三門峽西南曲沃鎮）。與此同時，回紇親王命令麾下幾名將軍引著回紇騎兵前往崤山一帶尋找有利地形埋伏，最後回紇騎兵選擇嶺北紮營，他們將充當一支至關重要的奇兵。回紇騎兵埋伏停當，郭子儀大軍與叛軍在新店（河南三門峽西南）遭遇上了。

叛軍大營依山而建，佔據有利地形，主動出擊的郭子儀採用最吃力的仰攻姿勢進攻。眼看郭子儀進攻乏力，叛軍開始反攻，把已經上山的唐軍驅逐下山，唐軍頓時又有些亂了。

正在這緊急關頭，奇兵如約而至。回紇騎兵從崤山繞到了叛軍背後，奔騰的戰馬踏起了滾滾黃塵，在黃塵的掩護下回紇騎兵向叛軍放起了冷箭。剛放出十幾箭，效果就產生了。

叛軍士兵驚慌失措，你看我，我看你，然後驚恐地喊道：「回紇兵來了！」

瞬間，十五萬大軍崩潰。

行軍打仗，拼的不是人數，而是膽氣，如果一方已經嚇破了膽，再多的人也無濟於事。

叛軍已經在長安吃過回紇兵的虧，被回紇兵嚇破了膽，現在再次看到回紇兵，膽氣徹底沒了。

郭子儀大軍與回紇騎兵前後夾擊，十五萬叛軍分崩離析，陝郡防線頃刻瓦解。

這時安慶緒的「兄長」嚴莊一路狂奔，逃回了洛陽，把這個恐怖的消息報告給了大燕皇帝安慶緒。十月十六日夜，安慶緒率領文武百官逃出洛陽，臨走時將捕獲的唐朝將領哥舒翰、程千里全部殺害。

安慶緒滿以為「兄長」嚴莊會跟他一起尋找東山再起的機會，沒想到跑到半路，嚴莊失蹤了。安慶緒一路向北，嚴莊則一路向南，他一個華麗轉身向唐朝投降，後來還被李亨委任為司農卿（農業部長）。

這是一個貨真價實的高人，他鼓動安祿山范陽起兵，進而搖身一變成為「開國元勳」，當安家的「大燕帝國」日薄西山時，人家華麗轉身解套而去，只留下安慶緒承擔被套牢的結局。

高！

十月十八日，廣平王李俶率軍進入洛陽，這時到了向回紇兌現承諾的時候。史書沒有描述洛陽的慘狀，但可以想像一份出賣全城百姓的合約，留給這座城市的一定是累累傷痕。

悲哀的是搶過、掠過之後，回紇親王還不滿意，李俶手足無措，不知如何是好。這時，洛陽士紳們提出一個建議：他們願意再搜集一萬匹綢緞作為給回紇士兵的額外酬勞。

成交！

帶著累累傷痕，長安、洛陽終於重回唐朝政府手中。

李亨以為龍興大業基本大功告成，其實只是一廂情願。

微妙平衡

第十一章

重返長安

西元七五七年，激動的李亨再次流下熱淚。

十月二十二日，李亨一行抵達望賢宮（陝西咸陽），在這裡他收到了洛陽光復的消息，他只想找一個人一起慶祝，這個人就是李泌。

然而這個願望已經無法實現。就在幾天前，李泌向李亨辭行，他要重新開始自己的隱士生活，李亨苦留不住，只能任由他離去，前往他選定的隱居地——南嶽衡山。為了最大程度補償李泌，李亨命令衡山所在郡官員為李泌在山中建造館舍，每月按照三品高官的標準給予供應，李亨所能做的只有這麼多了。

李泌掛冠而去，留給李亨滿腹的惆悵。許久之後，李亨又打起精神，眼下還有很多事情等著他去做，還不是惆悵的時候。

西元七五七年十月二十三日，李亨重返長安，長安百姓出城迎接，人群綿延二十餘里，百姓中有人歡呼萬歲，有人喜極而泣，此情此景讓李亨也有些動容。

造化真是弄人，一年前狼狽出逃時，何曾想過會有今天？

穿過歡迎的人群，李亨入住大明宮。

這時御史中丞崔器給李亨導演了一場認罪秀。所有曾經接受過「大燕帝國」官職的前唐朝官員被勒令摘掉冠帽、赤著雙腳集中於含元殿前，雙手捶胸以頭磕地，大聲高呼有罪。在他們高呼有罪的同時，行刑士兵手執兵器在一旁橫眉冷對，唐朝文武百官則在一旁看著這些前同事的蹩腳表演。

李亨眼角冷冷掃過。同樣的一幕在洛陽也曾上演，高呼有罪的人群中有幾個熟人，比如陳希烈、張均、「詩佛」王維。

要如何處置這些人呢？這一問題讓李亨頭疼不已。算了，暫且放下日後再說，眼下最大的事是太上皇重返長安。

就在李亨重返長安的同一天，李隆基從蜀郡起駕，踏上返京之路。一個月後，李隆基抵達鳳翔郡。一入鳳翔郡，李隆基便下了一道奇怪的命令：隨行六百士兵將所有武器繳入鳳翔郡政府所屬軍械庫。

這命令其實也不奇怪，這是李隆基主動解除武裝向兒子示好，表明自己此次回來只為享受天倫之樂，不想其他。就在李隆基解除六百士兵武裝後，李亨派出的三千精銳騎兵抵達鳳翔郡接駕，他們負責太上皇的「安全」。

老子對兒子放心了，兒子對老子開始不放心了。不放心歸不放心，戲還得繼續演下去。

十月二十三日，李隆基抵達咸陽，李亨一行前往望賢宮迎駕。李隆基先到一步，在望賢宮南樓稍作休息。這時李亨已經做好了準備，他脫下黃袍，穿上紫袍，這意味著他將以太子身分拜見李隆基。

李亨騎馬進入望賢宮，李亨一看到南樓隨即翻身下馬，一路小跑前往南樓，他在南樓門口跪地叩拜。李亨叩拜的當下李隆基已經下樓迎了上來，他撫摸著李亨，眼淚止不住流了下來。

眼淚包含著很多內容。

看李亨穿一身紫袍，李隆基頓時招呼起來，向李亨的隨從索要李亨的黃袍，隨從將黃袍遞到李隆基手中，李隆基伸手就要給李亨披上。李亨跪在地上一個勁地拒絕。

李隆基對李亨說：「天數、人心都已經歸你了，只要讓朕能頤養天年你就盡到孝道了。」話說到這個份上，李亨「勉強」接受了黃袍。

到了登殿的時候，李隆基遲遲不肯登入正殿，李隆基推辭說道：「這是天子的座位。」言下之意，朕已經是太上皇，不能再登正殿了。好說歹說，李亨才把李隆基讓進了正殿，父子倆的「父慈子孝」相得益彰。

第二天，李隆基、李亨準備從望賢宮啟程，李亨親自為李隆基調好馬的韁繩，然後把馬牽到李隆基面前。李隆基翻身上馬，李亨牽著馬韁繩在前面引路，走了數步李隆基叫住了李亨，說什麼也不讓李亨再往前走了。李亨只好上自己的馬在前面引路，身為皇帝的他刻意避開只有皇帝才能使用的御用大道，李亨用此舉是向李隆基表明：在他的心中，李隆基才是真正的皇帝。

李隆基雖老，但心明眼亮，這時他恰到好處地感慨道：「朕當了五十年天子從來沒有感覺到尊貴，今日當天子的父親才感到無比尊貴。」

好演員！

「父慈子孝」的李隆基父子在一路歡樂祥和的氣氛中回到長安，當晚李隆基入住興慶宮，時隔一年多的時間，他終於回到了長安宮城。

十二月二十一日，李隆基登上宣正殿，他將傳國玉璽交給了李亨，李亨「百般推辭」後終於接受。至此「先上車後買票」的補票手續終於完成了，李亨成為貨真價實的皇帝。

在李亨成為真正皇帝的同時，李隆基的太上皇生涯也正式開始了，他成為繼高祖李淵、睿宗李旦之後唐朝第三位太上皇，他們都是被兒子提前搶班奪權，提前結束了自己的政治生命。

從此之後，李隆基存在的價值就是為白居易的《長恨歌》提供素材，僅此而已。

有賞有罰

補齊了當皇帝的全部手續，李亨開始秋後算帳。秋後算帳有賞有罰，於是有人哭，有人笑，有人哭笑不得。

賞罰之前，李亨宣布大赦天下，不過安祿山及其同黨、李林甫、王鉷、楊國忠並不在被赦免行列，他們被李亨牢牢地釘在恥辱柱上。

接下來是賞：

廣平王李俶晉封楚王，郭子儀加封司徒，李光弼加封司空；高力士、陳玄禮等護送李隆基到蜀郡的官員以及裴冕等跟隨李亨到靈武郡的官員全部加官進爵；忠於王事的李憕、盧奕、顏杲卿、袁履謙、許遠、張巡、張介然、蔣清、龐堅等一律追贈官職，同時授予他們的子孫官職；陣亡將士家屬一律免除田賦、勞役兩年。

長長的賞賜名單中，沒有當年的哥舒翰，也沒有當年的高仙芝和封常清，在以成敗論英雄的背景下，他們曾經的功勞都被遺忘了，他們的功績都被封存到歷史的雲煙之中。

相比於哥舒翰、高仙芝，有一個人更慘——上黨節度使程千里。

程千里是唐朝一員名將，安史之亂時他負責鎮守上黨，由於上黨地理位置重要，叛軍屢屢攻擊，但都被程千里打退。不甘心失敗的叛軍又一次捲土重來，領頭是曾經與史思明一起圍攻太原的蔡希德。

西元七五七年九月二日，蔡希德率領少量騎兵到上黨城下挑戰，程千里毫不示弱，率領一百名騎兵出城迎戰。程千里率一百名騎兵向蔡希德撲了過去，他想擒賊先擒王。

就在程千里快追上蔡希德時，蔡希德的援兵到了，程千里勒住了馬轉身回城。這下形勢逆轉，程千里在前面跑，蔡希德在後面追。跑到上黨城下，士兵早早放下了吊橋，程千里驅馬上了吊橋，過了吊橋他就能化險為夷。

這時意外發生了，吊橋居然塌了。程千里連人帶馬掉進了壕溝，不幸成了蔡希德的俘虜。程千里仰天長歎一聲，對已經過了吊橋的麾下騎兵說：「我不幸落到這副田地，這是天意！回去告訴諸位將軍好好守城，寧可失去我這位主帥，也不能失去上黨城。」

騎兵含淚而去，把程千里的話傳進了上黨城。

眼看程千里被自己生擒，蔡希德以為攻城的機會來了，立刻揮軍攻打。打了半天，上黨城固若金湯，比以前還難打。程千里的話起了作用。

久攻不下的蔡希德引兵退去，將程千里押送到洛陽，安慶緒給程千里加了一個榮譽性的官職：特進，然後便把程千里囚禁了起來。等到安慶緒放棄洛陽時，程千里與哥舒翰一起被殺害，沒能等來洛陽光復的一天。這次被俘成為程千里一生的污點，以往功績被徹底抹殺，雖然他同樣忠於王事卻被刻意淡忘了。

發完賞賜的紅包，該到了處罰的時刻。

如何處理那些投降安祿山的前政府官員，李亨頭疼不已，一時無法定下基調，索性暫且羈押起來，由政府士兵嚴加看管。李亨指定的羈押地很有講究，正是奸相楊國忠的舊宅。

不久李亨指定禮部尚書李峴、兵部侍郎呂諲為皇家特別法庭法官，會同御史大夫崔器一同審理陳希烈等投敵叛逆案。這個審判組合很有意思，崔器、呂諲為人苛刻而李峴為人寬仁，如此一個搭配有點猴吃麻花——滿擰（**完全相反的意思**）。

說滿擰，滿擰馬上就來。

經過審判，崔器、呂諲得出了自己的結論，給李亨上了一道奏疏：那些在叛軍政府當官的前政府官員，屬於叛國投敵，應該一律處死。

如果這個奏疏得到批准，幾百人將命喪黃泉，其中就包括詩佛王維。

李亨看了奏疏後準備同意，他想一了百了省得麻煩。這時李峴不幹了。

李峴對李亨說：「叛軍攻陷兩京，天子被迫南巡，人人自危只能各自逃生。投靠叛軍的官員多數都是陛下的親戚或者國家元勳的子孫，如果一律按叛逆罪處死，恐怕有違仁厚寬恕之道。況且現在河北未平，群臣在叛軍中效力的還有很多，如果陛下網開一面就可以讓那些人有機會改過自新；如果陛下一律誅殺，那些人只能跟叛軍一條道跑到黑了。《書經》有云：首惡必問，脅從不究。呂諲、崔器只知摳法律條文，不識大體，還望陛下三思。」

相比而言，呂諲、崔器是粗暴執法，李峴則是差別化對待。前者以暴制暴，只會更糟，後者理性處理，春風化雨。

兩派就此爭執了起來，一爭就是好幾天。最後李亨想明白了，如今河北還未平定，不能按照呂諲、崔器的一刀切，還得區別對待以團結多數人。

李亨按照李峴的建議，將被羈押官員分為六等：第一等，罪大惡極，斬；第二等，次之，賜自盡；第三等，次之，重杖一百；第四等到第六等分別判處流刑和貶放。

這樣一來，羈押於楊國忠舊宅的官員各就各位，各得其所：

原河南尹達奚珣等十八人被公開斬首；原宰相陳希烈等七人被賜在大理寺自盡；詩佛王維等應受杖刑的官員自動到京兆府門口接受一百大棍；其餘人等，收拾行囊，奔赴全國各地。

本來王維這一百大棍躲不過去了，恰巧此時李亨想起了一件往事，他依稀記得曾經讀過一首詩，題目叫《聞逆賊凝碧池作樂》：

萬戶傷心生野煙，
百官何日再朝天。
秋槐葉落空宮裡，
凝碧池頭奏管弦。

這首詩的基調顯然是忠於王室。好像是王維寫的吧？

李亨一問左右，沒錯，確實是王維寫的，而且是在洛陽淪陷期間寫的。這說明王維是心向朝廷。正巧王維的弟弟、刑部侍郎王縉也來替王維求情，王縉向李亨表示願意用自己的官職來抵哥哥的刑罰。李亨不禁笑了，何必如此。

王維就此解脫，他逃過了應受的懲罰，李亨不僅沒有打他一百大棍，還委任他為太子中允，對於王維來說這已經是不幸中的萬幸。

賞罰到此終結，李亨又將目光投向了北方，北方一日不靜，他一天不得安寧。

首鼠兩端

在李亨大行賞罰的同時，「大燕皇帝」安慶緒一路向北敗逃到鄴郡（河南安陽）。到了鄴郡，安慶緒決定不往北走了，如果再走父親安祿山的勝利果實就喪失殆盡。安慶緒在鄴郡留了下來，他要開始二次創業。安慶緒把鄴郡升格為安成府，定為「大燕帝國」的新國都，同時更改年號為「天成」。

從洛陽出逃時光顧著逃亡，現在安慶緒才有精力盤點一下手中的籌碼。一盤點，安慶緒倒吸一口涼氣，騎兵不過三百，步兵不過一千，居然就剩下這麼點。

就拿這點籌碼二次創業？安慶緒自己都有點不相信。

十幾天過去了，安慶緒的心情多雲轉晴，他的部將聽說他「定都」鄴郡後，又紛紛從各地趕來，各地人馬再加上臨時招募的新兵，總數又達到六萬。

三百騎兵、一千步兵不足創業，那麼六萬大軍呢？或許還有希望。

就在安慶緒還在籌畫二次創業時，遠在范陽的史思明正在打著自己的算盤。史思明的精明算盤要追溯到西元七五七年正月，那時安祿山剛剛「駕崩」。一聽到安祿山「駕崩」，史思明意識到自己的機會來了，他馬上引軍從太原退到了范陽，他要自立門戶當家作主。

史思明的自立門戶是隱性的，他沒有公開與洛陽的安慶緒翻臉，而是埋頭自己做自己的事。當初安祿山將搶奪來的東西都運回了范陽老巢，現在這些東西都被史思明劃到自己名下，弄了半天安祿山是在給史思明打工。

從那之後，史思明對安慶緒便愛答不理，安慶緒也沒有辦法，於是范陽與洛陽便保持著鬆散的隸屬關係，看似直管實際卻鞭長莫及。等安慶緒從洛陽逃亡時，史思明趁火打劫的時候到了，他盯上了從洛陽逃回范陽的敗兵。

郭子儀的手下敗將李歸仁率領精銳敢死部隊、同羅部落軍隊、六州胡人部隊總計數萬人，他們沒有跟隨安慶緒前往鄴郡，而是一溜煙跑回了范陽。這些敗兵一路上貫徹「賊不走空」的精神，沿路搶劫，荷包滿滿地進入范陽境內。

這時早有準備的史思明要招降這些敗兵。

面對招降，精銳敢死部隊和六州胡人部隊選擇了投降，唯獨同羅部落軍隊不同意。史思明早就做了兩手準備，他一手握著胡蘿蔔，一手握著大棒，眼看同羅部落不吃胡蘿蔔，他瞬間舉起了大棒。史思明部隊向同羅部落軍隊發動突襲，同羅部落猝不及防，很快潰不成軍。這一次同羅部落吃虧吃大了，不僅人死了不少，連同搶來的東西也被史思明一鍋端，忙活了半天，還是給史思明打工。經過這次招降，史思明更加兵強馬壯。

這時夢想二次創業的安慶緒惦記上了二大爺史思明。為了增補自己的兵力，安慶緒派將軍阿史那承慶、安守忠前往范陽徵兵。從「大燕帝國」的隸屬關係來看，安慶緒有這個權力向范陽增兵，而史思明無權拒絕。

表面上看安慶緒只是派人到范陽徵兵，實際上安慶緒還藏著一手，他給阿史那承慶和安守忠下了一道密旨：找機會除掉史思明。

負責徵兵的阿史那承慶人還沒到消息先到，史思明陷入到猶豫之中。一方面他不想再聽安慶緒的命令，另一方面又不想就此跟安慶緒翻臉，那樣只會兩敗俱傷。跟隨史思明多年的判官耿仁智看出了史思明的猶豫，他決定給史思明指一條明路。

耿仁智心向唐朝，他指的明路就是歸降唐朝。

耿仁智對史思明說：「大人一向嚴肅，一般人不敢在你面前說話，我耿仁智就壯壯膽子，容我說句話再死。」

史思明有些莫名其妙：「何出此言？」

耿仁智遊說道：「大人之所以一直為安氏效力只不過是被凶暴所逼，如今唐室中興，天子仁聖，大人如果能率部歸順就能轉禍為福。」

聽完耿仁智的話，史思明有些心動。畢竟叛亂是刀尖舔血，而歸順則是坐享富貴，兩相對比後者更具誘惑。

耿仁智遊說完，裨將烏承玼接著遊說道：「如今唐室再造，安慶緒不過是草葉上的露珠，大人何必還跟他一起自取滅亡。只要歸順朝廷，以前的污點自動洗刷，求取富貴易於反掌。」

烏承玼與耿仁智的話疊加到一起，史思明決定改換門庭。

幾天後，阿史那承慶、安守忠帶領五千騎兵抵達范陽，史思明率領數萬大軍熱烈「歡迎」。

兩軍相隔還有一里時，史思明派人給阿史那承慶傳了一個話：「大人遠道而來，范陽將士喜不自勝。不過范陽士兵沒見過世面，膽小害怕大人的部隊不敢往前走了，希望大人讓隨行士兵們鬆弛一下，這樣范陽士兵才能心安。」

阿史那承慶和安守忠智商不高，一聽史思明如此說也就同意了，五千騎兵便放鬆警惕懈怠下來。兩軍相見，史思明熱情招呼阿史那承慶和安守忠喝酒，他的屬下則熱情招待五千騎兵。阿史那承慶和安守忠做夢也沒有想到就在他們與史思明觥籌交錯時，他們的五千騎兵被史思明解除了武裝。

史思明的部下先收繳了五千騎兵的武器，然後進行了分化，願意回家務農的發給盤纏遣送回家，願意繼續當兵的重重有賞分配各營。五千騎兵一下子就被史思明分解完畢，阿史那承慶和安守忠僅僅喝了一頓酒就成了光桿司令。

第二天，兩個光桿司令驚愕地發現不僅五千騎兵沒了，他倆也成了史思明的階下囚。史思明馬上給李亨寫了一道奏疏，要求舉所部十三郡以及八萬士兵投降。

西元七五七年十二月二十二日，史思明派出的投降特使來到長安，把這個天大的喜訊通報給李亨。看完奏疏，李亨愣了一下，瞬即大喜，這可是天大的好事。

李亨馬上封史思明為歸義王、范陽節度使，史思明的七個兒子被同時任命為唐朝政府高官。紅包發完，李亨派給史思明一個特殊任務：率領所部兵馬討伐安慶緒。

史思明歸降，讓唐王朝的形勢一片大好。整個河北大地，除了安慶緒控制的幾個郡，其餘多數回歸唐朝，由安祿山引發的叛亂呈現出逐漸熄滅的態勢。

如果這個勢頭能夠保持下去該有多好。

暗藏伏筆

史思明歸降轉眼已經有幾個月時間，表面看上去風平浪靜。然而還是有人看到風平浪靜下的玄機。

河南節度使張鎬給李亨上了一道奏疏：史思明為人凶險，利用天下大亂竊取高位，看似長著一張人臉實際卻懷野獸之心，很難用恩德感化，陛下千萬不要給他權柄。

看完張鎬的奏疏，李亨並不贊同他的想法。

正巧李亨派往范陽的宦官返回長安，他向李亨彙報了范陽之行的成果，最後給出他的結論是史思明忠實可信。不出天大意外，這是史思明用錢買來的結論。

李亨點了點頭。

但李亨對史思明的放心並沒有維持太長時間，不久河東節度使李光弼的奏疏也到了，他也提醒李亨提防史思明。

如果說張鎬的奏疏李亨還可以置之不理，李光弼的奏疏他就必須加以重視了，畢竟李光弼是平叛重將，而且與史思明多次交手。

史思明真的不可靠嗎？

李亨對史思明產生了懷疑。原本他們之間的信任就很脆弱，現在懷疑之心又起，李亨與史思明之間微妙的平衡即將被打破。

烽煙又起

第十二章

范陽再叛

懷疑就像李亨心中的野火，一旦點燃便無法撲滅。李亨越想張鎬的話越覺得有道理，既然史思明當初能跟安祿山一起反叛，那麼現在兵強馬壯豈能就此消停？畢竟他手裡握著的是那麼多郡和那麼多士兵。

中國古代就是這樣，皇帝只要認為這個人具備一定的謀反條件，那麼這個人就會被視作危險人物，不管你曾經多麼忠君愛國。

不行，不能坐等他反叛，應該先下手為強。李亨決定動手，經過物色他選定了一個人選：原信都郡太守烏承恩。

當年史思明還沒發跡時，曾經在平盧軍使烏知義（烏承恩的父親）手下效力，烏知義待他不薄，因此史思明對烏知義一直心存感激。安祿山叛亂後，時任信都郡太守的烏承恩舉郡向史思明投降，史思明顧念舊情對烏承恩非常照顧。等安慶緒洛陽敗逃後，烏承恩和弟弟烏承玼都曾勸說史思明向政府歸降，最後在他們的勸說下史思明歸順李亨。

有這樣一段淵源作基礎，史思明與烏承恩的關係非常不錯，然而當友情遭遇利益時友情往往經不住考驗。李亨給烏承恩開出條件，他要買斷烏承恩與史思明的友情。

李亨的計畫是這樣的：烏承恩到范陽後，聯合阿史那承慶除掉史思明，事成之後對阿史那承慶叛亂的罪行既往不咎並賜予鐵券，對烏承恩委以范陽節度副使一職。

條件很優厚，前景很迷人。

李亨的計畫是由李光弼一手打造，這位唐朝中興名將就是看史思明不順眼，想除之而後快，當然他跟史思明沒有私怨，只有公仇。

兩難的選擇擺在了烏承恩面前，他最終選擇了前途。接受任務的烏承恩馬上行動了起來。第一步，他用自己的私財招募了一批敢死勇士，這些人是他將來行動時的有力工具；第二步，他男扮女裝，前往史思明部將的大營進行策反。

剛開始史思明渾然不覺，時間長了史思明就聽到了風言風語，有的將領向史思明反應烏承恩曾經男扮女裝進過軍營。史思明心中一驚，他當即意識到烏承恩身上一定隱藏著一個大陰謀，大陰謀的矛頭一定是指向自己。史思明沒有慌亂，他不動聲色就當什麼事情也沒發生過。

事有湊巧，幾天後烏承恩陪同長安來的宦官一起到范陽慰問史思明，史思明決定利用這個難得的機會。史思明與烏承恩老友見面寒暄不已，接風宴擺過之後便把烏承恩送到賓館休息。分別時，兩位老友嘴上情意濃濃，心中卻已殺機四起，只不過看誰的刀更快。

史思明首先出招，他的招是烏承恩最小的兒子。烏承恩最小的兒子當時正好在范陽，史思明故作關切命其到賓館看望父親，父子二人好好團聚一下。烏承恩父子以為史思明是一片好意，想不到一個深坑已經給父子倆挖好了。

夜深了，賓館內外寂靜無聲。烏承恩下意識看看窗外，確定無人後小聲對兒子說：「我受命剷除這個逆賊，事成之後朝廷將任命我當范陽節度使。」

窗外無人，但屋裡有竊聽器。早在烏承恩入住前，史思明就安排了兩個勇士潛伏在烏承恩房間的床下。兩位勇士聽到駭人聽聞的消息後迅速從床下爬出，大聲叫喊著打開房門，早有準備的史思明士兵一擁而上，捆住了目瞪口呆的烏承恩父子。

史思明冷冷看了烏承恩一眼，開始搜查烏承恩的行囊，一下便搜出李亨賜給阿史那承慶的鐵券。看來，真是要算計我史思明啊。為什麼就不能信任我呢。

史思明反心又起，壓也壓不住了。精於算計的他不想一個人戰鬥，他要把麾下的部將都裹脅進來。趁著搜查烏承恩行囊的工夫，史思明把事先準備好的道具塞進烏承恩的行囊，然後又非常「吃驚」地把道具搜了出來。

道具是一份名冊，以「李光弼」的名義擬的，上面詳細羅列著曾經跟隨史思明叛亂的部將名字，凡是在「李光弼」這份名冊上的人，全部殺無赦。

史思明預感到朝廷有一天會跟自己翻臉，因此早早造了這樣一份名冊，現在名冊派上了用場。鐵券和名冊擺到諸將面前，諸將一個個被悲憤的情緒籠罩，為什麼我們都歸降了還把我們往死路上逼？

范陽又成了火藥桶。

史思明瞪著烏承恩責問道：「我什麼地方對不起你，你要如此對我？」

烏承恩已經嚇得渾身哆嗦，用顫抖的聲音解釋道：「死罪，死罪！這些都是李光弼的陰謀。」

史思明已經不想聽解釋了，他知道自己該幹什麼。

史思明把部下、士紳、百姓代表召集到一起，然後衝著西方大哭起來：「臣率十三萬士兵歸降朝廷，有什麼地方辜負陛下，而陛下卻要殺臣。」

哭完，史思明將烏承恩父子押上了刑場，陪同烏承恩父子一起受刑的還有受他們牽連的二百多

人。（烏承恩的弟弟烏承玼跑得快，逃過一劫）

斬完烏承恩父子，史思明給李亨上了一道奏疏，詳細闡述自己的委屈。這時李亨玩起了無賴手法，推得一乾二淨：「這起事件跟朝廷和李光弼都沒有任何關係，只是烏承恩個人行為，你把他殺了正好。」

李亨的辯解並沒有化解史思明的憤怒，史思明與朝廷的關係走到了懸崖邊。不久朝廷處罰投敵官員的公文傳到范陽，這份公文又被史思明加以利用。史思明拿著公文對諸將說：「陳希烈這些人都是朝廷大臣，當年太上皇自己拋棄他們跑到了蜀郡，陳希烈他們沒有辦法才給安祿山效力，如今他們還是免不了一死。他們尚且難逃一死，更何況我們這些一開始就跟著安祿山起兵的人。」

史思明說完，諸將心中都充滿了悲涼，他們已經別無選擇只能跟著史思明再次叛亂。叛亂總得有個理由，當年安祿山選擇的理由是「誅殺楊國忠」。現在史思明選擇什麼當理由呢？

誅殺李光弼！

諸將群情激昂，要求史思明上疏誅殺李光弼，史思明點頭同意，便把任務交給了判官耿仁智以及耿仁智的下屬張不矜。史思明特別囑咐道：「奏疏上一定要寫上，如果陛下不為臣誅殺李光弼，臣當自己引兵到太原誅殺。」

張不矜很快打好了草稿拿給史思明過目，史思明看過後同意。張不矜收起草稿，準備放進專用盒子然後送交抄寫官正式抄寫。這時判官耿仁智走了過來，他要替張不矜把把關。耿仁智拿過草稿，刪掉了史思明特別囑咐的那句話。

耿仁智認為那句話是向皇帝挑釁，同時也是叛亂的前奏，一旦皇帝看到事情將不可收拾。耿仁智還是太書生意氣了，他以為刪掉那句話就能刪掉史思明叛亂的念頭，真是異想天開。

很快負責謄寫奏疏的官員向史思明報告：「草稿上最重要的那句話被耿仁智他們刪掉了。」

史思明大怒，馬上命人將耿仁智和張不矜推出斬了。臨刑前，史思明又有些於心不忍，畢竟耿仁智跟了他很多年了。史思明又把耿仁智叫了回來，說道：「你跟隨我已經快三十年了，今天是你負我，而不是我負你。」

如果耿仁智就坡下驢，他將躲過一死。

耿仁智大聲說道：「人終有一死，能為忠義而死也值得。今天如果跟隨大人謀反，那只不過是把死期往後推延幾年而已，還不如早死。」

史思明被耿仁智點中了軟肋抓狂起來，一頓亂錘將耿仁智活活打死。

書生意氣的耿仁智沒能阻止史思明叛亂的心，從此時起史思明又跳到了大唐王朝的對立面。

史思明也不願意，但他別無選擇，因為有些事一旦做了就很難回頭。

鄴郡之圍

史思明已經公然叫板了，但李亨暫時還顧不上他，眼下李亨急需解決的是鄴郡的安慶緒，只有把安慶緒解決了，李亨才能騰出手對付史思明。

事實上李亨高看安慶緒了，安慶緒壓根不是造反的材料，明明手中有籌碼也不會好好利用。安慶緒逃到鄴郡時，雖然同黨分崩離析，但手中依然有七個郡總計六十多個城池，兵器、輜重、糧食應有盡有。如果換一個有經驗、有野心的人經營，這些都會成為爭奪天下的籌碼，而安慶緒卻對這些不以為然，他最在乎的還是個人享受，只求每天能喝個痛快，僅此而已。

嗜酒如命的安慶緒不理政事，便給了大臣爭權奪利的機會，高尚和張通儒互不買帳，一見面就鬥個不停，有這兩個鬥雞在鄴郡不亂才怪。唯一令安慶緒心安的是大將蔡希德，此人不僅有謀略，而且麾下都是精兵，有這麼一個人在，安慶緒覺得心裡踏實。

好景不長，讓安慶緒感覺踏實的蔡希德被張通儒算計上了。蔡希德被張通儒算計，主要是性格惹的禍。武將出身的蔡希德性格剛烈，遇事喜歡直來直去，一來二去就把張通儒得罪了，張通儒恨死了蔡希德。張通儒決定報復，他要借安慶緒的刀殺蔡希德。

久在安慶緒身邊，張通儒知道安慶緒最害怕屬下投敵，張通儒決定抓住這個軟肋。不久張通儒向安慶緒報告了一個駭人聽聞的消息：蔡希德已經與唐軍取得聯繫計畫誅殺你，然後舉鄴郡投降。

安慶緒一聽，頓時跳了起來，什麼？消息可靠嗎？

張通儒斬釘截鐵地說：「可靠，這是蔡希德的左右透露出來的。」

智商偏低的安慶緒馬上就下令將蔡希德公開處斬。斬完蔡希德，鄴郡的軍心便散了，蔡希德麾下數千名士兵一哄而散，再也不肯給安慶緒賣命。目睹蔡希德悲劇的將領們也抱怨不已，從此與安慶緒離心離德。

安慶緒有些後悔，但為時已晚，只能硬著頭皮將另一位大將崔乾祐扶上馬，任命崔乾祐為天下兵馬使，總管鄴郡內外軍事。本以為這樣可以彌補一下損失，沒想到崔乾祐剛愎自用、暴戾好殺，根本無法服眾。安慶緒只能在心裡暗暗叫苦，想要找個人代替崔乾祐又無米可炊，只能死馬當活馬醫了。

安慶緒不可救藥地走上下坡路，李亨針對安慶緒的重點打擊也拉開了帷幕。

西元七五八年九月二十一日，李亨點將，一口氣點了九個節度使和一個兵馬使。九個節度使包括朔方節度使郭子儀、河東節度使李光弼、北庭節度使李嗣業、關內節度使王思禮、淮西節度使魯炅等九人，這九人是李亨手上最能打仗的節度使，現在李亨把他們一古腦都甩了出去，目的就是把安慶緒打殘打死。

李亨交給九位節度使二十萬大軍，而且這二十萬大軍還只是一部分，稍後還會有源源不斷的大軍派給九位節度使指揮。九位節度使，二十萬大軍，這是李亨登基以來最奢華的陣容，出人意料的是李亨居然沒有設立主帥，九位節度使各自為戰。

史書對此的解釋是，李亨考慮到郭子儀、李光弼都是元勳彼此之間很難協調，因此不設元帥。郭子儀與李光弼資歷相仿只是藉口，李亨是擔心在圍剿安慶緒的過程中有節度使會趁機坐大，那麼戰後就有可能尾大不掉造成禍患。無論郭子儀，還是李光弼，他們都是李亨忌憚的對象。

雖然不設元帥，李亨還是設了一個名義上最高指揮官：觀軍容宣慰處置使，相當於李亨的戰地特派員。

由誰擔任呢？宦官魚朝恩。

說來說去，皇帝誰也信不過，只信得過宦官。

西元七五八年十月初，朔方節度使郭子儀率軍渡過黃河，向東攻打安慶緒控制下的獲嘉城，沒費多大工夫獲嘉城破，斬首四千，生擒五百。獲嘉城守將倉皇出逃，率領殘兵退守衛州（河南省衛輝市）。郭子儀乘勝追擊，一路追擊到衛州城下，與此同時魯炅、李嗣業等節度使也率領各自人馬抵達衛州城下。

衛州是鄴郡的門戶，衛州一失，鄴郡難保。安慶緒不敢怠慢，連忙動員鄴郡所有部隊，七拼八湊地湊足七萬人開到衛州城下。安慶緒將七萬大軍分成了三部分，崔乾祐領上軍，田承嗣領下軍，安慶緒自己領中軍。

雙方在衛州城下拉開了陣勢。這時郭子儀提前做好了部署，他把三千弓弩手埋伏到本方營牆後面，囑咐道：「一會兒我會假裝敗退，叛軍一定會趁勢追趕，到那時你們就登上營牆亂箭發射。」

一切布置停當，郭子儀引軍迎戰安慶緒。戰不多久，郭子儀假裝敗退向本方大營敗退，安慶緒一看有機可乘馬上揮軍追擊。眼看要追上了，就聽郭子儀大營中一聲梆子響，營牆上突然出現無數弓弩手。叛軍士兵一愣神的工夫，弓弩手萬箭齊發，無數弓箭向叛軍士兵飛了過去，安慶緒這才意識到自己中計了，立即撥轉馬頭往回跑。郭子儀令旗一指，唐軍立刻追了上去。

緊跑慢跑，安慶緒脫離了危險，一盤點陣容才發現弟弟安慶和丟了。安慶緒派人一打聽才知道衛州城陷落，弟弟安慶和被俘。

顧不上傷心，安慶緒一路逃回鄴郡，這時形勢更危急了，關內節度使王思禮等人已經帶兵逼近了鄴郡，留給安慶緒的生存空間越來越小。安慶緒不甘心，馬上組織人馬在愁思岡反擊，然而一仗下來又被斬首三萬，生擒一千。籌碼越來越少的安慶緒只能退入鄴郡城內當起了縮頭烏龜，這一縮就只有被動挨打的份了。

郭子儀下令將鄴郡城團團圍住，這時河東節度使李光弼率軍趕到，八大節度使在鄴郡城下齊聚。（**河南節度使崔光遠在魏州作戰**）

眼看鄴郡陷入重重包圍，安慶緒只能向史思明求救，為了表示誠意安慶緒承諾願意將皇位相讓。「以皇位換救援」的計畫很快得到了史思明認可，史思明立刻動員范陽十三萬兵馬準備南下救援安慶緒。然而一轉念史思明又變卦了，十三萬兵馬可是自己全部的家當，萬一在鄴郡拼光那就得不償失了。史思明決定先做一下試探，派李歸仁率一萬兵馬進駐滏陽（距離鄴郡三十公里），與安慶緒遙相呼應。

李歸仁很快地就給史思明發回消息：鄴郡已被圍得水洩不通，短期內無藥可救。

史思明無奈地搖了搖頭，順手拿過了地圖。經過研究，史思明決定在魏州城（河北大名）做文章，據他所知幾天前河南節度使崔光遠剛剛攻克魏州城還立足未穩。

機不可失，史思明馬上率軍到了魏州城下。魏州城裡雖然是河南節度使崔光遠坐鎮，但打仗主要靠將軍李處崟，現在史思明兵臨城下李處崟便披掛出征。

若論單兵能力，史思明根本不是李處崟的對手。但論整體作戰，史思明明顯處於上風，他的兵多，李處崟的兵少。幾次交戰下來史思明連戰連勝，逼近了魏州城大門。然而魏州城易守難攻，一時半會兒攻不下來。

史思明眼睛一轉，頓生一計。他衝著魏州城牆上的士兵喊道：「李處崟約我們到這裡，他自己怎麼不出來啊？」

這一嗓子要了李處崟的命。士兵們很快向崔光遠彙報了史思明這句話，崔光遠一下緊張了起來。崔光遠會緊張，與他的一段特殊經歷有關。

李隆基從長安出逃時崔光遠擔任京兆尹，長安陷落後他繼續擔任京兆尹。所不同的是以前給李隆基打工，現在則是給安祿山打工。如果沒有突發事件，崔光遠給安祿山打工的時間還會延長。

一天夜裡，同羅部落叛軍從長安馬廄偷出數千匹戰馬脫離安祿山陣營而去，崔光遠誤以為整個安祿山叛軍都要撤退，他立即下令包圍了叛軍將領在長安的宅邸。後來一打聽才知道跑的只是同羅部落軍隊，多數叛軍還在長安原地不動。自知惹禍的崔光遠索性腳底抹油跑了，一路跑到李亨所在的靈武郡繼續當唐朝忠臣，後來輾轉出任河南節度使。

正因為有過長安那一段特殊經歷，崔光遠變得神經過敏看誰都像叛國投敵，現在一聽史思明如此說便認定李處崟要與史思明裡應外合。

偏執的崔光遠把李處崟綁了起來，然後推出去腰斬。

斬完李處崟，崔光遠如夢初醒，壞了，反間計！

心知不好的崔光遠連忙開動腦筋想補救辦法，然而想了半宿一無所獲。最後崔光遠終於想到了高招，而且一招就靈。

他的高招是：自己撒丫子跑先。

藉著夜色掩護，崔光遠隻身逃出魏州城，把魏州城一城百姓和軍隊都拋在了身後。第二天，魏州城破，三萬軍民被殺，這一切都源於倒楣的崔光遠。

功虧一簣

時間走到西元七五九年正月一日，佔領魏州城的史思明做了一件大事：稱王。

史思明在魏州城北興築高臺，他登上高臺舉行了盛大的稱王儀式，自稱「大聖燕王」。奇怪的是，史思明沒有直接稱帝而只是稱王，可能是感覺自己實力單薄，因此先謙虛一點。

史思明稱王的消息很快傳到了鄴郡城下，河東節度使李光弼坐不住了，他想北上魏州堵住史思明。

李光弼說：「史思明在魏州按兵不動，主要是想等我軍懈怠，然後出其不意發動攻擊。我建議由河東兵團跟朔方兵團一起進逼魏州向他挑戰，他前年在嘉山曾經慘敗給我們，一定不敢輕易出擊。時間一長，鄴郡城必破，到時安慶緒一死史思明就沒有藉口驅動他的士兵南下了。」

李光弼不愧是中興名將，他的眼光比別人獨到。如果按照他的策略實行魏州的史思明就會被堵住，困在鄴郡的安慶緒必死無疑。可惜李光弼不是主帥。

建議報到「最高領導」——觀軍容宣慰處置使魚朝恩那裡，魚朝恩猶豫了半天，說道：「這個，不可行吧？」

外行領導內行就是這個結果。原本按照李光弼的策略可以下成一盤活棋，既牽制史思明又圍死安慶緒，現在魚朝恩一否決讓活棋下成了死棋。

數十萬唐軍將安慶緒困在了鄴郡，同時也困住了自己。

不久傳來九大節度使之一李嗣業箭瘡復發去世的噩耗。北庭節度使李嗣業在鄴郡城下延續自己勇猛的作風，每次與叛軍作戰都衝在最前面，不料在一次交戰中被流箭射中。李嗣業沒有把箭瘡放在心上，他只是在營中休養了數日，眼看即將傷癒。一天營中突然鼓聲大作，李嗣業以為有叛軍襲營，頓時一個激靈正準備走出大帳查看，結果箭瘡崩裂，李嗣業大叫一聲，血已經從箭瘡處汩汩流了出來。醫官趕到時已經晚了，李嗣業失血過多不治身亡。

李嗣業去世的消息很快傳遍了全軍，眾人驚訝不已，尤其是八位節度使。節度使們不免有些抱怨，如果有一個主帥統一指揮的話鄴郡早就拿下了，而現在鄴郡是圍住了，同時也把自己困住了，這下還白白搭上了一個節度使。抱怨歸抱怨但誰也不敢出頭，只好繼續困守在鄴郡城下。**（在李嗣業去世後，李亨任命兵馬使荔非元禮接任節度使）**

圍困還在繼續，安慶緒的日子沒法過了，他陷入水深火熱之中。為了逼迫安慶緒出城，郭子儀他們用了一個損招：截流河水，倒灌入城。嘩啦啦的河水源源不斷地流進鄴郡城，鄴郡城成了一片汪洋，連睡覺的地方都沒有了。鄴郡城裡的士兵和老百姓只好搭木架子，晚上就在木架子上過夜。

如果說水深的滋味還可以勉強忍受，那麼挨餓的滋味就沒法忍受了。從去年冬天被圍開始，鄴郡的糧食便吃一粒少一粒，到春天糧食吃光了。以前老鼠沒人吃，現在一隻老鼠售價四千。

人艱難如此，馬的日子更難。在那個年月築牆時採用泥土混雜穀皮，現在牆裡的穀皮也被盯上了，叛軍士兵把牆拆了，用水淘洗穀皮，然後集中起來餵馬。到最後牆被拆光了，叛軍士兵再從馬糞裡提取植物纖維來餵馬。

這日子沒法活了。

眼看鄴郡城內已是這副光景，郭子儀等節度使以為破城只是時間問題，索性不著急，慢慢等總有城破的那一天。

這時大軍不設統帥的弊端便徹底暴露出來了。九個節度使各自為政，沒有一個人提議主動進攻，也沒有一個人主動向李亨彙報，九個人各忙各的，都不著急、都不負責，鄴郡城成了一盤死棋。

九大節度使還在「各掃自家雪」時，史思明已經從魏州出發了，他要管一管鄴郡的「瓦上霜」。史思明要救的不是安慶緒，而是鄴郡。安慶緒對他而言沒有用處，鄴郡卻可以成為他爭奪天下的重要基石。

這次南下救援，史思明顯示了自己的軍事才能。在我看來，安史之亂中有兩個人可以稱為真正的名將，一個是李光弼，另一個就是史思明。至於郭子儀，處世才能遠在這二人之上，而軍事才能卻相去甚遠。

史思明沒有直撲鄴郡，而是駐紮到鄴郡周邊。他將部隊分成了幾部分，每部分都以鄴郡為圓心，五十里為半徑。紮營完畢，每個大營發給戰鼓三百面，任務是日夜不停敲。震天響的戰鼓很快震動了圍城唐軍的耳膜，唐軍士兵仔細一聽，鼓聲居然從四面八方傳來，對方到底來了多少人啊？

史思明在周邊打鼓，唐軍士兵在心裡打鼓。

在鼓聲伴奏下，史思明從每個大營裡挑選出五百名精銳騎兵，從各個方向殺向鄴郡城下，任務也很簡單，就是騷擾。如果唐軍出擊，他們馬上撤退，如果唐軍不出擊，他們繼續騷擾。時間一長，唐軍的日子難過了，不僅每天都有人馬牛車損失，甚至連日常的砍柴割草都成了難題。

唐軍士兵並沒有想到艱難的日子還在後頭呢。因為史思明盯上了唐軍的糧道。當時圍困鄴郡的唐軍士兵總數達到六十萬，糧食供應成了大問題，李亨費了九牛二虎之力才把糧食從全國各地源源不斷地運往鄴郡，現在史思明盯上了糧食。

史思明不愧是一個軍事天才，他不僅懂得大兵團作戰，而且還會熟練地運用特戰隊。他一下子撒出了多支特戰隊向唐軍的糧道直撲過去。特戰隊穿著唐軍軍服、打著唐軍旗號，一見到唐軍運糧隊便撲上去裝模作樣檢查，然後沒事找事毫無理由的殺人。幾次下來，給唐軍運糧的民夫們便嚇破了膽，一傳十、十傳百，大家都不敢往前線運糧了，只是做出運糧的樣子，在遠離前線的運糧路上磨洋工。特戰隊不僅讓運糧民夫磨洋工，而且還經常一把火將大批糧草付之一炬，當火光沖天而起他們已經瀟灑地離開了。

經過特戰隊連續不斷的破壞，六十萬唐軍瀕臨斷糧危機，軍心不穩、人人自危。

這時史思明的挑戰書到了。

郭子儀、李光弼等節度使表示同意，雙方約定於西元七五八年三月六日決戰。

其實此時決戰對唐軍很不利，因為他們已經疲憊不堪。從去年冬天包圍安慶緒開始，唐軍已經在鄴郡城下苦熬了幾個月，精銳之師早已熬成了疲憊之師。相比之下，史思明大軍剛剛南下士氣正盛。

西元七五八年三月六日，唐軍步兵騎兵總計六十萬列陣於安陽河北，史思明則率領五萬精兵從容對陣。五萬大軍放在平時看已經不算少了，然而跟六十萬大軍相比就有些寒酸了。九大節度使一看面對五萬士兵便以為只是一支偏軍，大家都沒把這支偏軍放在眼裡。史思明不理會九大節度使輕蔑的目光，他率軍向唐軍撲過了過來。

與史思明直接廝殺的是李光弼、王思禮、魯炅的部隊，幾次衝殺下來雙方死傷基本相當。這時意外發生了，淮西節度使魯炅被流箭射中。接下來魯炅的舉動更讓人意外，他居然不打招呼率領自己的部隊退出了戰場。魯炅這一退不要緊，要命的是他的部隊後面緊挨著的是郭子儀的部隊，被魯炅的部隊一衝，郭子儀的部隊也亂了。

更大的意外接著發生，沙塵暴來了。

沙塵暴毫無預兆從天而降，大風驟起，吹沙拔木，天地之間頓時變成漆黑一片，伸手不見五指，咫尺對面不能相辨，仗沒法打了。

六十萬唐軍驚了，五萬叛軍也驚了。驚慌之中，六十萬唐軍往南跑，五萬叛軍往北跑，不一會兒人都跑光了，只留下滿地的兵器和輜重。

這場無厘頭的奔跑對唐軍而言損失巨大，九個節度使中除了李光弼、王思禮將所屬部隊全建制帶回外，其他節度使都是損兵折將，包括名氣最大的郭子儀。郭子儀部隊戰前有戰馬一萬匹，現在只剩下三千匹，另外還有十萬件兵器遺棄殆盡。損失慘重的郭子儀總算保持了名將風度，儘管慌亂但頭腦依然清醒，他果斷地毀掉了河陽橋然後準備退保洛陽。

然而洛陽也保不住了，士兵百姓已經被兵敗的消息嚇破了膽。兵敗消息傳到洛陽後，洛陽官員和百姓便開始往城外跑，一直跑到洛陽城外的山谷藏身。

其中有兩位官員跑得更徹底，東京留守崔圓一口氣跑到二百二十公里以外的襄州；河南尹蘇震則一口氣跑到三百公里以外的鄧州。

洛陽守不住了，郭子儀只好引兵退到了河陽、缺門一帶，其餘八個節度使率領部隊返回各自戰區。從西元七五八年冬天，到西元七五九年春天，九大節度使、六十萬大軍在鄴郡前後整整圍了四個多月，結果被一場沙塵暴攪得功虧一簣。

更令人哭笑不得的是，驚慌失措的九大節度使都以為唐軍輸了，其實唐軍並沒有輸，因為唐軍在跑，史思明也在跑，而且一竿子跑到了河北沙河。我查了一下從河南安陽到河北沙河的直線距離，為八十八公里。

這本是一場沒有勝負結果的戰爭，只是郭子儀他們以為自己輸了，最後他們真的輸了。

安慶緒的末路

被沙塵暴颳得暈頭轉向的史思明一路向北狂奔，心中充滿恐懼，不過他還是留了一個心眼，他向剛才戰鬥過的地方派出一支偵察部隊。沒過多久，偵察部隊回來了：「大王，唐軍都跑了。」

史思明長出了一口氣，哦，都跑了，那咱們回去。

史思明在沙河集結了自己的隊伍，然後調頭返回了鄴郡，全軍駐紮到鄴郡城南。

如果唐軍也能派出一支偵察部隊，或許提前返回鄴郡的就是唐軍，只可惜九大節度使各自為戰都不負責，最後只能接受功虧一簣的結局。

鄴郡城下，往日的熱鬧早已不見，六十萬唐軍消失得無影無蹤。安慶緒打開城門一看，喜上眉梢，他讓人把唐軍的糧食收攏到一起，一統計居然有六七萬石之多，這下能吃頓飽飯了。

手中有糧，心中不慌。手中有糧的安慶緒召來孫孝哲和崔乾祐商量，經過商量達成共識：取消當初以皇位相讓的承諾，關閉鄴郡城門把史思明拒之門外。

這本來是個好主意，至少能讓安慶緒多活幾年。然而好主意遭到了眾人的反對，眾人對安慶緒說：「鄴郡城靠史王才得以保全，今日怎麼就這麼背棄史王呢？」

安慶緒被問得啞口無言，索性裝起了糊塗，不接話茬。

眼看安慶緒裝糊塗躲在鄴郡城不搭理自己，也不兌現「禮讓皇位」的承諾，史思明也裝糊塗。他既不跟安慶緒主動聯繫也不南下追擊唐軍，每日只在自己的大營裡犒賞將士，絲毫不提鄴郡城的事。史思明並不是真糊塗，他的心裡真有打算。在史思明看來安慶緒已經日薄西山，他的內部一定會起變化，自己只需靜心等待就一定能抓住安慶緒的破綻。

果不出史思明所料，安慶緒陣營中真有人動了活心眼。心思活絡的是「宰相」張通儒和「中書侍郎」高尚。

張通儒和高尚對安慶緒說：「史王遠道而來，臣等應該去參加以表謝意。」

話說的都是一切為公，事做的卻是一切為己，張通儒、高尚所謂的「拜謝」其實是給自己提前準備後路，以防萬一。安慶緒知道張通儒、高尚的心思，但他已經攔不住了，只能大方地表示：「你們隨便，願意去就去。」

張通儒、高尚要的就是這句話，出了安慶緒的「皇宮」便進了史思明的大營。史思明何等精明，他馬上熱烈接見了兩位，熱情招待之後還讓他們滿載而歸。

史思明本以為張通儒、高尚回去會說動安慶緒來見自己，然而整整三天過去了，安慶緒還是沒來，連封信也沒有。史思明決定再給安慶緒加把火。

這一回史思明動用的棋子叫安太清，身分是安慶緒手下的將軍。史思明秘密召見了安太清，教給他一套說辭，讓他回去說服安慶緒。安太清領命而去，不久效果出來了，安慶緒繃不住了。

連日來，張通儒、高尚、安太清不斷遊說安慶緒，讓安慶緒不勝其煩。這時安慶緒也看清了自己的現狀，以他的實力根本無法跟史思明耍無賴，他還是得老老實實地兌現承諾把「大燕皇帝」的皇位讓給史思明，不然這個坎他過不去。

安慶緒命安太清替自己給史思明寫了一道奏疏，在奏疏上他自稱「臣」，請史思明解除鎧甲進入鄴郡城，到那時他雙手將「大燕皇帝」玉璽獻上。

奏疏到了史思明手裡，史思明心裡樂開了花，不過臉上還故意裝作一臉嚴肅：「何至於這樣啊！」

壓抑著內心狂喜的史思明將奏疏在諸將中傳閱，此時「萬歲」的口號聲此起彼伏。被呼「萬歲」的感覺真好，儘管心中狂喜，史思明依然不動聲色，他要趁機給安慶緒挖一個坑。史思明親手給安慶緒寫了一封信，在信中他並沒有稱呼安慶緒為「臣」，他「飽含深情」地寫道：願我們結為兄弟之國，互為屏障、互相支援，與唐朝成三足鼎立之勢，並立於世。至於你尊我為帝，向我稱臣，絕不敢當。

熱情洋溢的信送到安慶緒手中，智商有限的安慶緒被深深地感動了，二大爺，太講究了！

安慶緒被感動沖昏了頭腦，他絲毫沒有意識到自己已經掉進了史思明的陷阱。他給史思明回了一封信，內容很簡單：要求與史思明歃血為盟。

安慶緒可能武俠小說看多了，他以為歃血為盟就能讓每個人遵守自己的誓言。殊不知任何盟誓都只是一個形式，本身並沒有意義。要命的是，安慶緒偏偏認為形式有用。

追求形式的安慶緒率領三百騎兵到了史思明的大營，一步一步走近了史思明的陷阱。安慶緒和四個弟弟一起被引到了史思明所在的庭院，安慶緒環顧四周發現所有的士兵都已經嚴陣以待。儀式夠隆重的。

安慶緒對著史思明下拜道：「臣沒有能力擔負大任致使兩京失守，自己還久陷重圍，不料大王因為太上皇（**安祿山**）的緣故長途奔襲前來解救，使臣得以復生，臣即便粉身碎骨也無法報答大王的恩德。」

安慶緒說這番話，其實就是跟史思明客套一下，他心裡惦記的是「歃血為盟」。安慶緒滿心以為史思明也會跟他客套一下，然後舉行盟誓儀式。

沒想到史思明突然翻臉，怒喝道：「丟失兩都不值得一提。你身為人子卻殺父奪位，天地不容。今天我要替太上皇討賊，豈能接受你的諂媚。」

接下來，安慶緒聽到了令他肝膽俱碎的一句話：「推下去，斬！」

安慶緒被推了出去，陪同他被斬的還有他的四個弟弟，以及他的政府高官高尚、孫孝哲、崔乾祐，他們的結局都是一刀兩段。

相比之下，從小想做大事的高尚就沒有嚴莊高明了，人家嚴莊一看形勢不妙果斷離去，而高尚最後卻跟著安慶緒一起遭遇了被斬首的命運。

仔細一算，從西元七五五年十一月安祿山范陽起兵開始，安祿山、安慶緒父子折騰了三年多的時間，安祿山「開創」了大燕帝國卻僅僅當了一年皇帝，安慶緒接過父親的接力棒也不過當了兩年皇帝，現在接力棒交給了二大爺史思明。

安慶緒一頁就此翻過，接下來一頁屬於史思明。

斬完安慶緒，史思明勒兵進入鄴郡城，他搖身一變成了這裡的主人。他接收了安慶緒的全部士兵，然後打開府庫當起散財童子。

西元七五九四月，史思明在范陽稱帝，自稱「大燕皇帝」，改年號為「順天」，封妻子辛氏為皇后，長子史朝義為懷王，周摯為宰相，李歸仁為大將，范陽定為國都。

是時候唱一齣大戲了，史思明暗暗對自己說。

棋逢對手

第十三章

分水嶺

史思明正春風得意，唐朝境內卻有兩位節度使正在暗自歎息。

淮西節度使魯炅是其中的一位，他的鬱悶無以復加。鄴郡大戰時他被流箭射中，然後不打招呼便退出了戰鬥，他一退導致六十萬大軍慘敗。更令他難堪的是在撤退路上九大節度使麾下士兵都有燒殺搶掠的紀錄，而他的士兵最為嚴重。魯炅不斷歎息，一世英名毀於一旦。

就在魯炅內疚萬分時，他又聽到了進一步消息：郭子儀率軍回到黃河北岸集結，李光弼率軍全建制返回太原。又氣又惱的魯炅最終沒有邁過這道坎，一狠心服毒自盡，享年五十六歲。魯炅是因鄴郡大戰而離去的第二位節度使，第一位是在軍中病逝的李嗣業。

魯炅之後，又一位節度使因鄴郡大戰落馬了，這個人居然是朔方節度使郭子儀。

他被人打了小報告。打小報告的不是別人，正是太監魚朝恩。

魚朝恩此前出任觀軍容宣慰處置使，就是因為他的阻攔，讓李光弼沒能下成牽制史思明的活棋。現在鄴郡大戰失敗，魚朝恩想找一隻替罪羊，選來選去郭子儀最合適。

魚朝恩選上郭子儀可謂一箭多鵰：第一，他本來就討厭郭子儀，覺得郭子儀太出鋒頭；第二，讓郭子儀當替罪羊，自己就能推卸責任；第三，也是最關鍵的，因為郭子儀功高震主。

久在李亨身邊，魚朝恩知道李亨心思。雖然郭子儀是中興名將，但李亨對郭子儀很忌憚，不然鄴郡大戰就不會不設主帥導致群龍無首。

小報告打到李亨那裡，效果立現，李亨馬上徵調郭子儀從洛陽返回長安另有任用。（史思明沒

有趁勢攻打洛陽的原因是因為郭子儀當時率軍駐守洛陽）

調令傳到洛陽，郭子儀歎息一聲。回想當年兩京剛光復時，郭子儀率軍返回長安，李亨握著郭子儀的手激動地說：「朕的家國，你有再造之功。」一聲猶在耳，境遇卻已天差地別。

歎息過後，郭子儀把失落深埋在心底，多年歷練早已讓他養成凡事不動聲色的本領，他從容應對，「欣然」領命。郭子儀淡定，手下士兵卻不淡定，聽說郭子儀要徵調回京，將士們都哭了，他們攔住郭子儀和傳旨宦官，強烈要求郭子儀留下。

郭子儀依然很從容，他對士兵說：「我只是給傳旨的宦官送行，並沒有要走。」眾人信以為真便讓開道路，郭子儀見狀提馬衝了出去，頭也不回直奔長安而去。

郭子儀走了，朔方節度使的位置空了出來，李亨轉手把這個位置給了李光弼，同時任命李光弼為天下兵馬元帥。李光弼接受了前者，拒絕了後者。

太扎眼了，還是讓一個親王當元帥吧。

李亨同意了李光弼的提議，轉而任命自己的兒子李係為天下兵馬元帥，李光弼為天下兵馬副元帥。這個任命是郭子儀、李光弼二人的分水嶺，從此郭子儀被迫退居二線，而李光弼則成為平叛的第一主角。

西元七五九年七月十七日，新任朔方節度使李光弼走馬上任，他率領五百名河東騎兵進入洛陽，連夜闖入朔方兵團司令部接收兵權。

李光弼一上任便體現出與郭子儀不同的作風，在他的要求下朔方兵團的面貌煥然一新。李光弼和郭子儀雖然都是中興名將，但治軍理念卻有很大不同，李光弼治軍嚴整，而郭子儀治軍寬鬆。

接手朔方兵團之前，李光弼已經做好思想準備，他預感到會遭到強烈排斥，卻沒想到朔方兵團的排斥會那麼強烈，居然有將領想把他驅逐出境。想把李光弼驅逐出境的是朔方左翼作戰司令張用濟，當時他正率軍駐防河陽，李光弼命他到洛陽晉見。接到命令後張用濟非常不悅，他已經聽說了李光弼夜闖朔方兵團司令部奪權的事情，對此他非常不滿。

張用濟說道：「朔方兵團不是叛軍，李光弼卻趁夜收權，對我們朔方兵團何至於猜忌到這種程度。」

張用濟越想越氣，他忍不下這口窩囊氣。張用濟召來諸將商量，大家一致決定率領精銳部隊突入洛陽驅逐李光弼，請回郭子儀。

說幹就幹，張用濟下令開始準備。千鈞一髮之際，朔方兵團總作戰司令僕固懷恩來了，僕固懷恩勸阻道：「鄴郡潰敗時郭公的部隊先潰退（**其實是魯炅的部隊先潰退**），朝廷問責，收回兵權是正常的。如今你們想強行驅逐李光弼請回郭公，這是違抗軍命、是謀反，你們覺得可行嗎？」

右翼攻擊司令康元寶也提醒道：「你以將士的名義請郭公回來，朝廷必定懷疑是郭公指使你幹的，你這是要讓郭公家破人亡啊。郭家上百口老少有什麼地方對不起你，你要陷他們於死地。」

兩人的話提醒了張用濟，張用濟只能按下驅逐李光弼的念頭。為了表示自己的順服，張用濟沒有帶隨從，一人一馬去見李光弼。

壞就壞在一人一馬上。

李光弼當時正率領數千名騎兵在汜水視察，這時張用濟來了。

李光弼看了張用濟一眼：「接到我的命令，為什麼不立刻動身？」

張用濟正想解釋，李光弼說道：「推出去，斬！」

一人一馬的張用濟就這樣結束了自己的旅程。

斬完張用濟，僕固懷恩又來晉見，李光弼招呼僕固懷恩坐下，兩人閒談起來。

不一會兒的工夫，看門人在李光弼耳邊低聲說道：「門口來了一批蕃渾部落騎兵，足足有五百人。」

李光弼臉色大變，僕固懷恩想幹什麼。

僕固懷恩早知其中原委，連忙走到大門口故作生氣地責怪領頭將領道：「告訴你們不用來，怎麼就不聽命令呢。」

李光弼倒打起了圓場：「士兵追隨將領，何罪之有啊。」

兩人打著哈哈回到屋內，酒宴不在話下。

張用濟、僕固懷恩同樣是晉見李光弼，結果一個悲劇、一個喜劇。張用濟的悲劇是因為他一人一馬，僕固懷恩的喜劇在於他率領了五百名騎兵，因此便有了截然不同的效果。

張用濟、僕固懷恩不同的境遇說明了安史之亂時唐朝軍隊內部已經非常不正常。士兵效忠的不是朝廷而是固定的某位將軍，安祿山的部隊如此，史思明的部隊如此，就連郭子儀的部隊也是同樣的情況。

如果張用濟也像僕固懷恩一樣帶上五百名騎兵，或許就有了完全不同的結局。說白了，戰亂年代最終還是靠刀把子、槍桿子說話。

一個月後，李亨又給李光弼加了官：幽州長史、河北節度使。

到此時，李光弼已經徹底超越郭子儀成為大唐王朝最紅的人。

又過了一個月，考驗李光弼的時刻到了，他的老對手史思明打上門來了。

大戰河陽

史思明一直想唱一齣大戲，現在他為自己拉開了帷幕。

史思明命兒子史朝清鎮守范陽，命屬下各郡太守各自領兵三千跟隨自己南下，大軍分成四路渡河，渡河後於汴州（開封）城下會師。

史思明大軍南下的消息傳來時，李光弼正沿著黃河巡查各營，聽到消息後李光弼不敢怠慢，帶著麾下騎兵進了汴州城。

李光弼對汴洲節度使許叔冀囑咐道：「你如果能在汴州堅守十五天，我一定帶兵來救你。」

許叔冀拍著胸脯打保票說：「大人放心，我一定堅守十五天以上。」

李光弼點了點頭，便離開汴州趕赴洛陽。

李光弼還是有點擔心許叔冀，他能堅守十五天以上嗎？轉念一想，君子一言駟馬難追，既然承諾了或許就能做到。

李光弼走後不久，史思明到了汴州城下。許叔冀想打史思明一個立足未穩，馬上率兵出擊。打了幾個回合，許叔冀發現沒有勝算便收拾人馬退回了汴州城內。

許叔冀盤算了一下自己手中的籌碼，怎麼算也不是史思明的對手，就拿這些籌碼如何支撐十五天？再說了，如果十五天後李光弼不來怎麼辦？

仗還沒怎麼打，許叔冀自己先洩氣了。這一洩氣便把對李光弼的承諾拋在腦後了。

不打了，開門投降。

許叔冀的主動投降讓史思明大感意外，原本他還準備在汴州打一場硬仗，現在汴州居然不攻自破，這都是許叔冀的功勞。狂喜的史思明大手一揮，給了許叔冀一頂他一生想都不敢想的帽子：中書令。

這投降，超值！

輕而易舉拿下汴州，史思明趁勝向西攻打鄭州，這時李光弼已經得知了許叔冀投降的消息，李光弼無奈地搖了搖頭，做人怎麼能無恥到這個地步。

李光弼緊急下令全軍戒備，緩緩往西退去。至於大軍退守哪裡意見並不一致，有人建議退守潼關，有人建議就在洛陽堅守。最後還是李光弼拍板，洛陽肯定守不住，不如退守河陽，那裡活動餘地大，可攻可守。

確定退守河陽後，李光弼連下兩道命令，一道命令給東京留守，命令他帶領洛陽所有官員家屬退入潼關；另一道命令給河南尹，命令他帶領洛陽官員百姓出城逃難。

兩道命令一下，洛陽又成了一座空城。

李光弼依然不慌不忙，他一邊督促士兵將洛陽城內的油、鐵等軍需物資運往河陽，一邊抽出五百騎兵親自殿後。一切布置停當，史思明的前鋒部隊已經逼近了洛陽東門外的石橋。

手下將士向李光弼請示道：「大人走北門，還是走石橋？」

李光弼朗聲說道：「當然走石橋。」

五百騎兵跟隨李光弼大搖大擺地從石橋退去，這時天色已晚，李光弼下令全軍點起火把，向著河陽方向緩緩退去。一路上史思明的前鋒部隊如同李光弼的影子緊追不捨，試圖找機會發動突襲，跟了一路卻一無所獲。接近河陽邊界，史思明的前鋒部隊不敢往前走了，只能悻悻而去，白白給李光弼當了一路保鏢。

李光弼前腳進了河陽，史思明後腳也到了洛陽。進入洛陽城，史思明倒吸一口涼氣，昔日繁花似錦的洛陽居然成了一座空城，空曠到什麼都搶不到的地步。史思明不免有些失望，這個洛陽城就是一個雞肋，食之無味，棄之可惜。

盤桓再三，史思明盯上了洛陽皇宮，按照他的本意是想住進皇宮找一找當皇帝的感覺。轉念一想，他打消了念頭，洛陽離河陽太近了，萬一李光弼殺一個回馬槍呢？那可得不償失。

史思明引軍退出了洛陽城，屯兵於白馬寺以南，同時下令在河陽以南興築月城，徹底擋住李光弼南下攻擊的線路，他要在河陽與李光弼掰一掰手腕。

西元七五九年十月初，史思明大軍兵臨河陽，為了激怒李光弼出兵，史思明派出一個謾罵高手——驍將劉龍仙。劉龍仙驅馬來到河陽城下，勒馬站定後把右腳抽出馬鐙架到馬脖子上，以一種極其輕蔑的姿勢開始對著河陽城謾罵。

城牆上，李光弼冷冷看著劉龍仙，回頭對諸將說道：「誰去把他幹掉？」

僕固懷恩主動請命：「我去！」

李光弼搖搖頭：「哎，這不是大將幹的活。」

李光弼的左右在諸將中巡視一圈，對李光弼說：「裨將白孝德可以。」

李光弼一聽，哦，快傳白孝德。

白孝德很快來到李光弼面前請戰，李光弼問道：「說吧，你需要幾個人？」

「我一個人足夠了。」白孝德說。

李光弼興奮地擊了一下掌，好，小夥子有志氣。

李光弼還是有點不放心，又追問道：「小夥子，你好好盤算一下，到底需要幾個人？」

白孝德回應道：「既然大人一定要給我配幫手，那麼就給我配五十名騎兵吧，他們只需走出大營門口做我的後援，同時請大人下令全軍為我擂鼓助威。」

李光弼痛快地答應道：「沒問題。」

白孝德收拾妥當，李光弼拍了拍他的背，千言萬語盡在不言中。

手持雙矛的白孝德縱馬踏入黃河，在河水較淺的地方橫渡而過，當他剛剛渡了一半時，僕固懷恩向李光弼道喜說：「白孝德贏定了。」

李光弼連忙問：「還沒有交手，你怎麼知道贏定了？」

僕固懷恩指著白孝德的背影說道：「你看他氣定神閒的樣子，就知道他胸有成竹，贏定了。」

白孝德款款渡過黃河，罵戰的劉龍仙也看到了他。劉龍仙往白孝德身後看了一眼，沒有發現其他人，他頓時放鬆了下來，就一個人能把我怎麼樣？

白孝德一步一步向劉龍仙接近，劉龍仙做好了動手的準備，這時白孝德卻衝劉龍仙擺擺手，那意思是說：我不是來打仗的。劉龍仙不知道白孝德葫蘆裡賣的什麼藥，便目不轉睛盯著白孝德看。

離劉龍仙還有十步的距離，白孝德停了下來然後開口說話。

劉龍仙依舊沒有把白孝德放在眼裡，嘴裡大放厥詞，謾罵不已。

白孝德呢？

他有一搭沒一搭地回應著，言語上明顯處於下風。

不知不覺間，劉龍仙已經著了白孝德的道。白孝德不是真的軟弱，而是以示弱的方式為自己和戰馬贏得戰前喘息的機會。感覺戰馬已經歇得差不多了，白孝德瞪大眼睛衝著劉龍仙喊道：「你這叛賊認識我嗎？」

「你是誰？」

「我，白孝德也！」

「是何豬狗？」

劉龍仙以為接下來還是口舌之爭，沒想到白孝德大呼一聲，手持雙矛撥馬向劉龍仙撲了過去，劉龍仙愣了一下。

與此同時，河陽城內鼓聲突然震天山響，五十名騎兵從大營門口衝出直奔黃河岸邊而來。劉龍仙暗叫一聲「不好」，連忙應對。然而白孝德距離他太近了，只有十步，張弓搭箭已經來不及了，只能撥馬繞著黃河大堤逃命。劉龍仙最終為自己的傲慢付出了代價，跑了沒多遠就被白孝德追上，白孝德一矛刺出，劉龍仙應聲落馬，再一刀，白孝德已經將劉龍仙的首級抓在手中。

抓著劉龍仙的首級，白孝德大搖大擺地回到河陽城中，河陽城中一片歡騰，河陽城外則是一片死寂。白孝德為李光弼贏得了一個開門紅。

首戰受挫，史思明沒有放在心上，勝敗乃兵家常事，不必在乎一時之得失，一切還得從長計議。深諳軍事的史思明知道攻城不如攻心，如果短時間內不能攻下城池，那麼就應該從敵人的心理上做文章，只要讓敵人產生懼怕的心理，接下來的事情就好辦了。

史思明拿出了自己的看家法寶——一千匹駿馬。為了展示軍威，史思明每天讓士兵將這一千匹駿馬拉到黃河南岸的沙洲上輪流洗澡，為的就是讓河陽城內由此產生恐懼的心理。

史思明沒有想到的是這個世界上很多事並不是天隨人願，李光弼非但沒有產生恐懼心理，他居然異想天開想據為己有。李光弼命令在全軍上下搜羅母馬，這一搜羅便搜羅到五百匹母馬和一大批小馬。李光弼把母馬和小馬一分為二，小馬全部拴在城中，母馬通通趕到黃河北岸。

不一會兒的工夫，效果出來了。城中的小馬嘶叫不停，黃河北岸的母馬也嘶叫不停，黃河南岸的一千匹駿馬也跟著嘶叫不停。不知哪匹駿馬帶了頭，黃河南岸的一千匹駿馬嘶叫著渡過黃河跑到了北岸，早有準備的李光弼微微一笑：「走，都趕回河陽城。」

消息傳到史思明那裡，他差點沒吐血，這個李光弼招數真夠損的。

史思明決定報復，他要燒掉河陽城外的浮橋，困死河陽城。家大業大的史思明組織了一支龐大艦隊，艦隊由兩部分組成，打頭的是火船，殿後的是戰船。火船的功能是燒斷浮橋，戰船的功能是登岸進攻。

史思明以為這一回李光弼會無法招架，沒想到李光弼還是有招。李光弼早料到史思明會打浮橋的主意，他早早準備了數百根結實的竹竿，竹竿的根部插入巨木裡固定，竹竿的頂部則裝上了不怕火燒的鋼叉。當史思明的火船接近浮橋時，竹竿便派上了用場，一下頂住了火船，火船前進不得，一下子就把自己燒成了一堆灰。火船的下場如此慘烈，戰船的下場也好不到哪去。戰船先被竹竿上的鋼叉叉住動彈不得，然後李光弼的士兵又把太原城使用過的巨砲派上了用場，幾個巨石下去，戰船全沉了。

忙活了半天，河陽城外的浮橋依然醒目地跨在黃河上，而史思明的火船燒成了灰，戰船沉了底。史思明又挨了李光弼一悶棍。史思明依舊不氣餒，既然河陽浮橋燒不掉，那就直接斷李光弼的糧道，糧道一斷，李光弼照樣玩完。

史思明的設想確實不錯，但很可惜李光弼也想到了，而且比他多想一步。預料到史思明要斷自己的糧道，李光弼親自率軍進駐野水渡（河南孟津北黃河渡口）進行戒備。夜幕徐徐降臨，部將們以為李光弼將夜宿野水渡，不料李光弼又引軍返回河陽，只命令部將雍希顥率領一千士兵留守營寨。

李光弼交代雍希顥說：「叛軍中高庭暉、李日越、喻文景都有萬夫不擋之勇，史思明一定會派他們其中一個今晚來抓我。我暫且離去，你留在這裡，如果叛軍來了不用跟他們打，如果他們投降就把他們一起帶回來。」

聽著李光弼的話，諸將面面相覷，大帥這是在說什麼？說醉話還是說夢話？他怎麼知道叛軍會來，而且有可能投降？

諸將聽不懂李光弼這番話是因為他們不了解史思明，而李光弼跟史思明交戰多次，史思明在他面前已經是一個透明人。史思明與李光弼，兩人的秉性以及招數彼此都很熟悉，就看誰的反應快一點，誰想得更周全一點。

就在李光弼說「夢話」的同時，老對手史思明正在部署。

史思明對李日越說：「李光弼憑藉堅城守城是一個高手，但野戰是個外行，今天他碰巧在野水渡，活該他倒楣。你帶五百鐵騎半夜去把他抓過來，如果抓不到你就別回來了。」

從史思明這番話看，野戰可能是李光弼一個軟肋，不然李光弼也不用連夜返回河陽，完全可以休息一夜，第二天一早再走。而李光弼偏偏連夜返城，說明他知道自己的軟肋，他要揚長避短。

李光弼比史思明高明的是他知道自己的軟肋，同時他也知道史思明知道自己的軟肋。

奉命夜襲的李日越率領五百騎兵於凌晨時分抵達李光弼的營寨外，這時他看到了令他十分驚詫的一幕：唐軍守將跟士兵都躲在壕溝後面休息，看到叛軍便開始吹口哨，大聲喊叫。

怎麼回事？

唐軍居然早有準備。

史思明不是說李光弼是個野戰棒槌嗎？怎麼會早有準備？

李日越意識到突襲計畫泡湯了，他壯著膽子問：「司空大人（李光弼）在嗎？」

雍希顥答：「昨晚就走了！」

李日越再問：「你們有多少人啊？」

雍希顥答：「一千。」

李日越問：「誰是主將？」

雍希顥答：「雍希顥。」

搞笑的問答結束後，李日越琢磨了半天，然後對部下說道：「這次讓李光弼跑了，就算勉強進攻也只能抓雍希顥充數，這樣回去我就死定了，不如就此投降。」

李日越真的就這麼投降了。

李日越投降後被李光弼委以心腹，不久高庭暉也投降了。

諸將徹底服了，恭維李光弼說：「大人收復這兩員猛將也太容易了吧。」

李光弼來了興致，娓娓道來：「這是人之常情。史思明常抱怨不能跟我野戰，這次聽說我去了野水渡便以為機會來了，一定能把我生擒。李日越沒能完成任務，自然不敢回去覆命，只能投降。高庭暉呢，才能在李日越之上，聽說李日越受我重用，他自然就動了心思，一切就這麼簡單。」

數次受挫，史思明賊心不死，他又一次捲土重來撲到河陽城下，這一次他重點進攻的是河陽南城，負責鎮守南城的是鄭陳節度使李抱玉。此前李抱玉與李光弼有一個君子之約。

李光弼對李抱玉說：「將軍能為我堅守南城兩天嗎？」

李抱玉問道：「兩天以後呢？」

李光弼說：「兩天後如果救兵不到，你可以棄城而去。」

李抱玉點點頭，就這麼定了。

史思明率軍連續攻打了兩天，南城岌岌可危即將陷落。

這時李抱玉派人給史思明傳話說：「別打了，我的糧已經盡了，明天一早投降。」

南下以來，史思明接受的投降不在少數，史思明以為這一次也不例外。

第二天一早，史思明來到河陽南城下，李抱玉正站在城樓上。李抱玉「羞澀」地一笑：「抱歉，我改變主意了，咱們接著打吧。」

惱怒的史思明立即揮軍攻打，這時他發現一夜之間李抱玉已經把河陽南城加固了，比以前更加難打。正在史思明想繼續攻打時，攻城大軍後面亂了，李抱玉不知什麼時候居然埋伏了一支奇兵。兩支唐軍裡應外合，史思明又吃了一個大虧，南城沒法打了，只能倉促退出戰場。

幾天後，史思明的部隊又來了，這次打頭陣的是「宰相」周摯，他選擇的主攻方向是河陽中城。河陽中城由李光弼親自防守，李光弼給中城構建了一個立體化防守體系，在營壘的外邊設有柵欄，在柵欄的外邊挖有壕溝，壕溝的尺寸很驚人，寬兩丈、深兩丈，人如果掉進去絕對爬不出來。

周摯的進攻很快開始了，李光弼命令荔非元禮（**接替李嗣業出任北庭節度使那位**）率軍進駐到中城外的羊馬城準備迎擊。羊馬城是一種相對簡易的營寨，營牆高度僅僅到普通人的肩膀，這種城的設置相當於給大營再增加一道防線。

荔非元禮出兵後，李光弼登上中城東北角，在那裡他豎起了他的指揮旗——一面醒目的小紅旗。李光弼放眼望去，戰場一切盡收眼底，這時周摯已經揮軍攻了上來。

周摯的攻打非常霸道，他率領士兵採用向前逐步平推的方式，在他們的身後跟著的是各種各樣的攻城工具。周摯在前面帶隊，史思明則在後面壓陣，在他們的聯合指揮下壕溝被填平了，叛軍從三個方向，兵分八路向中城挺進。柵欄被一個個砍倒，叛軍已經接近羊馬城了。

李光弼急了，這個荔非元禮怎麼眼睜睜看著叛軍填溝、砍柵欄卻無動於衷呢？

李光弼連忙派人去責問荔非元禮：「你眼看著叛軍填壕溝、砍柵欄卻無動於衷，為什麼呢？」

荔非元禮反問道：「司空大人究竟是想守呢，還是想戰？」

李光弼回應道：「當然想戰。」

荔非元禮一下樂了：「既然想戰，那麼叛軍替我們填壕溝砍柵欄，為什麼要阻攔呢？」

李光弼沉思了片刻：「不錯，我沒想到這一點，好好幹吧！」

說時遲，那時快，就在叛軍剛剛砍完最後一根柵欄，荔非元禮率領敢死部隊從羊馬城衝了出去，叛軍猝不及防一下子被衝退了數百步。連退數百步後，叛軍紮好了陣腳，再也不退了。荔非元禮眼角迅速掃過叛軍營陣，發現叛軍陣勢已經嚴密，如果強行進攻損失的將是自己。

荔非元禮衝敢死隊員使了一個顏色，撤！

荔非元禮又撤回了羊馬城，叛軍見狀再次逼了上來。李光弼在高處看得一清二楚，荔非元禮居然臨陣退卻，把他叫來，斬了！

令李光弼沒想到的是荔非元禮居然沒搭理他，只扔下了冷冰冰的一句話：「戰事正急，叫我幹什麼，沒空！」

傳令兵被荔非元禮噎了回去，荔非元禮擦了擦頭上的冷汗，這時他對左右說：「大帥此時叫我去是想斬我，我才不去呢，戰死沙場還能青史留名，被他無緣無故斬了什麼都留不下。」

在羊馬城據守許久之後，荔非元禮重新吹響進攻的號角，這時叛軍士氣已經被久攻不下的羊馬城耗掉了，正好給了荔非元禮進攻的機會。荔非元禮一陣猛攻，史思明的叛軍再次潰退。

南城、中城都失敗了，仗還能打嗎？

還能打！

史思明的宰相周摯依然不死心，他又引兵到了河陽北城。

此時身在高處的李光弼馬上帶領部將到了北城，站在北城的城牆上一看，李光弼有了信心：「叛軍兵雖然多，但吵吵嚷嚷，軍容不整，不足為慮。最遲到中午，我肯定帶領你們打敗叛軍。」

這一次李光弼說大話了。中午到了，叛軍依舊在北城外折騰。

李光弼召集部將問道：「依照上午的經驗，叛軍哪個方向最強？」

眾人說：「西北角。」

李光弼馬上點將：「郝廷玉，你去，需要多少兵馬？」

「五百騎兵。」郝廷玉說道。

「三百，就這麼多。」李光弼斬釘截鐵地說道。

李光弼接著問道：「還有哪裡強？」

「東南角。」

「論惟貞你去，你需要多少兵馬？」

「三百鐵騎。」

「二百。」

李光弼並不是沒有兵，他是故意的。深諳兵法的他故意不給將領足夠的兵馬，為的是激發他們「置於死地而後生」的勇氣。行軍打仗就是這樣，兵力永遠沒有絕對足夠的一天，當兵力相對不足時，只能靠勇氣彌補，以一當十。

布置妥當，李光弼最後向諸將交代道：「你們進入戰場後，看我的旗語行事。如果我的帥旗緩慢擺動，你們可以相機而動，隨意對戰；如果我的帥旗連續三次急速擺動到地面，則全軍一起發動總攻，與叛軍進行殊死一戰，膽敢後退者，斬！」

李光弼說完，拿出一把短刀插到自己的靴子裡，接著對諸將說道：「戰爭本身就很危險，我是國家的三公不能落到叛軍手中。萬一戰事不利，你們在前面陣亡，我自刎於此，跟你們作伴。」要麼同生，要麼同死，李光弼把自己跟諸將捆綁到了一起。沒有比這更好的動員。

決戰開始。

李光弼登上高處俯瞰戰場，他看到了讓他一喜一怒的兩幕：郝廷玉麾下的一名勇士，手持長槍居然一槍刺穿叛軍戰馬的馬腹，拔出長槍後又連續刺倒幾名叛軍；郝廷玉麾下的另一名勇士，打了幾下就不打了，不往前衝反而往回跑。

李光弼一指兩人的背影，前者賞綢緞五百匹，後者現在就去斬了。

不一會，郝廷玉居然跑回來了，李光弼心涼了半截：「郝廷玉敗退，大事不好！」

李光弼衝手下一指：「把他給我斬了！」

郝廷玉連忙擺手：「大帥別誤會，是我的戰馬中箭了，我回來換馬，不是敗退。」

換好戰馬，郝廷玉又衝了出去。

郝廷玉剛走，李光弼又看到了僕固懷恩和他的兒子僕固瑒，兩人因為攻擊不順，正準備往後撤。李光弼衝手下使一個顏色，瞬時有兩個手下拿著明晃晃的大刀就向僕固懷恩父子衝了過去。僕固懷恩父子一看李光弼的手下提著大刀向自己衝來，頓時一個激靈，別退了，接著衝吧！父子倆掉頭又殺了回去。

李光弼的眼睛從戰場上掃過幾圈，他覺得總攻的時刻到了。李光弼連續三次急速揮舞紅旗，向諸將發出了總攻號角，諸將一起吶喊著向叛軍撲了上去，最勇猛的就是僕固懷恩父子和郝廷玉。諸將的捨生忘死很快收到效果，叛軍再次潰退，被斬首一萬、生擒八千、溺死一千，其餘星散逃去。

北城終於告捷，這時士兵來報：史思明又在攻打南城。

諸將一聽，頓時緊張了起來，還要打？

李光弼擺了擺手：「不用緊張，南城不用打了。」

了解史思明秉性的李光弼知道他是想南北夾擊，只要讓他知道北城方向已經慘敗，他自然會收兵。不出李光弼所料，當李光弼把俘虜的叛軍士兵驅趕到史思明面前時，史思明頓時洩了氣，馬上收兵撤去。

河陽大戰就此結束。

河陽戰火漸漸平息，李光弼略微鬆了一口氣，他知道這不會是他與史思明的最後一戰，他們之間的較量還多著呢。

一年後，李光弼與史思明又打了一場大仗。

這一次李光弼居然輸了，而且輸得很難看。

造化弄人

第十四章

得失之間

河陽大戰告一段落，以史思明一敗塗地收場。

憑藉河陽大戰的勝利，李光弼走上了人生的巔峰，西元七六〇年正月十九日，李亨又為李光弼加了兩頂帽子：太尉、兼中書令，其他原有帽子保持不變。

此時李光弼是李亨眼中最紅的紅人，李亨指望他收拾山河，就像當年指望郭子儀一樣。走上巔峰的李光弼沒有讓李亨失望，他帶著高昂的鬥志進入到與史思明的纏鬥之中。

李光弼鬥志高昂，史思明也不含糊。儘管河陽大戰沒能從李光弼那裡討到便宜，史思明也不以為意，他權衡再三還是住進了洛陽皇宮，他要以這裡為起點向西一直打到長安。理想和現實總是充滿差距，史思明設想得不錯，不過由於李光弼擋在前面他很難向西前進一步。

深諳軍事的史思明變通得很快，他馬上調整部署改為向南、向東用兵，他派出將領向淮西、山東方向進軍，既然短時間內不能攻陷長安，那就先多攻點城、掠點地，反正不能閒著。

整個西元七六〇年，史思明和李光弼成為中原大地上最忙碌的兩個人。

在史思明、李光弼忙碌的同時，有一個曾經的忙人正在長安城中百無聊賴，他有一身殺敵的本領，只可惜別人不給他殺敵的舞臺。不用問，此人正是郭子儀。

從去年七月被調回長安後，郭子儀就過上了退居二線的生活，朝廷事務與他絕緣，偶爾用到也只是借用一下他的名字而不是他本人。

西元七六〇年正月，党項部落叛亂，蠶食唐朝邊境地區，眼看戰火即將燒到京畿地區，李亨坐不住了，連忙從邠寧戰區分割出一個渭北戰區，這兩個戰區成為迎擊党項部落的主要部隊。

誰帶領這兩個戰區出征呢？

郭子儀。

得到消息的郭子儀激動不已，終於等到重新掛帥出征的機會了。不久郭子儀發現白激動了。所謂郭子儀掛帥邠寧戰區和渭北戰區只是一個廣告，用一下「郭子儀」這三個字當招牌，跟郭子儀本人沒有關係。

郭子儀的賦閒就這樣一直繼續，直到有人給李亨提了一個醒：天下還沒有平定，不應該把郭子儀放在閒散的位置上。

李亨何嘗不知，只是他陷於兩難之中，一方面他想重用郭子儀，一方面他又怕郭子儀水漲船高，將來成為又一個安祿山。李亨既想用又害怕，心中充滿著「自相矛盾」。

不久李亨不「矛盾」了，因為他已經被党項部落攪得心煩，於是壯著膽子把郭子儀派出長安前往邠寧戰區鎮守，迎擊党項部落。

郭子儀沒到邠寧戰區鎮守之前，党項部落騷擾不斷，怎麼打都不退；郭子儀到任之後，奇怪的事情發生了，僅僅幾天党項部落就停止騷擾收兵而去。看來党項部落怕的是郭子儀這個人，而不是「郭子儀」這個招牌。

隨著郭子儀復出首秀成功，李亨又動了重用郭子儀的念頭，他想讓郭子儀帶兵直搗史思明的老巢——范陽。李亨此舉可能是延續李泌彭原對策的思路，把叛軍的老巢連根拔起，那麼叛軍就鬧騰不了幾天。

西元七六〇年九月二十一日，李亨下詔：郭子儀率各戰區軍隊從朔方出發直取范陽，取完范陽再回師平定河北叛亂。在此期間，英武軍等禁軍以及朔方、渭北、邠寧、涇原等戰區蕃族、漢族士兵共七萬人全歸郭子儀指揮。

如果這個詔書的內容得以實現，李亨有望在有生之年結束安史之亂。只可惜他是一個軟耳朵。

李亨下達詔書後，立刻有一個人上竄下跳起來，這個人就是太監魚朝恩。前面說過，正是魚朝恩嫉妒郭子儀把鄴郡大戰失利的責任全推到郭子儀頭上，最終導致郭子儀被罷免兵權。現在郭子儀即將東山再起，魚朝恩豈能坐視不理。

這時魚朝恩與李亨的距離起了關鍵作用。

十幾天後，郭子儀意識到自己又輸了，因為李亨的詔書下達之後再也沒有下文了。郭子儀歎了一口氣，或許這就是命。

在此期間，李光弼輾轉聽說了郭子儀的遭遇，作為曾經的同僚他很是同情，然而他也無能為力，有那麼個死宦官橫在前面，縱使你有心殺賊又能如何？

李光弼怎麼也不會想到，不久之後死宦官居然纏上了自己，進而影響了自己的一生。

慘敗洛陽

魚朝恩纏上李光弼是由一則謠言而起。

謠言內容如下：據守洛陽的叛軍士兵都是燕趙人，他們出征日久，思歸之心非常迫切，目前已經上下離心、軍心不穩，如果政府軍加以猛烈攻擊，洛陽城一定能攻破。

這則謠言不知何時何地出於何人之口，卻晃晃悠悠地在唐軍士兵口中傳播，又晃晃悠悠地晃進了魚朝恩的耳朵裡。魚朝恩當時駐守陝州（河南三門峽），身分還是觀軍容宣慰處置使。聽到這則謠言，魚朝恩眼前一亮，這不正是天賜良機嗎？此時不攻，更待何時？

自古的宦官這個群體的文化水準偏低、智商偏低，像蔡倫、鄭和那樣有追求的宦官畢竟是鳳毛麟角，只是因為善於琢磨皇帝心思就能得到沒有理由的恩寵。

智商不高的魚朝恩把這個消息報告給了李亨，李亨心裡便長了草，他早就想收復洛陽了，做夢都想。

魚朝恩幾次遊說之後，李亨徹底動心了。李亨動心一是因為洛陽是兩京之一，不得不收。另外一個原因是他想早點畢其功於一役，然後讓李光弼交出兵權，因為李光弼已經功高震主了。如果打敗史思明成功收復洛陽，進而攻取史思明的老巢范陽，那麼李光弼這隻蒼鷹也就用不上了，可以跟郭子儀一樣閒置。

沒有在安史之亂的環境中生活過是很難體會李亨複雜的心情，一方面他渴望大將們幫自己完成中興大業，一方面他又怕大將們成為新的安祿山、史思明，他已經見識了安史之亂的巨大殺傷力，因此對大將忌憚就成了他生命中的主題。

現在他不想夜長夢多，只想早一點結束讓他整日惴惴不安的戰爭。李亨下詔命令李光弼等人做好進攻洛陽的準備。

詔書下達不久，李光弼的奏疏到了：「叛軍兵鋒還很銳利，不可輕易進攻。」

李亨煩躁地將李光弼的奏疏扔到一邊，他不想聽這樣的話。

難道就沒有將軍支持朕的決定？

就在李亨惆悵之時，一封主張進攻洛陽的奏疏不期而至，奏疏是僕固懷恩寫的。按理說僕固懷恩是李光弼的下屬，他應該支持李光弼的決定，而不是跟李光弼唱反調。

僕固懷恩為什麼要這麼做？

因為他是郭子儀的老下屬，他看不慣李光弼的作派。

前面說過，郭子儀治軍寬鬆，李光弼治軍嚴整，這一寬一嚴就讓僕固懷恩一直看不慣李光弼。僕固懷恩早就習慣了郭子儀的寬鬆，他根本無法適應李光弼的嚴整，時間長了僕固懷恩與李光弼的關係成了滿擰，儘管面和但心是不和的。這次在進攻洛陽的問題上，僕固懷恩就跟魚朝恩站到了一起，他也主張向洛陽進軍。

僕固懷恩的加入讓魚朝恩和李光弼的爭執立刻分出了勝負。本來李亨就傾向魚朝恩，現在又加上僕固懷恩，李亨的東征之心再也攔不住了，李亨向李光弼下達了進軍洛陽的詔令。

李光弼的心被悲憤籠罩了，此刻他比誰都能理解當年被李隆基強迫出征的哥舒翰。當瞎指揮撲面而來時，你除了悲憤，還能幹什麼呢？

百般無奈的李光弼只能硬著頭皮出征，他命令鄭陳節度使李抱玉鎮守河陽，自己則會同魚朝恩、神策節度使衛伯玉一起進攻洛陽。這次出征從一開始就埋下了失敗的伏筆，因為李光弼是以己之短攻人之長。李光弼的強項是城市攻防戰，野戰是他的軟肋，現在他要拿他的軟肋攻擊史思明的特長。

史思明正在洛陽的邙山下等著他，正想跟他進行一場痛痛快快的野戰。

由此來看，此前的謠言可能就是史思明散播的，目的就是牽著李光弼的鼻子走。

西元七六一年二月二十三日，一個李光弼刻骨銘心的日子。當天李光弼率軍抵達洛陽城外的邙山，他一看邙山的地形立即決定依據邙山險要列陣。不料僕固懷恩表示反對，他想在平原列陣。

李光弼說：「依據險要列陣，進可攻退可守，如果列陣平原，一旦戰事不利就會功虧一簣，史思明深諳軍事，不可小視。」

李光弼說完，再次下令依據險要列陣。僕固懷恩再次反對。

如果僅僅按照隸屬關係而言，僕固懷恩沒有資格跟李光弼叫板，然而這次不同了，僕固懷恩背後站著的是魚朝恩，那可是皇家特派員。

兩人爭執不下，互不相讓。李光弼和僕固懷恩的爭執還在繼續，唐軍列陣於何地還在左右飄移，這時史思明嗅到了勝機，他要打唐軍一個措手不及。史思明率軍向尚未來得及列陣的唐軍發起了攻擊，唐軍一下就亂了，這時無論列陣險要還是列陣平原都來不及了，史思明的精銳騎兵已經不給機會。

唐軍很快被衝得七零八落，李光弼根本無法指揮，只能且戰且退。一仗下來，唐軍戰死數千人，軍械、輜重丟棄殆盡。一場醞釀中的超級大戰就因為一場針鋒相對的爭論泡了湯。

潰敗的李光弼和僕固懷恩引軍退守到聞喜（山西聞喜縣），魚朝恩和衛伯玉則退到陝州（河南三門峽），這時他們終於不爭論了。雪上加霜的是鄭陳節度使李抱玉放棄河陽城出走，史思明打了半天沒有打下的河陽城就這樣落到了史思明手中。

慘敗的消息很快傳到長安，李亨傻眼了，自己居然犯了與老爹一樣自毀長城、自亂陣腳的錯誤。長安再次被戰爭的陰霾籠罩，李亨只能往陝州增派軍馬，希望能擋住史思明西進的鐵蹄。

意料之外

洛陽的慘敗讓李亨過上了提心吊膽的日子，他擔心有朝一日史思明會打過潼關，挺進長安，如果那一天真的來臨，他就得跟父親李隆基一起再次逃出長安，重新品嘗四處流浪的滋味。但李亨沒有想到，警報居然自動解除了。

史思明死了。和安祿山一樣，死於自己兒子之手。史思明的死也和安祿山一樣與繼承權有關。

從發跡以來，史思明的軍事才能有目共睹，然而在卓越軍事才能的背後是他的殘忍好殺，屬下略有不合他意就會痛下殺手，有的甚至會株連到整個家族。因此跟隨史思明的人常年活在恐懼之中，他們都擔心有一天會莫名其妙死在史思明手中。

相比之下，史思明的長子史朝義口碑非常不錯，他為人謙虛謹慎、禮賢下士、愛護士卒，將士們更願意跟他親近、為他效力。然而就是這麼一個深受將士愛戴的長子居然不招史思明待見。

根子出在史思明的皇后辛氏身上。辛皇后是史思明最寵愛的女人，她比史朝義的母親更受寵，因而她的兒子史朝清也水漲船高，成為史思明最喜歡的兒子。史思明總覺得史朝清比史朝義好，這個想法根深蒂固，一直延續到他「稱帝」之後。

如果史思明僅僅是一個將軍，他不需要過多考慮繼承權，而現實的問題是他是「皇帝」，繼承權馬虎不得。「登基」之後，史思明就在想繼承權問題，思來想去還是想立史朝清為「太子」，他跟這個兒子有感情。

史思明順著這個思路延伸下去，他發現問題沒那麼簡單。如果立史朝清為「太子」，史朝義恐怕不會善罷甘休，古往今來皇子之間你死我活爭奪繼承權的例子太多了，為了安全起見就得殺了史朝義，免得將來成為史朝清的禍患。

儘管史思明是狼王，但他依然下不了手，虎毒不食子。史思明的猶豫一直在持續，漸漸地消息不脛而走，史朝義知道了史思明的心思。雖然史朝義表面不動聲色，但心中充滿了芥蒂，忍而不發。

洛陽邙山大勝之後，史思明想乘勝攻克潼關，便兵分兩路。一路由史朝義率領，從北道突襲陝州城，一路由史思明親自率領，從南道進軍。

西元七六一年三月九日，史朝義率領先鋒部隊抵達了礓子嶺（三門峽市南），本想打一個開門紅，沒想到卻遭到唐軍神策節度使衛伯玉的迎頭痛擊，立足未穩的史朝義很快敗下陣來。史朝義連續幾次組織反擊都被衛伯玉擊敗，只好引軍撤退。

史朝義出師不利讓史思明非常惱火，因為這一下便打亂了他的行軍部署。考慮到唐軍已經有了準備，史思明只能暫時中止西進計畫，引兵退到永寧（河南洛寧縣）。兩支部隊會師，史思明看到了「不成器」的史朝義，在他看來史朝義就是膽怯懦弱、沒有大將之才，史思明對左右說道：「他啊，終究難成大事。」

史思明的心裡起了殺機，他想將史朝義及其部將一起軍法從事。轉念一想，目前正是用人之際權且寄存他們的項上人頭。

時間走到三月十三日，史思明又交給史朝義一個任務：建造一座三角城。三角城是靠山而建的戰術城堡，史思明準備用來儲備軍糧，他給史朝義的工期是一天。

太陽偏西，史思明來驗收工程，到現場一看，主體都完工了，但牆體還沒有抹泥。史思明動了肝火，效率太低了，整整一天都沒幹完，居然連泥都沒抹。史思明命令左右就在現場監工，督促抹泥，不一會兒工夫泥抹完了。

史思明依然難消心頭之火，衝著史朝義說道：「等拿下陝州，一定斬了你這個狗東西！」

或許史思明只是說說而已，然而史朝義卻不只是聽聽而已。正是這句話要了史思明的命。

當晚史思明下榻於鹿橋驛站，給他擔任護衛的是心腹曹將軍。史朝義則下榻於當地旅店，與他在一起的是部將駱悅和蔡文景。史思明很快進入夢鄉，史朝義這邊卻睡意全無，他們都在琢磨史思明白天說過的話。

駱悅說：「不知道將來哪一天我等與大王都會死。自古就是有廢有立，請大王召曹將軍來一起共商大事。」

史朝義不敢表態，低著頭不作聲。

駱悅繼續說道：「大王如果不同意，我等今晚就去向唐軍投降，到那時大王你想自保都難。」

駱悅把史朝義逼到了牆角，他不得不表態。

史朝義哭了，他不想邁出那一步，然而他又不得不邁。一邊是要置他於死地的父親，一邊是威脅要離開他的部將，無論選擇哪一邊都是艱難的選擇。史朝義終於下定了決心，既然父不仁，就別怪子不義了。

史朝義說道：「你們好好去幹吧，別驚動聖人（當時稱呼皇帝為聖人）。」

這就是一句廢話，驚動的就是聖人，不驚動聖人怎麼成大事呢？

得到史朝義的許可，駱悅派人召來了給史思明宿衛的曹將軍。駱悅跟曹將軍一攤牌，曹將軍驚呆了，他下意識地想表示反對，但一看屋裡殺氣騰騰的氣氛，他腿軟了。眾怒難犯，看來人家已經準備好了，曹將軍艱難地點了點頭。

半夜，駱悅帶著三百全副武裝的士兵包圍了史思明下榻的驛站，宿衛士兵看到這麼多人闖入大為奇怪，然而一看領頭的居然有曹將軍，一個個都不敢動了，只能眼睜睜地看著他們進去。

在他們進去之前，史思明做了一個夢。在夢中史思明遇到了一件奇怪的事，一群鹿到水邊喝水，正要喝的時候水中的沙上來了，水卻乾了，沒有喝到水的鹿一個一個都渴死倒在了沙裡。

這個夢意味著什麼呢？

鹿，祿也，水乾鹿死，你的祿到頭了，你的路也到頭了！

從夢中醒來的史思明當時並沒有理解夢的含義，他迷迷糊糊地去了廁所。就在這個當口，駱悅帶兵進來了。駱悅一看史思明的床空了，頓時變了臉色，馬上持刀逼問史思明的近侍。近侍硬挺著不說，駱悅一刀一個，連砍幾個，這時一個近侍用顫抖的手指了指廁所方向，駱悅一個箭步衝了過去。

此時史思明已經意識到發生了兵變，他翻過圍牆，鑽進馬廄，裝好馬鞍，一翻身上了馬。只要騎馬衝出驛站，他就能找到一條生路。就在史思明準備騎馬衝出驛站時，駱悅的手下抬手射出一箭，正中史思明的臂膀，史思明應聲落馬，束手就擒。

史思明怒問道：「帶頭作亂的是誰？」

駱悅說：「奉懷王史朝義之命。」

史思明明白了，都是說話惹的禍。

史思明歎息一聲，說道：「我白天說錯話了，應該有這個報應。然而你們殺我太早了，為什麼不等我攻克長安呢？你們這樣終究成不了大事的。」

駱悅沒有再給史思明解釋的機會，一行人把史思明押到柳泉驛站囚禁了起來，然後向史朝義彙報：「大事告成。」

史朝義明知故問道：「沒驚動聖人吧？」

駱悅回應說：「沒有。」

虛偽到家了。

擒住了史思明，事情只成功了一半，接下來是接收史思明所率領的後軍。此時後軍正由宰相周摯、許叔冀率領，駐紮在福昌（河南宜陽縣西福昌鎮）。史朝義先派許叔冀的兒子前去通知周摯和許叔冀兵變的消息，許叔冀毫無反應，周摯當場暈倒。

這次暈倒要了周摯的命。隨後史朝義率軍到了後軍大營，許叔冀和周摯出來迎接，史朝義順勢拿下了周摯，斬首。誰叫你忠於史思明。

接收完後軍，駱悅馬不停蹄趕到了柳泉驛，史思明還在這裡苟延殘喘呢。駱悅看了史思明一眼，他知道自己已經把史思明得罪到家了，他多活一天自己就危險一天，還是趁早解決吧。駱悅下了死手，他用一根繩子結束了史思明波瀾壯闊的一生，然後用氈毯裹住屍體放到駱駝的背上，史思明就這樣被駱駝馱回了洛陽。

如果從他跟隨安祿山范陽起兵開始算起，到此時不過五年多的時間；如果從他誅殺安慶緒算起，到此時不過兩年時間；如果從他自稱「大燕皇帝」算起，到此時還不滿兩年。

現在一切都結束了，那個自命不凡、與李光弼、郭子儀棋逢對手的史思明已經消失了，留下的只是駱駝背上那已經發硬的屍體。這是安史之亂中死去的第三個「皇帝」，他們都沒能逃脫死亡接力棒上暗含的咒語。

接下來還會有第四個，那個在洛陽稱帝的史朝義。

回到洛陽，史朝義登基稱帝，改年號為「顯聖」。登基儀式結束，史朝義馬上著手一件大事，他要讓多年的鬱悶之氣一吐了之。史朝義給「散騎常侍」張通儒下了一道密詔：誅殺史朝清、辛皇后以及其他數十位不聽命令的官員。

范陽頓時陷入一片混亂之中。忠於史朝義的部隊，與忠於史朝清的部隊在范陽城中打成一團，足足打了數月，死了數千人。惡戰的結果是史朝清、辛皇后跟隨史思明而去，再也無法與史朝義爭奪「皇位」。

隨後史朝義委任大將李懷仙為范陽尹、燕京留守，顯然史朝義把李懷仙視作可以信任的人。他哪裡會想到幾年後就是這個李懷仙飛起一腳將他狠狠踹進了地獄。

坐上皇位的史朝義長長出了一口氣，他再也不用過提心吊膽的日子了，那個時常想將他置於死地的父親已經去了，世上應該沒有人再能威脅他的生命，他安全了。

真的安全了嗎？未必。

此時的洛陽已經是一座孤城，方圓數百里內的州縣都是廢墟，縱使史朝義想搶都沒有可以下手的地方。更糟糕的是雖然他自稱「大燕皇帝」，但他這個「皇帝」的輻射半徑已經大大降低。

史思明在世時還能勉強約束那些飛揚跋扈的節度使，史思明不在了，那些節度使根本不買史朝義的帳。試想節度使們當年都是安祿山舊將，與史思明平級，只不過史思明號稱二號狼王他們才勉強聽史思明的差遣。現在二號狼王已經去世，二號狼王的狼崽子想拿雞毛當令箭，別白日做夢了。

自此「大燕帝國」的節度使們多數不聽史朝義的指揮，只是保持名義上的鬆散直屬關係而已。「大燕帝國」表面看上去還跟原來一樣龐大，但實際上已經風雨飄搖。

史思明臨終那句話發自肺腑：「你們這樣終難成大事！」

一語成讖。

峰迴路轉

如果從西元七五五年安祿山范陽起兵開始算起，歷史舞臺上活躍著四個主要軍事人物，分別是安祿山、史思明、郭子儀、李光弼。安祿山、史思明死後，主要人物就剩下郭子儀和李光弼兩個。

歷史總是充滿了玄機，在史思明發生意外之後，郭子儀和李光弼的生活也發生了意外，所不同的是李光弼從此走上了下坡路，而郭子儀則東山再起。

李光弼走上下坡路與洛陽慘敗有關。洛陽慘敗之後，李光弼主動上疏請求處分，同時堅決辭讓太尉頭銜，李亨考慮再三還是同意了。不久李亨任命李光弼為開府儀同三司、侍中、兼河中節度使，雖然依然位高，但與以前相比含金量已經明顯下降。

從這個任命來看，李亨有意把李光弼放到冷板凳上，就像當年對待郭子儀一樣。然而李亨是一個搖擺不定的人，儘管他一度想把李光弼閒置，但轉念一想，普天之下還能找出幾個像李光弼一樣的將領？不行，這樣的人不能閒置不用。

一個月後，李亨再次任命李光弼為天下兵馬副元帥、太尉、兼侍中、兼河南、淮南、山南東道等八戰區特遣部隊元帥，率軍鎮守臨淮（江蘇盱眙縣淮河北岸）。

這個任命意味著李亨對李光弼依舊信任，不過略打了一點折扣，從此他不用在平叛一線奮鬥，而是退到了平定叛亂的二線。從此時起，他與河南、河北主戰場漸行漸遠，他更多地在江淮一線奮戰，雖然也非常重要，但與昔日已經不可同日而語。

對李光弼而言，更加不利的是他在無形中得罪了宦官魚朝恩，從此魚朝恩視他為眼中釘。不僅魚朝恩對李光弼充滿敵意，魚朝恩的朋友、同為宦官的程元振也看李光弼不順眼，這兩個宦官在敵視李光弼的道路上「同仇敵愾」。

正是因為兩個宦官從中作梗，李光弼與長安皇室的關係越來越疏遠，從當初的親密無間發展到最後的相互猜忌，而李光弼的功績也隨著與皇室關係的疏遠被漸漸漠視。於是這個唐朝中興戰功第一的戰將離長安越來越遠。

在李光弼與朝廷漸行漸遠的同時，郭子儀卻東山再起了。他的東山再起是形勢所逼。準確的說，是兩起駭人聽聞的兵變所逼。

西元七六二年，當唐朝軍隊還在與史朝義叛軍纏鬥不已的同時，河東、朔方兩大兵團發生了兵變。首先發生兵變的是河東戰區，起因是一匹馬。

當初王思禮任河東節度使時，在他兢兢業業、克勤克儉的經營下，河東戰區除了滿足自己的軍需外還節餘一百萬斛大米，王思禮主動上奏將五十萬斛大米運抵長安，充實長安國庫。

就是這麼殷實的家底，在王思禮去世後很快就被折騰光了。接替王思禮的人是一個好好先生，管理鬆散而且縱容左右貪污，僅僅幾個月時間王思禮的倉庫就被折騰光了，偌大的倉庫裡只剩下一萬斛大米，而且還是發黴變質的陳化糧。

李亨很快得到了舉報，便把接替王思禮的人撤職查辦，同時調原淮南東道節度使鄧景山接任河東節度使。鄧景山臨危受命不敢大意，一進入河東戰區就開始調查糧食腐敗案，這一查河東戰區的將領幾乎人人有份，河東戰區陷入集體腐敗的漩渦。

如果鄧景山是個吏治高手，他應該將陷入集體腐敗漩渦的將領們區別對待，懲罰罪大惡極者，放過隨波逐流者。這樣儘管會讓多數人沾了便宜，但可以最大程度穩定人心。然而他並沒有這麼做，他把案子掛了起來，懸而未決。這下將領們都忐忑了起來，他們不知道哪一天會受到鄧景山的重罰。

這時正巧發生了一件事，一位裨將觸犯了軍法，按律當斬。眼看同事將被斬首，其他將領有些於心不忍，便一起向鄧景山求情，請求鄧景山放裨將一馬以觀後效。鄧景山態度決絕地予以拒絕。

隨後裨將的弟弟向鄧景山求情：願意替兄長去死，以自己一命還兄長一命。

鄧景山還是拒絕。

最後有人向鄧景山獻了一匹馬，想用這匹馬為裨將贖罪。鄧景山居然鬼使神差地同意了。

河東戰區炸了鍋，眾將一下子發了狂：「我們居然連一匹馬都不如。」

欺人太甚！

西元七六二年二月三日，眾將發動兵變將鄧景山斬於軍中。在此之後，諸將一起向李亨上疏：請求任命都知兵馬使、代州刺史辛雲京為河東節度使。

接到奏疏的李亨大吃一驚，他明明知道這是一場兵變，但他不敢追查到底，如果再追查下去，誰能保證不發生下一次兵變？

李亨感慨了一聲便不再追究，同時任命辛雲京為北都留守、河東節度使。

生逢亂世，連皇帝都要學會妥協。

河東戰區兵變發生不久，朔方兵團也發生了兵變。

兵變發生之前，朔方等兵團特遣部隊駐紮在絳州（山西新絳縣），負責統御他們的是特遣部隊總指揮官李國貞。

李國貞原名李若幽，原本在長安當宮中總管（殿中監），深得李亨賞識。後來李亨便把他派到絳州，出任朔方等特遣部隊總指揮官，這是一個關鍵職位，一般人李亨信不過。臨行之前，李亨還給李若幽起了個新名字：李國貞。希望你忠君愛國，成為國之棟樑。

帶著李亨的殷切期許，李國貞來到了絳州。他一到絳州便暗暗叫苦，絳州的情況太糟糕了。由於近幾年戰亂頻仍，農業生產無法正常進行，因此民間發生饑荒，政府應收的糧食、稅賦都無法足額徵收，即使想強行搶奪都沒有可以下手的地方。

這樣一來，駐紮絳州的士兵就慘了，不僅糧食短缺，而且皇帝的賞賜也多數是空頭支票，口惠而實不至。目睹絳州慘狀，李國貞不斷向李亨上奏疏告急，然而李亨卻沒有給他回覆。李國貞一下成了眾矢之的，嗷嗷待哺的士兵都恨他。這時一個叫王元振的突將活躍了起來，他想發動一場兵變。

論起來，王元振算是郭子儀的舊部，跟隨郭子儀多年。他想發動兵變，一是因為軍中伙食實在太差，二是因為李國貞軍法森嚴，與郭子儀的寬鬆可謂天壤之別。王元振這次兵變是在押寶，他想通過這場兵變把郭子儀請回來，一旦郭子儀順利回歸朔方兵團，王元振不就是首功一件嗎？

算盤打得很精。

兵變之前，王元振散布了一個謠言：明天總指揮官李國貞要修建住宅，所有士兵都要拿上工具去勞動，一早到他住宅門口集合。謠言一出，士兵譁然，不給我們吃飽也就算了，還要白白盤剝我們的勞力，大家紛紛說道：「我們朔方勇士難道是修房子的民工嗎？」

是可忍，孰不可忍！

二月十五日，王元振率領手下士兵發難，先是放火燒毀了內城城門，然後向李國貞的住宅發動了攻擊。李國貞一見情勢不好連忙跑進監獄避難，然而還是沒能逃脫。王元振抓住了李國貞，把將士們平常吃的伙食放到他面前，質問道：「將士們吃這麼差，還要讓他們出苦力，可行嗎？」

李國貞辯解道：「我沒有下令為自己修房子，根本沒有這回事。至於軍中伙食問題，我已經屢次上奏，可是朝廷沒給我答覆，這些你們都知道啊！」

眾人一聽李國貞如此說，意識到此前的傳說是謠言便準備轉身離去。王元振一看眾人要散，心裡一驚，他知道只要眾人散去他就沒有好果子吃。

王元振大聲說道：「今日之事，何必再問。李國貞不死，咱們都得死！」

王元振揮手一刀，李國貞徹底「國貞」了。

眾人本不想鬧到這個地步，然而事已至此已經由不得他們了，他們都被王元振「綁架」了。

這個世界上，感冒可以傳染，禽流感可以傳染，連兵變也可以傳染。

幾天後，駐紮在翼城（山西翼城縣）的鎮西、北庭特遣部隊也發生了兵變，節度使荔非元禮沒有死於李光弼之手卻死於兵變士兵之手。推演兵變的起因，罪魁禍首也是糧食短缺。

兩起兵變消息傳到長安，李亨徹底震驚了，震驚之餘他任命裨將白孝德（**河陽大戰使雙矛勇擒劉龍仙那位**）出任北庭節度使，暫時安撫一下翼城的軍心，至於如何安撫絳州的軍心，他的心中是一團亂麻。

絳州駐紮的是朔方等主力兵團，由於群龍無首軍紀已經敗壞，燒殺搶掠時有發生，將領們想壓制都壓制不住。更令人擔心的是如果混亂蔓延下去，絳州兵變士兵可能與太原士兵聯合，倘若他們一起向史朝義的叛軍投降，後果將不堪設想。

如今當務之急，還是得由一個德高望重的老將出馬到絳州安撫軍心，只要絳州安定了，太原就會安定。讓誰去絳州呢？

若論德高望重，除了郭子儀、李光弼還能有誰？而李光弼剛剛遭遇洛陽慘敗，威信掃地。此時捨郭子儀，還能有誰？

危急的形勢將李亨逼進了牆角，進而把郭子儀逼上前臺。儘管猜忌、儘管有人從中作梗，但李亨已別無選擇，因為只有郭子儀才能化解絳州的危局。

二月二十一日，李亨下詔封郭子儀為汾陽王，擔任朔方、河中、北庭等兵團元帥，兼興平、定國等軍副元帥，同時向絳州調撥綢緞四萬匹、布五萬匹、米六萬石以供軍需。

如果早點撥付，李國貞就不必犧牲了。

三月十一日，郭子儀即將走馬上任，就在這時李亨患病，百官都無法見李亨一面。

郭子儀急了，他必須見李亨一面，不然他寢食難安。郭子儀著急，一半為公，一半為私，此去絳州再次大權在握，他必須得到李亨的充分信任，不然在前線立再多的功，也抵不上宦官的一次小報告。

郭子儀在奏疏中懇切地寫道：「老臣受命出征，可能將死在外面，不見陛下一面將來恐怕死不瞑目。」

奏疏起到了作用，李亨把郭子儀召入臥室，就在病榻上接見了郭子儀。

李亨對郭子儀說道：「河東之事，都託付給你了。」

一句頂一萬句，郭子儀要的就是這句話。

五月初，郭子儀抵達絳州，王元振的計畫幾乎接近成功。只要郭子儀稍有一點「良心發現」，王元振的前途便一片陽光燦爛。

郭子儀很快地給之前的事件定下了一個基調：你們駐紮在瀕臨叛軍的邊境線上卻無故殘殺主將，如果叛軍趁機進攻，絳州將不復存在。我身為宰相，怎麼能因一名士卒的私情而辜負國家大義。

五月二日，王元振及其同謀四十人被郭子儀處斬。消息傳到太原，新任河東節度使辛雲京如法炮製，將殺害鄧景山的數十人斬首示眾。從此軍紀好轉，絳州、河東的局面穩定了下來。

東山再起的郭子儀心情大好，他準備大展拳腳，大幹一場。

然而人在仕途環境叵測，縱使是郭子儀這樣的中興名將，也無法把握住王朝的脈搏，於是他的命運便隨著皇帝的更迭起起伏伏。

二帝歸天

第十五章

從奴到臣

學過歷史的人都知道，「安史之亂」是大唐王朝的分水嶺。「安史之亂」前唐朝國力蒸蒸日上，一派盛世景象；「安史之亂」後國力迅速衰退，國內藩鎮林立。而與此同時，唐朝的皇宮內部在不經意中也發生了變化，最典型也最致命的便是宦官完成了「從奴到臣」的轉變。以前宦官僅僅是皇帝的家奴，現在宦官已經從奴搖身一變成了臣。

「從奴到臣」的發端應該是從李隆基時代開始。在李隆基時代，著名宦官楊思勗經常帶兵出征，無形中他就被李隆基當成一名將軍使用。在楊思勗之後，高力士在王朝政治中扮演重要角色，只不過他並沒有在朝中擔任顯要官職，因此他「臣」的身分並不是很明顯。

真正標誌著唐朝宦官完成「從奴到臣」轉變的是李亨寵信的宦官——李輔國。

如果從履歷看，李輔國的前半生就是失敗二個字。李輔國原名李靜忠，從小家境貧寒，為了謀生也為了改變命運，李靜忠便主動閹割進宮當了一名小宦官。由於李靜忠長得比較醜，一般人都不喜歡他，因此李靜忠在從小宦官成為大宦官的過程中一路坎坷。後來李靜忠投到了高力士名下，指望著跟隨高力士出人頭地，然而高力士跟一般人一樣對他很不待見。

李靜忠在高力士跟前苦熬到四十多歲，才得到一個微不足道的機會：到皇家飛龍馬廄記帳。說是記帳，其實就是當一名普通馬童，順便幫馬廄記一下帳，這就是李靜忠侍奉高力士多年得到的結果，據說高力士還是看在他略通文墨的面子上，不然連這個機會也沒有。李靜忠從此在馬廄記帳，心中充滿了對高力士的怨恨，李靜忠對高力士的怨恨隨著時間的推移漸漸地生根發芽。

或許老天看李靜忠前半生太苦了，於是給他的後半生安排了兩個貴人。第一個貴人叫王鉷，此人是李林甫面前的紅人，在朝中擔任多個職務，閑廄使是他眾多職務中的一個，王鉷就這樣與李靜忠有了交集。

作為李靜忠的上司，王鉷用心觀察了李靜忠。時間一長，他發現了李靜忠身上的優點：工作兢兢業業，而且勇於舉報同事的貪污，更關鍵的是他養的馬比別人養的馬都肥，說明他比別人用心。王鉷一高興，便把李靜忠當寶貝一樣介紹給另外一個人，這個人是李靜忠人生中的第二個貴人——皇太子李亨。

如果沒有「安史之亂」，李靜忠可能僅僅是李靜忠，不會成為後來的李輔國。

西元七五五年十一月，安史之亂爆發，李靜忠跟隨李亨踏上逃亡之路。在別人還在惶惶不知所措時，李靜忠卻用自己敏感的政治嗅覺發現了天賜良機。李靜忠在馬嵬坡空前地活躍，他先是參與了誅殺楊國忠的密謀，後來又建議李亨與李隆基分道揚鑣向靈武進軍。

如果說以前的李靜忠是一個貼身宦官，那麼從馬嵬坡起他就變成了貼心宦官。從貼身到貼心，看似一字之差，對李靜忠而言卻是天差地別。

抵達靈武郡後，李靜忠又跟其他大臣一起勸說李亨登基，他是擁立李亨登基的人群中最起勁的一個。

從此之後，李靜忠不再是以前的李靜忠，他成為李亨眼中不可或缺的人。登基之後，李亨將李靜忠擢升為太子家令、代理元帥府行軍司馬，重用的跡象已經昭然若揭。這時李亨動了給李靜忠改名的念頭，李靜忠別叫了，以後叫李護國吧。

李靜忠馬上順竿爬，跪地高喊：「臣李護國謝恩。」

李護國叫了沒幾天，李亨又對他說：「李護國別叫了，以後你就叫李輔國吧。」

李輔國就此閃亮登場。

改名成功的李輔國從此扮演起重要角色，全國各地來的奏章、行軍印信等重要物件都由他保管。而李輔國也不負眾望，他事事小心、事事用心，一舉一動深得李亨賞識。

如果人生有前世，那麼李輔國的前世一定是一條善於偽裝自己的變色龍。在李輔國青雲直上的過程中，他非但沒有引起別人的猜忌和打壓，反而得到不少幫助，這都得益於他善於偽裝，而且偽裝得很徹底。

就是一個簡單的不吃肉，都成了他標榜自己的理由。

李輔國雙手合十說：「這是因為我追求佛家的修行。」

久而久之，李輔國「慈善」的形象盡人皆知，人們都以為他是一個性格柔和、心地善良的好人，卻不知道這一切不過是人家的馬甲。

兩京收復之後，李輔國的好日子來了，他跟隨李亨進入長安分享勝利果實。

進入長安，李輔國完成了「從奴到臣」的轉變，他一下子接過了許多擔子：殿中監、少府監、閑廄、五坊、宮苑、營田、栽接總監使、兼隴右群牧、京畿鑄錢、長春宮等使。以前這些職位多數由楊國忠、王鉷、安祿山等大臣擔任，現在李亨信不過大臣了，他只信得過李輔國。

除了給李輔國身上加擔子，李亨還給李輔國破天荒的封賞：封成國公，實封五百戶。

宦官封國公、享實封，這在唐朝歷史上還是第一次，與李輔國一起分享這特殊封賞的還有李輔國曾經的上司——高力士。不同的是李輔國是李亨的人，而高力士是太上皇李隆基的人。

此時的李輔國再也不是當年那個看高力士臉色唯唯諾諾的小宦官，他成了新科皇帝身邊最紅的宦官，比當年的高力士有過之而無不及。

眾所周知，唐朝中後期宦官勢力扶搖直上，不僅干預朝政而且掌管禁軍，實力大到可以廢立皇帝的地步。如果追究宦官掌握禁軍的源頭，始作俑者還是李亨，而第一個吃螃蟹的則是李輔國。

李輔國在擔任諸多官職的同時，還受李亨委託掌管北衙禁軍，為了讓李輔國工作方便，李亨特意給李輔國在宮中準備了一套住房。

這還不算完，原本皇帝的敕令要由中書省發出，現在改由李輔國簽字後才能發出。至於宰相和百官則離皇帝越來越遠，有時政府發生緊急事務都需要向李輔國奏報，然後由李輔國向皇帝奏報，最後皇帝的旨意再由李輔國向宰相和百官轉達。朝廷格局一旦到了這個地步，李輔國想不紅都難。

和當年的張易之、張昌宗兄弟一樣，人一紅自然就會有人主動湊上來，宰相李揆就是其中一個。明明李揆出身崤山以東的名門望族，與李輔國的李姓八百竿子打不著，而李揆卻不這樣認為，他直接以李輔國的子侄自居，一見面便乾脆俐落地喊「五爹」（李輔國在家中排名第五）。眼看李揆如此投入血本，百官乾著急也沒辦法，於是只能退而求其次喊一聲「五郎」。

「五爹」也好，「五郎」也罷，只說明了一個事實，李輔國很紅。

不久李輔國的紅又添了濃墨重彩的一筆，皇帝李亨居然給他操辦了一門親事。

在開元天寶年間，高力士曾經迎娶了一個小吏的女兒，開了宦官正式娶妻的先河，如今李亨更上一層樓，他給李輔國選的人家比高力士岳父家的門第高得多。李亨選的是前任吏部侍郎元希聲的侄孫女。

經過這次聯姻，元家得到了豐厚的回報，李輔國妻子的叔叔一舉進入高官行列，而李輔國的岳父則升任梁州長史。

誰說只有讀書改變命運？

婚姻也能。

太上皇搬家

爆紅的李輔國在長安城中肆意地享受著勝利果實，心情不是一般的好，多年媳婦熬成婆，換作誰也會興奮不已。

然而興奮的李輔國也有不興奮的時候，那就是遇到高力士時，他在高力士那裡從沒有找到過舒坦的感覺，因為高力士依然不把他放在眼裡。在別人看來李輔國已經是炙手可熱的紅人，而在高力士眼中他還是當年的李靜忠，當年那個不招人待見、四十多歲才當上馬童的小宦官，僅此而已。

和所有暴發戶一樣，李輔國渴望得到別人的認可，尤其是在他發跡之前那些輕視他的人，只有在那些人面前挺直腰板，李輔國才能真正有揚眉吐氣的感覺。遺憾的是李輔國在高力士的面前始終無法揚眉吐氣。李輔國不甘心，他不相信自己在高力士面前找不回面子，無論如何一定要在高力士面前找回丟失多年的面子。

李輔國仔細分析了自己和高力士，他清醒地認識到自己和高力士只不過是兩隻狗，一隻跟著李亨，一隻跟著李隆基。現在想要蓋過另一隻狗，根本的辦法就是從主人身上入手，只要把主人身上的文章做足，那麼要戰勝那隻叫作高力士的狗並不難。

李輔國說幹就幹，他要在李隆基、李亨父子身上做文章，只要把李隆基這個太上皇打落下馬，看高力士還能猖狂幾天？換作別人一般都不敢在李隆基、李亨的父子關係上做文章，而李輔國不是一般人，他知道李隆基、李亨父子關係中的軟肋，那就是互不信任、相互猜忌。

儘管李隆基已經將傳國玉璽交給李亨，但李亨對李隆基的猜忌從沒停止，畢竟自己這個皇帝是「先上車後買票」，萬一哪一天太上皇拿出一份「密詔」，自己的「皇帝」頭銜可能就過期了。

李亨對李隆基採用了兩面派的手法，一方面他在暗中監視李隆基，一方面他在李隆基的面前將仁孝進行到底。最典型的例子是，每逢李隆基駕幸華清池，李亨都會迎來送往，而且每次親自為父親牽馬至少一百步以上。

父子倆在相互猜忌中營造著「父慈子孝」的局面。李隆基住興慶宮，李亨住大明宮，李亨經常通過兩宮之間的通道去看望李隆基，而李隆基偶爾也前往大明宮看望李亨，甚至有幾次父子倆在通道中不期而遇。

對於李隆基的物質生活，李亨也非常照顧，他安排陳玄禮、高力士、王承恩、魏悅、玉真公主以及宮女如仙媛在李隆基的左右侍奉，皇家梨園弟子也陪伴在李隆基身邊。總體而言，李隆基在生活水準方面前後差別不大，如果說有差別也就是少了一個楊貴妃。

回到長安以來，李亨便刻意保持著與父親之間的微妙平衡，只是他的心中依然充滿忌憚，他的忌憚讓李輔國有了空子可鑽。李輔國決定鬥高力士之後，便開始著手收集李隆基的「劣跡」，不久

「劣跡」積累成冊。

劣跡一：李隆基經常登臨靠近大街的長慶樓，長安百姓路過時會抬頭仰望，並且高呼萬歲。

劣跡二：某年某月的某一天，劍南道一位奏事官經過樓下時給李隆基請安，李隆基居然把他叫上樓，然後讓玉真公主和如仙媛設宴款待。

劣跡三：某年某月的某一天，將軍郭英乂等人路過樓下，被李隆基邀請上樓參加宴席。

不一而足。

看完李隆基的斑斑「劣跡」，李輔國微微一笑：太上皇，你該下馬了。

隨後的一天，李輔國看似不經意地提起了話頭：「太上皇居住的興慶宮靠近街市，與外人的聯繫太多了，而且陳玄禮、高力士這些人很可能對陛下不利，當初跟隨陛下到靈武郡的六軍功臣都為此擔心不已，所以最好還是把太上皇從興慶宮遷入禁宮中居住吧。」

李亨聽完，沒有表態。

李輔國一看李亨的表情，他得出了結論：默許。

李輔國知道李亨不僅猜忌太上皇李隆基，而且猜忌陳玄禮、高力士那些跟隨李隆基到蜀郡的功臣，他的不表態就是默許，自己可以在他的默許下把這些人一勺燴了。

李輔國很快邁出了第一步。原本在李隆基的興慶宮有三百匹良馬，李輔國傳李亨「旨意」：牽走二百九十匹，只留下十匹。

史書上對李輔國這次行為稱之為「矯詔」，其實如果不是李亨默許，借他一萬個狗膽。

眼看二百九十匹良馬被牽走，李隆基無奈地對高力士說：「我兒用李輔國這個狗東西，恐怕他的孝心無法堅持到底了。」

西元七六〇年七月十九日，李輔國邁出了關鍵的第二步：讓李隆基搬家。

這一天李輔國先假傳李亨旨意：恭請太上皇到太極宮遊玩，李隆基不疑有他，饒有興致地踏上了遊玩之旅。好心情一直保持到睿武門，這時突然出現五百名神箭手擋住了去路，李隆基大吃一驚，險些從馬背上摔了下去。

李隆基定了定神，問道：「來者何人？」

這時李輔國率領數十名全副武裝的騎兵趕了過來，就在馬背上對李隆基奏報：「皇帝認為興慶宮潮濕狹窄，特意請太上皇回宮中居住。」

李隆基一下明白了，這是要逼自己搬家。李隆基正不知所措，高力士大聲怒喝道：「太上皇足足當了五十年太平太子，李輔國你想幹什麼？你給我下馬說話。」

也怪了，李輔國在高力士面前就是硬氣不起來，他灰溜溜地下了馬站到高力士面前。看看周圍，李輔國回過味來了，絕不能在高力士面前示弱。

李輔國衝高力士惡狠狠地罵道：「老傢伙，真不懂事。」

然而李輔國還是不敢把高力士怎麼樣，他只能把氣撒到別人身上，抬手一刀砍死了高力士一個隨從。高力士意識到李輔國有可能犯渾，便衝著五百神箭手高喊一聲：「太上皇讓我向大家問好！」

五百神箭手畢竟受過傳統教育，便一起將刀收進刀鞘，跪地高喊萬歲。

這一下李輔國的氣焰被打了下去，無論他如何鼓動，神箭手是不可能在太上皇面前撒野的。

高力士轉頭對李輔國說：「李輔國，給太上皇牽馬。」

李輔國恨得牙根發癢又無法發作，只能乖乖地和高力士一起為李隆基牽馬，一行人來到了李隆基的新居住地——甘露殿。李隆基一看甘露殿的護衛，心徹底涼了，這裡居然只有幾十個護衛，而且都是老弱病殘。李隆基在心中問自己，這就是我最後的歸宿嗎？

高力士走了過來，淚眼婆娑，他不知道該如何安慰李隆基。

李隆基拉過高力士的手，說道：「沒有你，朕可能已經成了刀下鬼了。」

李隆基說完，左右都流下了熱淚，他們都沒有想到一個雄視天下五十年的太平天子居然要遭受這樣的侮辱。

這時李隆基倒反過來安慰大家：「興慶宮是當年我做親王時住過的地方，我數次想將興慶宮讓給皇帝，皇帝都沒有接受。今天搬家正好遂了朕的心願。」

人在屋簷下，不得不低頭，就連李隆基這樣曾經高高在上的盛世皇帝，也不得不向現實低頭。太上皇不是皇帝，李隆基是最好的親身示範。

在李隆基搬家九天後，李亨發布詔書，這紙詔書將李隆基晚年的精神寄託打發殆盡。

宦官高力士流放巫州（湖南洪江）；宦官王承恩流放播州（貴州遵義）；宦官魏悅流放溱州（重慶綦江縣）；將軍陳玄禮退休；如仙媛遣返回老家安置；玉真公主返回玉真觀居住。

這六個人是李隆基晚年最重要的六個伴，也是李隆基的精神寄託，現在他們全部被勒令離開。

除了這六個人外，還有第七人，就是那個跟李隆基素未謀面卻在安史之亂中無比忠誠的顏真卿。顏真卿此時已經官至刑部尚書，他受到貶斥是因為他帶領百官給李隆基上了一份奏疏：恭祝太上皇健康長壽。

就是這麼一份奏疏讓顏真卿倒了大楣。刑部尚書不用做了，到蓬州（四川儀隴）當長史吧。

打發完這七個人，李亨又為李隆基精選了一百餘名宮女，同時命萬安、咸宜兩位公主進宮照顧李隆基起居，每逢四方獻上珍異寶物，總是派人先送給李隆基這個太上皇。

然而一切都是徒勞，經歷了這場「被搬家」後，李隆基的精神支柱徹底倒塌了。原本他已經認命，已經安於做一個太上皇，結果還是被兒子逼著搬了家。人到晚年非常脆弱，熟悉的環境不能輕易改變，一旦改變就會產生巨大的不適應感，然後在短時間內迅速老去。

此時的李隆基只是為白居易提供創作素材，於是白居易在《長恨歌》中寫道：

西宮南內多秋草，落葉滿階紅不掃。
梨園弟子白髮新，椒房阿監青娥老。
夕殿螢飛思悄然，孤燈挑盡未成眠。
遲遲鐘鼓初長夜，耿耿星河欲曙天。
鴛鴦瓦冷霜華重，翡翠衾寒誰與共。

當憂愁成為生活的全部，活著也是行屍走肉。被搬家改變環境的李隆基沒能跳出這個規律，他從此不再吃肉也不再吃米，只吃一點簡單的蔬菜，身體一天不如一天，一步一步接近了生命的終點。

李亨開始時還去探望，到後來他的身體也垮了，早年當太子時精神壓力過大，他的身體早早被透支了。

太上皇李隆基的被搬家就此結束，李隆基、李亨的父子過招沒有贏家，他們都是失敗者，卻在無意之中成了李輔國鬥高力士的棋子。

人生就是這樣，誰是棋手、誰是棋子並沒有定勢，有時你以為自己是經天緯地的棋手，到頭來才發現自己不過是別人手中的一枚棋子。

母子之間

李隆基、李亨雙雙接近生命終點，長安皇宮中有兩個人格外忙碌起來。

一位是李亨的張皇后，一位是李亨的太子李豫。

李豫不是新出現的人物，他在此前有過出場，原來的身分是廣平王李俶。李亨延續了父親喜歡給兒子們改名的傳統，後來他為李俶改名叫「李豫」。

國學大師辜鴻銘有云：男人是茶壺，女人是茶杯，只見過一個茶壺配幾個茶杯，沒見過幾個茶壺配一個茶杯。辜鴻銘的茶壺茶杯理論折射出男權社會的本質，這套理論適用於一般的大戶人家，更適用於李亨這樣的帝王之家。在李亨的眾多嬪妃中，張皇后是其中一個，而太子李豫並非出自張皇后，因此矛盾便在所難免。

李豫是李亨的長子，他的生母有一段傳奇。

李豫的生母姓吳，濮州濮陽人。她的父親曾經做過官，不過官做得很失敗，不僅沒能給家族帶來幸運，反而帶來了巨大的禍事。開元年間，吳氏的父親因為犯事被李隆基處死，年幼的吳氏便被收入掖庭充當宮中雜役。吳氏以為自己的一生將會在掖庭中渡過，不曾想到生命中還有一段傳奇在等著她。

開元十三年，十三歲的吳氏迎來改變自己命運的機會。這次機會與高力士有些淵源。這一年的一天，李隆基攜高力士前往李亨的王府作客，一進門李隆基便大吃一驚，他沒想到李亨的王府居然是這個樣子。王府內雜亂無章，很長時間沒有用心清掃過，樂器上也蒙上厚厚的灰塵，而且侍奉李亨的侍女也少得可憐。**（也有一種可能，眼前這一幕是精心偽裝的）**

李隆基看著有些心疼，轉頭對高力士說：「皇子的生活條件如此艱苦，你怎麼不早點讓我知道？」

李隆基當即下令，從長安挑選五位良家女子給李亨當侍女。

高力士勸諫道：「在長安城中挑選良家女子當侍女可能會讓人說三道四，不如從掖庭中選幾個相貌端莊的，陛下以為如何？」

李隆基一想有道理，身在掖庭的女子雖然是有罪之身，但基本都是出身官宦世家，她們的素質要比一般的人家高。況且這樣的女子會更加珍惜機會，服侍起皇子來盡心盡力。李隆基點頭表示同意，吳氏的機會就此到來。

在掖庭精挑細選的三人名單中，吳氏名列其中，吳氏藉著這個機緣從掖庭一躍進入李亨的王府。進入王府之後，容貌端莊、性格謙讓的吳氏深得李亨寵愛。一年後，吳氏為李亨生下了一個男孩，這個男孩就是李豫。

吳氏所生的李豫是李隆基的第一個孫子，這讓李隆基喜出望外。這是人之常情，但凡看到自己的孫子出生都會情不自禁，甚至比當年兒子出生時更加狂喜。同樣的狂喜曾經出現在李世民身上、李治身上，只可惜他們的第一個皇孫都是空歡喜一場，最終沒能繼承王朝的大統。

而李豫則是第一個幸運兒，他是李隆基的第一個皇孫，最終也得以繼承大統。不過他的母親吳氏並沒有能夠看到這一天，開元二十八年，吳氏撒手人寰，沒有等到兒子承繼大寶的一天。

後來吳氏被追尊為皇后，與李亨一起合葬。眾人打開她的棺木移靈，這時大家發現已經去世多年的吳氏面容竟然與生前一樣，似乎她並沒有死去，只是睡著了。眾人唏噓不已，感慨之餘將吳氏與李亨合葬，吳氏就此完成了自己的傳奇。

吳氏去世後，李豫開始了自己「孤苦伶仃」的生活，雖然有父親，但畢竟生母已經不在。李豫的「孤苦伶仃」一直在繼續，在他「孤苦」的同時，他的父親也在不斷經歷著「斷腕求生」的痛苦經歷。

天寶五載（西元七四六年）七月，李亨第一次「斷腕求生」。此時他的太子妃是韋氏，原本他與韋氏恩愛有加，不料韋氏的哥哥韋堅被李林甫打落下馬，而韋堅的弟弟們為了解救韋堅竟然病急亂投醫，在給李隆基的奏疏中引用李亨曾經說過的話。

皇帝最怕的是皇子與大臣勾連，現在韋氏兄弟引用李亨曾經說過的話正說明他們有過勾連。李隆基一怒之下將韋堅貶官，韋堅的弟弟們流放嶺南。

眼看即將牽連到自己，李亨只能選擇「斷腕求生」，主動上疏請求與韋氏離婚。太子妃就這樣離李亨而去出家為尼，直到多年後在尼姑庵中去世。

五個月後，厄運再次來臨。這回出事的是他的太子良娣杜氏。

杜氏的姐夫柳勣因為跟岳父杜有鄰不和，居然舉報岳父勾結太子李亨圖謀不軌。這一舉報非常致命。李隆基一下子出離憤怒，他居然當起了葫蘆僧，把原告柳勣、被告杜有鄰全部亂棍打死。

原告、被告居然都輸了，這官司判得太有才了。

李亨不再去管原告被告，當務之急是洗脫自己的嫌疑，於是他再次「斷腕求生」，把太子良娣杜氏趕出家門貶作平民。

換作一般老百姓，接連兩次「斷腕求生」必定傷筋動骨，幸好李亨是太子。不過從這之後，李亨身邊再也沒有特別受寵的女人，直到安史之亂發生。

安史之亂給整個王朝帶來了災難，但同時也給很多人帶來了機會，比如李亨，比如李輔國，再比如時任太子良娣的張氏。

張良娣登上歷史舞臺是在馬嵬坡，當時她跟隨李亨逃亡到馬嵬坡，在去留兩難的彷徨之際，張良娣跟李輔國一起勸說李亨前往靈武郡開闢一片新天地。在前往靈武郡的路上，張良娣的表現可圈可點，每次入住驛站身懷六甲的她總是衝在前面。夜晚就寢時，她主動睡在李亨的床外側，而把相對安全的內側讓給李亨。

李亨勸解張良娣說：「抵禦盜匪不是你們女人的事，你不用操那麼多心。」

張良娣看著李亨，誠懇地說道：「如今亂世，意外的事會很多，如果一旦有緊急情況，妾用自己的身體延緩盜匪的攻擊，殿下就可以利用這個時間差逃離危險。」

當一個女人對男人用心到如此程度，男人還有抵禦能力嗎？

李亨不可抵擋地寵愛起張良娣。到靈武郡不久，張良娣為李亨生下一個兒子，取名李佋。產後三天，張良娣拖著虛弱的身體下床了，開始給戰士們縫製軍衣。李亨連忙阻攔，張良娣平靜地說：「如今王朝多事，哪裡是我靜養的時候。」說完，張良娣低頭自顧自地縫製起軍衣。

張良娣的「賢淑良德」很快得到了回報，西元七五七年十二月十五日，張良娣被冊封為淑妃。三個月後，張淑妃再進一步，晉升皇后。

自然界中存在著叢林法則，叢林法則很簡單，概括起來就是資源有限所以弱肉強食。自古叢林法則也存在於皇帝的後宮之中，從沒有絕跡。

隨著張皇后的崛起，她與年長皇子的矛盾也漸漸產生。

由於李豫繼承了父親善於藏拙的優點，因此最先與張皇后發生矛盾的並不是李豫，而是建寧王李倓。建寧王李倓是李亨的第三子，馬嵬坡前後為李亨立下汗馬功勞，正是在李倓首先提議前往靈武郡，又是李倓在前往靈武郡的路上組織敢死隊為父親保駕護航。同哥哥李豫相比，李倓顯得話有點多。儘管他的話說得很對，但在一些人聽來並不入耳。

駐紮靈武郡期間，李隆基賞賜給張皇后一件寶物：鑲嵌有七種寶玉的馬鞍。

張皇后對這副馬鞍愛不釋手，令她沒想到的是竟然有人打起了馬鞍的主意。

皇家資政李泌對李亨說：「天下大亂，王朝分崩離析，陛下正是展示自己節約美德的時候，這副馬鞍太奢侈了，張良娣（**當時還是良娣**）並不適合用它。不如將七種寶玉摘下來收進國庫，將來可以用來賞賜有功的將士。」

李泌說這話時，張良娣就坐在簾子後面，她連忙說道：「都是長安老鄉，李大人何出此言。」

張良娣和李泌都是長安人，她沒有想到李泌這麼不給她這個老鄉面子。李泌正想回應，建寧王李倓插話，他完全同意李泌的提議，強烈建議李亨將馬鞍收入國庫。一副馬鞍引出這麼多波折，張良娣心中憤憤不平，從此恨上了建寧王李倓。

如果說一副馬鞍還不至於讓張良娣動殺機，那麼接下來李倓的話就捅了張良娣的腰眼。

李倓眼看張良娣越來越得寵，心中很是不安，長此以往張良娣必定會替自己的兒子瞄準儲君之位，那樣的話自己和兩位哥哥都沒指望了。更令李倓不安的是張良娣居然跟新貴李輔國走得很近，裡應外合的態勢非常明顯，這不正是皇家最忌諱的後宮與宦官聯合嗎？

李倓很快向李亨建議要提防張良娣和李輔國，兩人有狼狽為奸的跡象。李亨敷衍了李倓幾句，便把此事按下不提。

李亨不提，不意味著張良娣和李輔國不提，他們得知了李倓背後彈劾自己，更對李倓恨得咬牙切齒。張良娣和李輔國決定報復，這次報復一定要讓李倓永無翻身之日。正巧此時發生了「掛帥風波」。

李亨考慮到李倓有軍事能力，便準備讓李倓出任天下兵馬元帥，結果卻遭到了皇家資政李泌的反對。李泌反對的理由是，如果李倓出任元帥立下大功，將來身為長子的李俶（李豫）將無處立足，而儲位之爭也會非常慘烈。由於李泌的反對，李亨放棄了讓李倓掛帥的念頭，轉而讓李俶（李豫）出任元帥。

這次風波本該平靜地過去了，沒想到讓張良娣和李輔國抓住了機會。

兩個得寵的新貴一起向李亨打小報告：建寧王李倓因為沒當上天下兵馬元帥，心中不滿口出怨言，曾經在夜間趴在李俶的房門口竊聽，有謀害李俶的嫌疑。

這個小報告一下要了建寧王李倓的命。

李亨跟父親李隆基一樣，對待自己的兒子真是心狠手辣，憑藉這條無中生有的小報告，建寧王李倓被處死，從此再也無法跟張良娣和李輔國作對。

身為長子的李俶目睹了這一切，他一下看清了張良娣和李輔國猙獰的面孔。李俶只能緊急尋找援助，他一下抓住了李泌，把他當成了救命稻草。事實證明，李泌這根稻草起到了救生圈的作用。

李俶暗自對李泌說：「張良娣和李輔國狼狽為奸害死了建寧王李倓，早晚是帝國之禍，不如早點除掉。」

李泌阻止道：「大王說什麼呢？難道沒看到建寧王惹出的禍事嗎？」

李俶回應道：「我這麼做也是為先生考慮，他們看先生深受皇上信任，早晚會對先生動手。」

李泌無所謂地說道：「我跟皇上早有約定，兩京收復我就回山歸隱，不再參與朝政。」

李俶頓時緊張了起來：「先生一走，我的處境會越來越危險。」

李泌點撥道：「大王只需在皇上面前盡到孝道，張良娣不過一個女人，只要大王委曲求全她不能把你怎麼樣。」

李俶半信半疑地點了點頭。

西元七五七年九月，李俶帶兵收復長安，這時不利於李俶的流言又在李亨耳邊蔓延。危險時刻，又是李泌的一席話幫了李俶一把。一天夜裡，李泌與李亨對床而眠，這時兩人談起了建寧王李倓。

李亨說：「李倓是朕的愛子，性格果斷勇敢，在艱難之時立下大功，朕的心裡都有數。但是他後來受小人教唆竟然想謀害兄長，圖謀儲君之位，朕為了江山社稷不得已將他處死。這些細節你不是都知道嗎？」

李泌回應說：「如果果真如此，廣平王李俶應該忌恨李倓才是。而事實上，每次廣平王跟我談到李倓的冤情都會淚流滿面。臣今日已經下定辭別陛下的決心，所以才敢跟您說這些實話。」

李亨辯解道：「李倓曾經在深夜趴到李俶的房門口竊聽，肯定是圖謀不軌。」

李泌歎息一聲：「這必定是出自小人之口，建寧王仁孝友愛，怎麼可能幹出這種事。就說當年掛帥之事，我力主廣平王掛帥，如果建寧王真的圖謀不軌，應該忌恨我才是；恰恰相反，他把我當成忠臣，而且跟我很親密，從這一點可以看出建寧王並沒有圖謀不軌之心。」

李亨聽完，淚不由自主地流了下來：「先生所言極是。事情既然已經過去了，朕不想再提了。」

李泌回應道：「臣之所以舊話重提，不是為了追究過去的責任，而是想讓陛下將來處理事情更加慎重。昔日天后武則天有四個親生兒子，武則天想自己稱帝，忌憚太子李弘聰明，就把李弘毒死，改立雍王李賢做太子。李賢被立太子後，心中惶恐不安，就寫了一首《黃臺瓜辭》，想以此感動天后。天后還是不聽，最終李賢也在黔中被幽禁而死。《黃臺瓜辭》是這樣寫的：種瓜黃臺下，瓜熟子離離。一摘使瓜好，再摘令瓜稀。三摘尚自可，摘絕抱蔓歸。如今陛下已經摘了一個，以後別再摘了。」

李亨吃了一驚：「怎麼會有這樣的事？你幫我把詩寫下來，我留在身邊時刻牢記。」

李泌說：「陛下只要銘記在心，何必還隨身攜帶。」

李泌這次進言意義重大，他巧妙地為李俶套上了一道護身符，每當李亨聽信讒言想動李俶時，李泌的話就會不經意地出現在他的腦海裡。

西元七五八年三月六日，張良娣被晉封為皇后，此時立誰當太子就進入議事日程，李亨必須攤牌了。李亨有兩個選擇，一個選擇是李俶，優勢是年齡最長（三十二歲）、經驗豐富，另一個選擇是興王李佋，優勢為生母是張皇后，正宗皇后嫡子。不過李佋也有一個劣勢，年齡太小，時年只有兩歲。

李亨在兩者之間有些猶豫，便想試探一下大臣的意思。

李亨看似閒聊，跟考功郎中李揆說：「成王李俶年齡在眾皇子中年齡最大，而且為王朝立有大功，朕準備立他為太子，你意下如何？」

李揆立即意識到皇帝是在考驗自己，馬上跪地向李亨祝賀道：「此乃社稷之福，臣覺得無比慶幸。」

看著李揆的舉動，李亨明白了，隨著李俶率軍收復兩京，百官對李俶已經是人心所向，此時再用兩歲的小娃取代李俶，百官心中也會不服。況且把帝國委託給一個三十多歲的人，總比委託給兩歲的娃娃靠譜。

西元七五八年五月十九日，煎熬多年的李俶終於得立太子。五個月後，李亨為李俶改了名字——李豫。

李豫得立太子之後，儲位也不是十分穩定，張皇后依然心存奪儲之心。不過造化弄人，就在張皇后蓄謀奪儲時，她的大兒子李佋夭折了。李佋夭折後，張皇后名下只剩下小兒子李侗，李侗年齡比李佋還小，更無法與李豫相提並論，張皇后只能歎口氣壓下了奪儲之心。

刀兵相見

時間走到西元七六二年，李亨和李隆基雙雙接近生命終點，這時張皇后再次活躍了起來，因為她看到了噩夢正在向自己逼來。以自己與李豫往日的恩怨，一旦李豫登基絕不會放過自己，這種事情歷朝歷代時有發生。

三國時，曹魏皇帝曹叡就曾經逼死皇太后郭氏，理由是郭氏曾經逼死曹叡的生母甄氏（**傳說曹植筆下的《洛神賦》原型**）。

張皇后不想經歷噩夢，她要行動起來拯救自己的命運。這時張皇后才發現自己其實兩手空空，早年自己還有政治同盟李輔國，現在連李輔國也沒有了。

李輔國離張皇后而去，有兩個原因。第一，他們兩個在爭權奪利的過程中產生了矛盾，誰也不買誰的帳，於是曾經的政治同盟分道揚鑣；第二，嗅覺靈敏的李輔國早就知道張皇后與太子李豫的矛盾，太子明顯比張皇后潛力大，一旦老皇帝歸天，必定是新皇帝的天下。

基於這兩點原因，李輔國毅然離張皇后而去，轉而堅定地投入太子李豫陣營。雙方各取所需，瞬間融合。

西元七六二年四月五日，太上皇李隆基在神龍殿去世，享年七十七歲。

我們不知道在彌留之際李隆基想到了什麼，是想到了開元天寶盛世，還是想到了石破天驚的安史之亂；是想到了進入蜀郡路上令人傷感的《雨霖鈴》，還是想到了那曲風華絕代的《霓裳羽衣曲》。

回望李隆基的一生，他的前半生是個英雄，到晚年卻是個狗熊；他的前半生活得偉大，到晚年卻活得憋屈；他的前半生霓裳羽衣，到晚年卻只有《長恨歌》。

這就是真實的李隆基，一個將大唐帶到巔峰，又親手將大唐推到低谷的皇帝。如果給李隆基一個總結人生的機會，或許他會仿效弘一法師寫下四個大字：悲喜交加。

李隆基駕崩後，李亨只能臥在自己的寢殿裡哭泣，他由於健康因素已經無法親自送父親最後一程了。

四月七日，李亨病情加重，於是下詔令太子李豫監國。

四月十五日，李亨再次下詔，改年號為寶應元年。

在病危期間下詔改元，其實是皇帝想要沖喜的一個信號。然而無論如何改元，李亨接近生命終點的事實已經不可改變，只是他沒有想到身為皇帝在生命的最後時刻竟然會那麼淒涼。

就在李亨即將散手人寰的同時，張皇后開始著手行動，她居然想拉太子李豫當自己的同盟軍。沒有搞錯吧？

一方面我對接下來的描述持有懷疑，一方面又覺得有部分可信，那就一起看看這段令人生疑的記載：

張皇后對太子李豫說：「李輔國掌管禁軍多年，皇帝的敕令都從他那裡發出，他甚至強迫太上皇搬家，罪孽深重，他所忌憚的也只有你我二人。如今聖上進入彌留之際，李輔國和程元振圖謀作亂，不可不誅。」

李豫淚流滿面地說：「現在聖上已經病危，而這兩個人都是聖上的有功之臣，不稟告聖上就將他們誅殺，恐怕會引起混亂，局面無法收拾。」

張皇后遲疑了一下，說：「太子先回去吧，容我再考慮考慮。」

這段記載之所以令人生疑，是因為張皇后和李豫本來是敵對雙方，怎麼會突然有了聯手的想法？張皇后難道不知道李輔國已經站到李豫一邊了嗎？

不過從另外一個角度說，這也可能是張皇后布了一個「螳螂捕蟬」的局，先遊說李豫跟自己一起聯手除掉李輔國，然後再找機會除掉李豫，立自己的兒子為帝。

如此一來，是不是把李豫的智商想的太低了？

問題是張皇后的智商高嗎？

可能也不高。

總而言之，沒有永遠的敵人，也沒有永遠的朋友，在利益面前，曾經的死敵暫時聯手也是有可能的。

接下來張皇后進入了正題，她找到了另外一個皇子——李亨的次子、越王李係。

張皇后對李係說：「太子仁慈懦弱，不能夠誅殺亂臣賊子，你敢嗎？」

李係乾脆地回應道：「敢。」

張皇后馬上開始行動，選出了二百多個勇武有力的宦官，她把他們埋伏在長生殿後，然後發放了武器鎧甲。

這段記載表明，張皇后矛頭對準的是李輔國，她要跟李係一起誅殺這個背叛自己的狗奴才。

事實上這段記載欲蓋彌彰。真實的狀況是張皇后與越王李係達成了交易，他們要一起對付李豫和李輔國，事成之後可能是張皇后扶助李係登基稱帝。

四月十六日，「李亨」的一紙詔書傳到了東宮，宣太子李豫進殿。

所謂「李亨」的詔書其實是張皇后偽造的，目的是把李豫騙進宮，只要李豫進入埋伏圈，二百個武裝宦官將讓他有來無回。張皇后設想得很完美，可惜是紙上談兵。李輔國的同黨程元振得知了張皇后的陰謀，他火速通知了李輔國，李輔國立刻調集禁軍在凌霄門外埋伏，只等一聲令下開始動手。李豫抵達凌霄門，李輔國攔住了李豫，一下子抖出了張皇后的陰謀。

李豫說：「肯定沒有這回事，如今聖上病危急著見我，我難道能因為怕死就不去見父皇呢？」

程元振說：「社稷安危關係重大，太子不能進去。」

說完，程元振派兵將李豫護送到皇家飛龍馬廄。

以上這段在凌霄門的對話我認為也是編的，很可能是李豫登基之後授意史官填補的，如此就造成一個假象：李豫的所作所為都是被逼的，他是正當防衛。就像當年李世民的玄武門之變一樣。

撥開歷史的偽裝，事實很簡單：李亨進入彌留之際，張皇后和李豫都想動手，張皇后依靠的是武裝宦官，李豫依靠的是李輔國手中的禁軍，雙方徹底撕破臉皮進入決戰。一切就這麼簡單。

當晚，李輔國、程元振帶兵直闖麟德殿，逮捕越王李係以及朱光輝等一百餘名宦官，李輔國所持的理由是奉太子之命幫你們搬家。

接下來，李輔國的目標是張皇后。張皇后此刻正在長生殿陪伴李亨，看李輔國殺氣騰騰地進來，張皇后緊張地看著李亨，她以為李亨還會是自己的護身符。

令張皇后意想不到的事情發生了，李輔國指揮士兵在李亨的病榻前將她抓了起來，然後不顧她的喊叫強行拖出了大殿。與張皇后一起被抓的還有她的貼身宦官和宮女總計數十人，他們一起被囚禁到後宮。

李輔國大搖大擺地走了，對於李亨他甚至沒有多看一眼。長生殿中剩下的宦官和宮女都被嚇呆了，他們面面相覷不知如何是好。過了一會兒，不知誰帶了頭所有宦官和宮女都逃出了長生殿，把李亨一個人孤零零扔在裡面。

彌留之際的李亨只能孤伶伶地躺在那裡，他曾經富有四海，如今卻成為徹徹底底的孤家寡人。兩天後，唐朝皇帝李亨走完了自己的人生路，享年五十一歲。

李亨是一個苦命的人，當太子時是苦命太子，連續上演「斷腕求生」；當天子時是苦命天子，整個天子生涯充滿內憂外患。如果沒有安史之亂，他的天子生涯不知何時開啟；然而當他趁著安史之亂自行登基後，卻沒能在有生之年看到安史之亂的平息。

新皇登基

李亨駕崩，李豫和李輔國終於把心放到了肚子裡，接下來他們還有一點遺留的問題需要處理。

李輔國帶兵到了張皇后的囚禁地，手起刀落，張皇后陪伴先帝而去。在張皇后之後，越王李係、兗王李僩也相隨而去，他們原本與這場風波無關，只是因為張皇后的緣故一起被捲進了漩渦。

處理完遺留問題，李豫穿上喪服與李輔國一起來到了九仙門，宰相們早就等在了那裡。李豫懷著悲痛的心情，向宰相們解釋了從太上皇歸天以後皇宮發生的種種變故。簡而言之，不到半個月的時間，後宮少了三個主要人物：太上皇李隆基、皇帝李亨以及張皇后。

現在輪到了李豫當家。

四月十九日，李亨駕崩的消息對外公布，同時公布遺詔。

四月二十日，三十六歲的李豫登基稱帝，是為唐朝歷史上的唐代宗。

一年後，李豫將祖父李隆基安葬於泰陵，諡號至道大聖大明孝皇帝，廟號玄宗，從此李隆基成為經久不衰的「唐明皇」、「唐玄宗」。

在李隆基入土為安九天後，李豫將父親李亨安葬於建陵，諡號文明武德大聖大宣孝皇帝，廟號肅宗。

隨著李豫的登基，一干人物的命運也發生了改變，忠於張皇后的人要麼被殺、要麼被流放，而忠於李豫、參與四月十六日行動的人都被視為「寶應功臣」，三品以上的增加爵位，三品以下的增加官階。

在一干人等有哭有笑的同時，遠在郎州有一個七十八歲的老人正在放聲痛哭以至大口吐血。哭泣的人正是高力士。

高力士原本流放巫州（湖南洪江），趕上政府大赦便從巫州啟程重返長安。走到郎州時，他遇到了從長安流放郎州的前政府官員，這時高力士才知道他的主人李隆基已經去世了。高力士感懷身世放聲大哭，既是哭李隆基的一生也是哭自己的一生，更是感傷他們曾經一起走過的歲月。高力士很快不行了，他沒能回到長安，就在郎州結束了自己有故事的一生。

高力士在歷史上的口碑不佳，給人的印象是玩弄權術的小人，實際上相比於唐朝後來的宦官，高力士是少有的、難得一見的忠僕。只一個「忠」字，就足以讓李輔國之輩幾輩子汗顏。

高力士死後，李輔國的紅達到了頂點，李豫居然給了他一個歷史上少有的稱呼——尚父。尚父是姜子牙及諸葛亮才有的稱呼，現在李輔國也有了。

不久李輔國又創造了一個紀錄，他成為唐朝宦官中第一個出任宰相並且位列三公的人。李豫給李輔國增加的頭銜是：司空兼中書令。

開天闢地、匪夷所思。

李輔國被前所未有的幸福包圍了，他以為這都是自己應得的。興奮之餘，李輔國手舞足蹈地對李豫說了一句話：陛下只管在皇宮裡安坐，外面的事老奴一手就處理了。

說這話時，李輔國興奮地揮舞著自己的右手，卻不知道這隻右手已經成了李豫的目標。李豫聞言心中不爽，但他不動聲色，因為李輔國手中還握有禁軍，只有把李輔國手中的禁軍剝離了，李豫才會正式跟李輔國翻臉。

李豫在心中暗暗說道：「到時朕不僅要你的命，而且還要你那隻右手。」

留給李輔國右手的存活期，不到半年。

重回一統

第十六章

新舊更迭

處於巔峰的李輔國被錯覺包圍，他不知道李豫已經準備對他動手，更不知道他的親密夥伴正在拆他的臺。拆臺的人正是程元振，在討伐張皇后的戰鬥中他們親密無間、並肩作戰。

大功告成後，李輔國也沒忘與程元振一起分享勝利果實。經他推薦，宦官程元振成為左監門衛將軍，對程元振而言這是一次至關重要的飛越。李輔國以為這樣可以滿足程元振的胃口，沒想到程元振想要的更多，他想要的不是李輔國憐憫式的賞賜，而是李輔國手中的權力。

久在深宮，程元振察顏觀色的能力不比李輔國差，他很快看透了李豫的心思。當李輔國還在被李豫的恩寵蒙蔽時，程元振已經看出李豫眼神深處隱藏的殺機。程元振迅速靠了上去，他要跟皇帝一起扳倒李輔國，然後取而代之。

程元振對李豫說：「李輔國的權勢太大，陛下應該加以限制。」李豫看了看程元振，他明白程元振的意思，再仔細一看，此人不正是代替李輔國的最佳人選嗎？踏破鐵鞋無覓處，得來全不費工夫。

西元七六二年六月十一日，李豫下詔免去李輔國的元帥府行軍司馬及兵部尚書職務，其餘職務保持不變。

李輔國一下驚呆了，他沒想到不久前還把他捧上天的皇帝，這麼快就把他摔了下來。看上去僅僅是解除行軍司馬以及兵部尚書職務，其實這一下斷了李輔國的脊樑，被剝奪了兵權的李輔國什麼都不是，連一條癩皮狗都不如。李輔國充滿了怨恨但又不敢發作，只能眼睜睜看著程元振接替自己的職務，昨天還並肩作戰，今天就苦苦相逼。

被奪兵權的李輔國知道這只是第一步，接下來還會有第二步、第三步。

第二步很快來了，李輔國在皇宮中的住房被收回，他只能出宮居住，再也不能享受宮中居住的福利。李輔國知道第三步已不可避免，索性自己上疏：請求退休。

奏疏正中李豫下懷，李豫就坡下驢：封李輔國為博陸王，解除中書令職務。

李輔國開了宦官封王的先河，然而此時的他已經落魄到家了，連個看門的大頭兵都能欺負他。被免去中書令職務後，李輔國準備到中書省去寫一份奏疏，以表對皇帝恩准退休的感謝之情。走到門口，李輔國被攔住了。李輔國不解地看著看門士兵，攔我做什麼？看門士兵義正詞嚴地說道：「尚父大人已經罷相，沒有資格再進此門。」

李輔國的心情一下跌到冰點，都說人走茶涼，現在人未走茶已涼。李輔國呆呆地站在原地，好長時間才長長地出了一口氣，不無悲憤地說道：「老奴有罪，侍奉不了郎君（指李豫）了，還是讓老奴去陪伴先帝吧。」

話傳到李豫的耳朵裡，李豫不覺一聲冷笑，陪伴先帝？那是自然，只不過不是現在。

不久一紙詔書送到李輔國手裡，詔書上李豫把李輔國結結實實地安慰了一番，話寫得很誠懇、很感人、很催人淚下。

可惜，都是假的。

四個月後，一位蒙面俠客進入李輔國家中，幾聲慘叫後，俠客從李輔國家中離開。這時李輔國的家人發現李輔國倒在血泊之中，頭已不知去向，右手也一同消失。

消息傳進皇宮，李豫懷著「悲痛」的心情下令全國通緝殺人嫌犯，同時派宦官到李輔國家中表示沉痛悼念和親切慰問，並追贈李輔國為太傅，賜諡號——丑。

被卸除腦袋的李輔國隨後被下葬，為了彌補失去腦袋的遺憾，家人用木頭刻了一個頭形充當李輔國的腦袋。無意之中李輔國的一生成了一個巨大諷刺，他總以為自己頭腦靈光、智慧超群，到蓋棺定論時才發現原來只是一塊木頭腦袋。

是誰殺死了李輔國？一時沒有定論。

多年後，梓州刺史杜濟力排眾議提拔一位武士當牙門將，眾人疑惑不解，這位武士沒有什麼出眾之處，為什麼單單把他提拔為牙門將呢？

在眾人的追問下，武士道出實情：我就是當年殺李輔國那位俠客。

哦，原來如此。

在李輔國之後，程元振接替了李輔國的職位，二人的更迭不意味著任何進步，只相當於兩隻烏鴉換崗。程元振不僅接替了李輔國的職位，同時也接替了李輔國的功能，他在打壓重臣名將的道路上與李輔國一脈相承。

程元振很快盯上了東山再起的郭子儀，他決心把郭子儀拉下馬。程元振開始打郭子儀的小報告，核心內容是郭子儀權勢過大，需要加以防範，李豫不置可否。時間一長，郭子儀聽到了風言風語，他意識到自己又被猜忌了，不如主動請退，遠離是非之地吧。

郭子儀上疏李豫，請求解除天下兵馬副元帥及各戰區特遣部隊元帥職務。上疏很快得到回覆，李豫對郭子儀大加安撫和勉勵，末了來了一句：准予辭職。

真是有其父必有其子。

借兵回紇

轉眼之間，李豫已經登基幾個月了，他終於清理完各種遺留問題，可以集中精力考慮洛陽的光復問題了。

李豫將王朝的兵力盤算半天，他發現現有的兵力還是不足以剷除史朝義，要想徹底剷除史朝義這個禍害還是得走向回紇借兵的老路，不然收復洛陽還會無限期延後。

李豫派出宦官劉清潭出使回紇，目的有兩個，一是弘揚發展兩國的傳統友誼，二是向回紇借兵討伐史朝義。前者是虛，後者是實。

劉清潭一到回紇王庭就被一則消息驚呆了，史朝義居然搶先一步抄了唐朝的後路。

在劉清潭到來之前，史朝義派使節對回紇登里可汗說：「唐朝連續死了兩個皇帝，如今中原無主，可汗不妨與我們大燕帝國一起來瓜分唐朝國庫。」

見錢眼開的登里可汗果然相信，派出三路大軍向中原挺進，準備瓜分唐朝國庫。劉清潭急了，他一邊向登里可汗呈遞國書，一邊解釋道：「我朝先帝雖然棄天下而去，目前新皇帝已經繼位，就是曾經跟貴國親王一起收復兩京的那位廣平王。」

登里可汗半信半疑，有點不耐煩地看了看劉清潭遞上的國書。這時回紇三路大軍已經挺進唐朝北部邊境的三座受降城，往日的繁華早已不再，映入眼簾的是滿目瘡痍，昔日威震四海的天可汗之國居然成了這個樣子。前方將領將所見所聞奏報給登里可汗，登里可汗頓生輕視唐朝之心，對劉清潭更是愛搭不理。

劉清潭心中暗暗叫苦，忙安排手下人連夜返回長安告急：回紇舉全國十萬大軍即將入侵。長安陷入恐慌之中。

定了定神的李豫想出一個緩兵之計，他派殿中監藥子昂前往忻州南部，以朝廷的名義犒賞回紇大軍。所謂犒賞其實是唱空城計，擺出一副早有準備的架勢，可以暫時嚇住對方。

可惜登里可汗是長大的，不是嚇大的。

登里可汗向劉清潭提出一個條件：我要見一見岳父僕固懷恩，只有他說的話我才信。

僕固懷恩的女兒當年經李亨之手嫁入回紇，此時已是登里可汗的可敦（皇后）。李豫一看有門，連忙下令僕固懷恩與登里可汗相見，大唐王朝是安是危就看這次見面了。這次翁婿見面戳破了史朝義的謊言，一下又把回紇拉入了唐朝戰營，登里可汗欣然同意僕固懷恩的借兵。

不過這是有條件的。除了攻破洛陽後大搶一番外，在進軍途中也要搶，而且搶的路線要設定好。藥子昂和劉清潭先後給出兩條路線，但都遭到登里可汗拒絕。理由很簡單，因為那兩條路線都不經過唐朝境內，而是直接殺入大燕帝國境內。

開頭不讓搶點，誰還有勁頭呢。經過協商，終於談妥了一條雙方都能勉強接受的路線。

西元七六二年十月初，反攻洛陽拉開序幕。

李豫任命長子、二十歲的雍王李適為天下兵馬元帥，御史中丞藥子昂、魏琚為左右翼司令，中書舍人韋少華為判官，給事中李進為行軍司馬，率軍前往陝州與諸道節度使及回紇大軍會合。出發時，李適手下的四位助手意氣風發，此行他們將跟隨李適建立不朽功勳，一定會有美好的未來等著他們。誰曾想，等待他們四個的是一場劫難，其中的兩個有去無回。

對於這次出征，李豫本想安排郭子儀出任天下兵馬副元帥，然而詔書還沒下達就被程元振和魚朝恩叫停了。李豫猶豫了一下，轉而把朔方節度使僕固懷恩扶上馬，取代郭子儀輔佐李適。

李適一行如約抵達陝州，意想不到的劫難向他的四位手下撲面而來。劫難的起因是因為李適沒有拜舞登里可汗。拜舞是當時的一種見面禮節，適用於大臣晉見皇帝。因為李適沒有拜舞，登里可汗挑理（**東北話，對某件事不滿意說出自己的想法**）了。

御史中丞藥子昂在一邊解釋道：「按照禮儀，雍王本就不需要拜舞。」

回紇將軍車鼻質問道：「唐朝天子與可汗約為兄弟，那麼可汗就是雍王的叔父，見了叔父為何不拜舞呢？」

藥子昂回應道：「雍王是天子的長子，如今是大軍元帥，哪有中國儲君向外國可汗拜舞的道理？況且如今太上皇和先帝還沒有下葬，更不應該舞蹈。」

雙方開始了針鋒相對尖對麥芒的辯論，誰也說不服誰。

回紇將軍車鼻急了，不說了。改用鞭子說話！

車鼻把藥子昂、魏琚、韋少華、李進綁了起來，每人一百皮鞭。至於李適，算他年輕不懂事，鞭子免了。

李適一行灰頭土臉地返回本陣大營，魏琚和韋少華已是奄奄一息，僅僅過了一夜雙雙撒手人寰，他們成為這場無謂爭辯的犧牲品。

憑心而論，這次爭辯沒有多大意義，只不過是在維護唐朝看似高高在上的架子。就實力而言，回紇軍事實力已在唐朝之上，此時平叛全靠向回紇借兵，而與此同時卻還要擺出一副高高在上的架子，其結果一定是很扭曲、很分裂。

國與國之間沒有絕對情誼，只有實力比拼。

洛陽光復

唐軍大舉東征的消息傳到洛陽，史朝義緊張了起來，連忙召集諸將商討對策。將軍阿史那承慶建議道：「唐軍如果只派漢族士兵來，我們可以迎戰；如果回紇兵也跟著一起來，那麼兵鋒不可阻擋，不如退守河陽避其鋒芒。」

阿史那承慶這席話表明，回紇的軍事能力已經得到公認，他們成為了決定戰爭勝利的關鍵。後來的事實證明阿史那承慶的話是至理名言，然而史朝義沒聽進去。他不信邪，他要跟回紇面對面死磕。

十月十三日，大戰開始。唐朝與回紇聯軍在洛陽北郊的橫水構築陣地，數萬燕軍也在一旁豎立柵欄嚴陣以待。

僕固懷恩分出一軍在洛陽西郊的西原列陣，與燕軍遙遙相對。不過這些都是假象，老於軍事的僕固懷恩已經派出精銳騎兵和回紇精兵悄悄繞到了燕軍背後。燕軍的陣腳很快地亂了起來，僕固懷恩驅動自己的部隊呼應，前後夾擊，燕軍大敗。

就在僕固懷恩準備趁勝進軍時史朝義來了，親率十萬大軍增援，戰事頓時膠著起來。史朝義將十萬大軍列陣於昭覺寺，僕固懷恩率軍發動突襲，燕軍死傷眾多，然而燕軍穩住陣腳固守不退。僕固懷恩又增派五百神箭手，密如飛蝗的箭向燕軍陣中射去。箭雨過後，燕軍死傷一片，但是依然不退。

唐軍到了危險邊緣，進，攻擊不力；退，可能遭遇反擊；而不進不退，最終必將是崩潰。緊急關頭，鎮西節度使馬璘大喊一聲：「事情緊急。」

馬璘說完後單騎突入敵陣，從叛軍手中搶下兩面盾牌，將兩面盾牌舞得虎虎生風。馬璘雙手揮舞盾牌，雙腳緊夾馬肚，一人一馬在叛軍陣中左右衝殺，在他的衝殺下叛軍不由自主地往兩邊退，生生為馬璘讓出了一條路。

僕固懷恩見狀立刻揮軍攻入敵陣，這下叛軍無法抵擋，陣形徹底亂了，再也無法統一指揮。

史朝義收拾人馬再戰，再敗。打到最後，十萬大軍被斬首六萬、生擒兩萬，其餘兩萬作鳥獸散。史朝義從十萬大軍的統帥變成了數百騎兵的首領，只能放棄洛陽城向東逃竄。

失去根據地的關羽，最終走了麥城；失去洛陽的史朝義，等待他的只有窮途末路。

在史朝義放棄洛陽後，僕固懷恩率軍挺進洛陽和河陽，時隔三年洛陽終於再次光復。然而光復並不等於幸福，洛陽百姓等來的是兩場噩夢。

第一場噩夢的製造者是回紇人。回紇士兵按照合約準時開搶。這一搶，搶得滿目瘡痍，死者過萬，大火連續十幾日不熄。

回紇兵走了，朔方兵團和神策軍來了。洛陽百姓以為迎來了自己的隊伍，沒想到對方並不是這樣認為的。他們給洛陽、鄭州、開封、汝州蓋上了一個戳：匪區。

洛陽百姓的第二場噩夢拉開了帷幕，開搶。這一搶歷時三個月，家家戶戶能搶的都被搶走了，什麼都沒剩下。

寧做盛世鬼，不做亂世人。身處亂世的人們，他們的名字叫作苦難。

窮途末路

失去洛陽，史朝義便成了流浪狗，雖然苟延殘喘但已時日無多。

史朝義從濮州渡過黃河，心裡還惦記著捲土重來，然而沒有機會了，僕固懷恩父子已經如同牛皮糖一樣黏了上來，怎麼甩也甩不掉。僕固懷恩先進攻滑州（河南滑縣），沒費多少周折就拿下滑州，他趁勝追擊追到了衛州，再一次把史朝義打得灰頭土臉。

就在史朝義心灰意冷時，他看到了一絲希望——大將田承嗣率領四萬大軍前來會師。史朝義頓時平添了與唐軍決戰的勇氣。只可惜平添的勇氣也是有保存期限的。

僕固懷恩的兒子僕固瑒沒有讓史朝義的勇氣保持多久，一場激戰就將史朝義的勇氣打沒了，順便將史朝義的殘軍驅逐到了昌樂（河南南樂縣）東部。史朝義不甘心就此失敗，又調集魏州兵團參加，結果還是慘敗。

戰爭發展到這一步，史朝義的「大燕帝國」再也挺不住了，一頭栽進崩潰的深淵。

當史朝義還在負隅頑抗時，「大燕帝國」的官員們開始向唐軍投降尋找自己的出路。在這股投降風潮中，史朝義任命的鄴郡節度使薛嵩（**薛仁貴的孫子**）舉相州、衛州、洺州、邢州投降；恆陽節度使張忠志舉恆州、趙州、深州、定州、易州投降。史朝義手中的籌碼本就不多，現在更是所剩無幾。

顧不上理會投降的節度使，史朝義一路跑到貝州，在這裡他與自己的兩位「節度使」會合。這次會合雲集了三萬大軍，史朝義又看到了翻本的希望。如同輸紅了眼的賭徒一樣，史朝義孤注一擲率領三萬大軍向追擊的唐軍反撲，如果能夠取勝，趁勝追擊進而徹底翻盤猶未可知。

想法不可謂不好，只是僕固瑒不給機會。史朝義率領三萬大軍反撲，一下掉進了僕固瑒的埋伏，三萬大軍拼死突圍，總算突出了包圍圈。史朝義剛想喘口氣，回紇軍到了，史朝義徹底悲劇了。在唐軍和回紇軍的聯合攻擊下，三萬大軍很快拼光了，史朝義再次成了光桿司令。

籌碼輸光，史朝義只能繼續流浪，一路向北逃到了莫州（河北任丘）暫時喘一口氣。一口氣還沒喘完，僕固懷恩的部隊追了上來，莫州立刻成了圍城。

史朝義面前只剩下兩條路，一條路是在莫州死守，一條路是突圍前往范陽調兵。前者是死路一條，失去號召力的史朝義注定等不來援軍，只能在莫州等死；後者看起來還有一點希望，畢竟鎮守范陽的是史朝義親自任命的李懷仙。

史朝義在兩條路之間猶豫不決，因為兩條路都有風險。第一條路雖然前景堪憂，但畢竟暫時安全；第二條路雖然看起來有希望，但如果范陽軍隊調不出來，連莫州也回不去了。

大將田承嗣看出了史朝義的猶豫，便對史朝義說道：「情況緊急，只能陛下親自到范陽調兵回救莫州，末將願意在這裡堅守，等待陛下救援。」

史朝義凝重地點了點頭，眼下只有這個不是辦法的辦法，也只能死馬當活馬醫了。

史朝義飽含期許凝視著田承嗣，老田，莫州城就交給你了。

田承嗣悲壯地點了點頭，陛下，您就放心吧。

事不宜遲，史朝義挑選出五千精銳騎兵從莫州城北門突圍而去，放心地把莫州城交給了田承嗣。史朝義以為田承嗣靠得住，但如果田承嗣靠得住，母豬也會上樹。史朝義前腳出城，田承嗣後腳便打開城門向唐軍投降。田承嗣投降讓史朝義損失慘重，不僅莫州城丟了，連母親、妻子、兒子一塊都丟了，田承嗣把這些人當成了送給唐軍的見面禮。

莫州的圍城一下子解開了，僕固瑒留下一部分兵馬鎮守莫州，自己親自率領三萬大軍追趕史朝義，追到歸義（河北容城）兩軍遭遇。士氣低落的史朝義自然不是僕固瑒的對手，一陣糾纏之後倉皇逃去，繼續往范陽趕路。

一路上，史朝義把寶押在了范陽節度使李懷仙身上，只要能從李懷仙那裡調出兵馬，「大燕帝國」還有迴旋餘地，不然只有死路一條。可是留給史朝義的注定只有死路一條，就在他押寶李懷仙的同時，李懷仙已經偷偷地向唐軍投降了。史朝義對這一切卻渾然不覺。

史朝義一行來到了范陽縣（河北涿州）城門下，鎮守范陽縣城的是兵馬使李抱忠，他奉李懷仙的命令率三千兵馬在這裡鎮守。城門下，史朝義收到了李抱忠的見面禮——閉門羹。

史朝義一下子愣了，難道連范陽也背叛我了？

左右在史朝義耳邊小聲提醒，唐軍追兵馬上就到，陛下得抓緊時間。史朝義緊張地回望一眼，然後派人去通知李抱忠：「大燕帝國皇帝史朝義把大軍留在莫州，自己親率輕騎兵前來調兵，請將軍注意君臣之間的大義。」

史朝義如此說是想用君臣大義約束李抱忠，讓他盡快打開城門迎接。其實這一切都是徒勞。君臣大義？李抱忠差一點噴了出來。

你們父子倆早已破壞了君臣大義，你還有臉跟我提君臣大義。

李抱忠站在城樓上對史朝義朗聲說道：「上天不保佑大燕帝國，結果讓唐室復興。如今我們已經歸順唐朝，怎麼可能再次反覆。大丈夫行事光明磊落，不想用詭計對付你們，你們還是早點找地方自保吧。另外田承嗣肯定已經投降了，不然唐軍怎麼可能追到這裡來。」

李抱忠一席話如同一盆涼水，將史朝義從頭澆到腳，不僅范陽調兵的計畫落空，莫州他也回不去了。史朝義呆呆站在原地，恐懼佔據了內心，這時他已經不再奢望進范陽縣城，只想先吃頓飽飯。

史朝義幾乎用乞求的語氣對李抱忠說：「我們從早上到現在還沒有吃飯，難道不能請我們吃頓飯嗎？」

李抱忠停頓片刻，哦，這個不難。

不一會兒工夫，李抱忠命人將飯擺在了范陽縣城東面，史朝義看到了久違的飯菜。

史朝義剛準備食用，就看到士兵三三兩兩一起過來向他辭行，一問才知道人家是范陽人，到這裡就到家了，就此辭行再也不給你史朝義打工。史朝義心中一陣淒涼卻也無可奈何，樹倒猢猻散，他哪裡攔得住去意已決的猢猻。

等史朝義吃完飯一回頭，曾經的五千騎兵只剩下幾百，而且都是胡人騎兵。歎息一聲，史朝義上馬而去，他要繼續尋找自己的避難之所。史朝義向東到了廣陽（北京西南良鄉鎮）城下，依舊吃了閉門羹，史朝義無奈只能向北準備投奔契丹或者奚部落。

這時追兵追了上來。率領追兵的居然是史朝義當年最信任的李懷仙。

天下之大已經沒有史朝義的容身之所。他放眼望去看到了一片樹林，他頓時明白了他的歸宿就是一棵大樹的枝頭。史朝義在一棵大樹的枝頭上自縊身死，結束了自己戰鬥的一生。

史朝義身死，標誌著由安祿山引發的安史之亂正式結束，這場戰亂從西元七五五年十一月開始，到西元七六三年正月結束，時間跨度為八年。

八年中，大唐王朝換了兩任皇帝。從李隆基到李亨，再從李亨到李豫，祖孫三代手忙腳亂忙活了八年，終於將安史之亂的戰火撲滅。遺憾的是李隆基、李亨沒能在有生之年看到安史之亂結束。

八年中，山河破碎、王朝蒙塵、百姓遭難、生靈塗炭，曾經盛極一時的帝國遍體鱗傷，從此不可阻擋地走上了下坡路。

八年中，所謂的皇位在安祿山、安慶緒、史思明、史朝義手中如擊鼓傳花般傳遞，他們都以為自己搶到了幸福，到最後卻發現搶到手的是一場場災難。

八年中，安祿山、史思明誤了王朝、誤了百姓，也誤了他們自己。

詩人命運

西元七六三年正月三十日，史朝義的頭顱（被李懷仙割下）被送到了長安，皇帝李豫長出了一口氣，這下可以祭告祖廟：安史之亂平息了。

朝廷收復河南河北的消息很快傳遍全國，遠在蜀郡的杜甫得到喜訊，頓時詩興大發：

聞官軍收河南河北

劍外忽傳收薊北，初聞涕淚滿衣裳。
卻看妻子愁何在？漫捲詩書喜欲狂。
白日放歌須縱酒，青春作伴好還鄉。
即從巴峽穿巫峽，便下襄陽向洛陽。

歷史有時總是有很多說不清道不明的巧合，李白、杜甫這兩位不世出的大詩人都碰巧經歷了安史之亂。不知道對於他們個人而言，究竟是一種幸，還是一種不幸？

李白參與了永王李璘的創業，杜甫也曾短暫地在李亨手下效力。所不同的是李白卒於西元七六二年，沒能看到安史之亂的結束，不然我們就能看到李白關於「聞官軍收河南河北」的詩作。

傳統的歷史總是習慣宏大敘事，而我更願意關心在歷史宏大敘事背景下的個體命運，比如安史之亂中詩人的命運。

李白的命運在前面已經寫過，這裡用一點篇幅交代一下安史之亂前後的杜甫。

讓我們從天寶十三年說起。天寶十三載十月（七五四年），一直不得志的杜甫終於得到一個官職：右衛率府胄曹參軍，這是一個看管軍械庫的小官，品級從八品，相當於現在的副科級，這一年杜甫四十二歲。

在大老粗軍人的呼來喝去聲中，杜甫平靜地履行著自己的職責，那些軍漢只把他當作一個可有可無的半老老頭，沒有人知道他們眼前站著的其實是一個名垂千古的大詩人。別人理解也好，不理解也罷，杜甫不再在意別人的語氣和目光，他知足於現在的日子，最起碼不用上山採草藥然後沿街叫賣。

俸祿積累了一個月，杜甫意識到該到奉先看看老婆孩子了，積攢下的俸祿可以為孩子們改善一下伙食，讓他們嘗嘗久別的肉味。天寶十三載十一月，杜甫從長安出發前往奉先，他在夜裡出發，長安凜冽的寒風把他吹得瑟瑟發抖。

在杜甫啟程的同時，開元天寶盛世走到了頂點，到這時大唐王朝總計九百零六萬戶，人口五千兩百萬，用曹雪芹在《紅樓夢》裡的話說，「鮮花簇錦，烈火烹油」。

旅途中，杜甫路過了驪山，他向驪山上皇帝的行宮看了一眼，他知道此時此刻皇帝和貴妃正在溫柔鄉裡，而他則在寒風中連夜趕路。滿懷希望的杜甫趕到奉先，他期待著妻子兒女的笑臉相迎，一進門卻是驚天霹靂，他最小的兒子餓死了，剛剛斷氣。

還有比這更意外的打擊嗎？

杜甫剛提起一個月的心氣一下子全沒了，自己在長安漂泊了十年、委頓了十年，剛剛走上仕途一個月，一回家就遭遇這樣的打擊。苦難從天而降，杜甫的文思卻如泉湧，於是便寫下了那篇可以載入中國詩歌史的《自京赴奉先縣詠懷五百字》：朱門酒肉臭，路有凍死骨。五百個漢字，一字一血淚，每個字都見證了杜甫的苦難。

所謂盛世、所謂輝煌，原來如此不堪一擊，開元盛世已是封建王朝的頂峰，大詩人杜甫的幼子卻被活活餓死。所謂盛世，幾多謊言，又有幾多水分？

當杜甫還沉浸在中年喪子的悲痛中時，更大的苦難撲面而來，苦難不只撲向了杜甫一個人，而是撲向了整個大唐王朝，那個叫做安祿山的胡人起兵造反，拉開了長達八年的「安史之亂」的序幕。個人的命運與王朝的苦難在杜甫身上交織，悲憤到以倍數累加，個體的不幸和集體的不幸累積到了頂點，從此杜甫詩中的苦難越來越多，他的詩就是一個王朝苦難的集合。

不過苦難並沒有壓倒杜甫，在國家喪亂之際他還在尋找為國效力的機會。杜甫知道李隆基的時代已經成為過去，他把寶押在了李亨身上，或許在這個皇帝任上可以實現自己治國平天下的理想。

杜甫注定是不幸的，他第一次投靠李亨居然以失敗告終，走到半路被安祿山的部隊抓住押回了長安。好在他其貌不揚，一個半老的糟老頭子引不起胡人的興趣，羈押一段時間後被釋放了，想再去投奔李亨時道路已被封鎖，杜甫就在長安過著困頓的生活。

我們不知道杜甫是如何熬過了那段苦難的日子，而且還在苦難日子裡寫下了不朽的詩篇：

國破山河在，城春草木深。
感時花濺淚，恨別鳥驚心。
烽火連三月，家書抵萬金。
白頭搔更短，渾欲不勝簪。

後來杜甫輾轉投奔了新皇帝李亨，並得到了左拾遺的職位，左拾遺是言官，專門給皇帝提各種建議，雖然官小職輕，但如果做得好一樣可以成為皇帝重用的大臣。

事實證明，杜甫在詩歌方面是天才，在官場上卻是庸才，他沒有官場中人的察顏觀色，也沒有靈敏的政治嗅覺。當皇帝決意修理宰相房琯時（房琯帶兵收復長安失敗），他不合時宜地站了出來為房琯鳴不平，這一下觸了李亨的霉頭也把自己的仕途徹底斷送了。自此杜甫的仕途一片漆黑，再也看不到一點光亮。

自覺無趣的杜甫從此無意於官場，過著四海為家的生活，這一次不再是「裘馬輕狂」的遠遊，而是拖家帶口的逃難，即便安史之亂於西元七六三年結束，杜甫的流浪卻從沒有停止。他的足跡到過秦州（甘肅天水）、到過同谷（甘肅成縣）、到過成都，一度他有意在成都長久地住下去。

可惜杜甫命中注定艱困，在成都的杜甫草堂裡前後不過住了兩年，這兩年是杜甫後半生難得的好時光。在這兩年裡他參觀了諸葛亮的武侯祠，寫下了「出師未捷身先死，長使英雄淚滿襟」的詩句，在這兩年裡他感受了春夜喜雨，寫下了「好雨知時節，當春乃發生」。

如果時光就這麼延續，該有多好。

現實對杜甫就是這麼殘酷，一直對他有所資助的劍南節度使嚴武突然暴卒，杜甫失去了重要的經濟支柱，這時他想到去投奔好友高適，命運再次跟杜甫開了個玩笑，高適也去世了。雪上加霜的是杜甫草堂的屋頂也被大風捲走了，一代大詩人上無片瓦，下無立錐。

西元七六五年五月，杜甫再次遷徙，這次遷徙他從成都遷往了夔州，在夔州一待就是兩年多，在夔州待著不動的原因只是因為沒錢寸步難行。夔州的日子依然艱難，杜甫還在寫詩，「無邊落木蕭蕭下，不盡長江滾滾來」。

西元七六八年，杜甫再次遷徙，從夔州前往江陵。本來跟從弟（**叔父的兒子**）約好在江陵見面，然而到了江陵，從弟卻躲了起來不肯見面，杜甫再次陷入斷糧的境地。

遷徙，接著遷徙，杜甫在遷徙中漸漸走近了生命的終點。

在杜甫人生的最後幾年，他在遷徙途中遇到了一個人，這個人的名字叫李龜年，唐代著名的樂手，與杜甫有著數面之緣，當年「岐王宅裡尋常見，崔九堂前幾度聞」，現在「正是江南好風景，落花時節又逢君」。

當年的青年詩人與青年樂手現在都已風燭殘年，曾經的那些風流早已無可奈何地隨花落去，從此他們都是靠記憶活著的老人。

唱不盡興亡夢幻，彈不盡悲傷感歎，淒涼滿眼對江山。

西元七七〇年，杜甫因遇洪水受阻於耒陽城外的一個小島，十天沒有吃上一頓飯。耒陽縣令聽說杜甫被困前來營救，並送來了白酒和牛肉，他的舉動讓困頓的杜甫感受到了久違的溫暖。

與此同時，生命的悲劇不期而至。

《新唐書》：縣令嘗饋牛炙白酒，大醉，一昔卒，年五十九。

《舊唐書》：大曆二年，啖牛肉白酒，一夕而卒於耒陽。

郭沫若先生分析說，杜甫可能死於食物中毒，隔夜的牛肉變質食用後可能導致中毒。

杜甫彌留之際，最大的願望是歸葬首陽山，那裡有他的祖父杜審言，他想陪伴在祖父身邊。這個小小的願望擱置了四十三年，杜甫的兒子們一直沒有能力完成他的遺願，四十三年後杜甫的孫子杜嗣業終於幫祖父完成了遺願。

為了彰顯祖父的成就，杜嗣業特意邀請當時與白居易齊名的大詩人元稹撰寫墓誌銘，一向崇拜杜甫的元稹欣然接受，提筆為自己的偶像寫下了墓誌銘。

杜甫是不幸的，他寫得出名垂千古的詩篇，卻舉不起生活的重擔，他一下筆就是千古名句，一生卻受困於柴米油鹽。他生時寂寞，死後卻享盛名，生前死後境遇天差地別。

然而幸與不幸都是生活的給予，或許正是個人的苦難增添了杜甫詩篇的厚度，杜甫個人的不幸或許正是中華文化之大幸。

禍患萌芽

史朝義身死，河南河北回歸，李豫以為王朝中興大有希望，然而事與願違。在天下一統的虛假繁榮背後，王朝的禍患正在萌芽。

翻看唐朝歷史，我們會發現唐朝中後期最大的禍患是宦官掌兵和藩鎮割據。如果上溯禍患源頭，就在西元七六三年安史之亂剛剛平定之時。

宦官掌兵從李輔國發端，安史之亂平定時李輔國已經作古，走上歷史前臺的是程元振。比起飛揚跋扈的李輔國，程元振有過之無不及。

西元七六三年正月，就在安史之亂平定的同時，程元振算計了一個人，他把這個人推進了萬劫不復的深淵。被程元振算計的人叫來瑱，時任宰相、山南東道節度使。

來瑱被程元振算計，說起來原因很小，就是沒有滿足程元振的胃口。

來瑱鎮守的山南東道總部設在襄州（湖北襄樊），經濟比較發達，這樣來瑱就成了程元振眼中肥得流油的鴨子，總想藉機咬上幾口。然而程元振並沒能如願，外號「來嚼鐵」的來瑱根本沒有搭理他，任憑程元振如何暗示明示他就是裝糊塗，不肯滿足程元振的胃口。寧得罪君子，不得罪小人。來瑱一下子把程元振得罪到家了，等待他的是程元振的「秋後算帳」。

程元振一直在找機會，找了許久終於讓他找到了。機會來自李豫對來瑱的厭惡。

李豫對來瑱厭惡，跟來瑱的小動作有關。

由於在山南東道節度使任上幹得順風順水，來瑱便想在那裡一直幹下去，不料朝廷有意將他調回長安另有任用，來瑱便指使手下官員上疏「強烈」挽留自己。眼看來瑱如此得人心，朝廷也不忍心違背「民意」，便讓來瑱繼續留任。

世上沒有不透風的牆，沒多久來瑱的「小動作」就被朝廷察覺，進而引起皇帝深深的厭惡，居然敢假借「民意」違背聖意。

後來李豫有意調來瑱到淮西戰區出任節度使，沒想到又被來瑱拒絕了，理由居然是「缺糧」：「淮西缺糧，請允許我等山南東道的小麥收割後再到任。」

李豫被來瑱的理由給雷住了，居然用「缺糧」搪塞我。

不久李豫更加惱火，來瑱居然又一次指使屬下上疏挽留自己。兩次事件疊加到一起，李豫對來瑱充滿了厭惡，這一下讓程元振抓住了機會。

程元振趁機參了來瑱一本：口出狂言，冒犯聖躬。

這一本已經夠來瑱喝一壺了，不久原淮西節度使王仲昇又參了一本。

淮西節度使王仲昇曾與史朝義的部隊作戰不幸被俘，靠著對史朝義卑躬屈膝保住了一條命，洛陽光復後重見天日。

巧合的是王仲昇與程元振關係甚篤，更巧合的是當年王仲昇率軍作戰時來瑱本來有與他協同作戰的責任。巧合碰撞到一起，王仲昇重重參了來瑱一本：來瑱與叛軍聯合，故意見死不救，導致我全軍覆沒，本人被擒。

明明自己作戰不利，卻把責任都推到來瑱身上，王仲昇一下把自己洗白了、把來瑱洗黑了。來瑱有口難辯，在劫難逃。

西元七六三年正月二十八日，安史之亂平定的同時，原宰相、山南東道節度使來瑱被剝奪所有官職，流放播州（貴州遵義）。來瑱以為自己會在播州終老，沒想到這居然是一個奢望。走到半路，傳詔使節追了上來——賜死。

來瑱的死訊很快傳遍全國，各道節度使頓生兔死狐悲之感，他們都知道來瑱無罪，即便勉強算有罪也罪不致死。現在宦官程元振搬弄是非整死來瑱，怎能不讓他們憂心忡忡？

程元振對來瑱下手選擇在來瑱進京朝見之時，而且賜死來瑱後朝廷居然沒有公布來瑱的任何一條「罪狀」。如此一來，各道節度使就從來瑱身上得出一個結論：別輕易去長安，免得被程元振無緣無故害死。

這個結論非常致命，以至於當李豫身陷險境需要節度使帶兵勤王時，崤山以東的節度使居然沒有一個人回應。歸根結柢就是程元振惹的禍。

更進一步追究就是宦官掌兵惹的禍。如果宦官沒有掌兵、沒有那麼得寵，自然不能輕而易舉地殘害大臣。只是這個禍患就如同蛀牙一樣，雖然隱隱作痛卻也無法自拔。

說完宦官掌兵，再來說藩鎮割據。

唐朝最終亡於藩鎮割據是不爭的事實，而藩鎮割據的發端則是在安史之亂平息之後。

安史之亂之前，安祿山治下的范陽、平盧、河東已經有了割據的苗頭，只是割據態勢並不穩固，李隆基一紙詔書就能把河東戰區從他手中剝離，因而談不上真正的割據。真正的藩鎮割據是從安史之亂平息時開始，始作俑者是僕固懷恩。僕固懷恩是一個複雜人物，他既對唐朝有功，又對唐朝有過，他先後兩次參與收復兩京，但也是他為唐朝種下了藩鎮割據之禍。

這一切都是僕固懷恩私心作祟。

命運的安排讓僕固懷恩跟郭子儀、李光弼都有過交集，他深知兩位名將的能力，也親眼目睹了兩位名將的起起伏伏，正是看到郭子儀、李光弼的仕途浮沉，僕固懷恩聯想到了日後的自己。

自古鳥盡弓藏，兔死狗烹，朝廷用你時可能把你捧得比天還高，不用你時就會把你摔下深谷，巨大反差已經屢見不鮮，郭子儀就是活生生的例子。想來想去，僕固懷恩打定了主意，他要留一個後手以備不時之需。他的後手居然是將「大燕帝國」的降將就地留任。

原本薛嵩、張忠志等人向唐軍投降後，鄭陳、澤潞節度使李抱玉、河東節度使辛雲京已經進入叛軍大營準備接手整編，這時僕固懷恩的命令來了：停止接收，降將各就各位。這個命令意味著李抱玉、辛雲京的整編計畫泡湯，而薛嵩、張忠志等得以全建制保留，這一保留就留出了王朝禍患。

然而僕固懷恩已經被私心蒙蔽了雙眼，他一心想為自己留後手，根本顧不上王朝之禍。在僕固懷恩的布局下，降將田承嗣、李懷仙全部得到留用。至此河南河北大地的戰火熄滅、硝煙散去，然而禍患卻累積了下來。

薛嵩、張忠志（**李豫後來賜名李寶臣**）、田承嗣、李懷仙每人都手握數州地盤、數萬兵馬，他們名義上服從唐朝管理，實際卻有非常大的主動權，已經與昔日的郡守、縣令不可同日而語。說白了就是他們手中有地、有兵、有資本，於是叛亂對他們而言是一個簡單任務。

值得一提的是薛嵩，他沒有給祖上丟臉，數年後他在任上病逝，以這種方式跳出了藩鎮割據的漩渦。薛嵩死後，將士們逼他十二歲的兒子薛平繼任，薛平假裝答應卻連夜護送父親靈柩返鄉，把位置拱手讓給了叔叔薛諤。薛諤繼任數年後遭到驅逐，幕後指使的黑手是田承嗣。不過這樣一來使得薛仁貴一脈徹底遠離了藩鎮割據，終究保全了薛仁貴千古不衰的名聲。

李豫並非不知道僕固懷恩的布局，只不過他睜一隻眼閉一隻眼裝起了糊塗，他不想再打仗了，他只想要統一，哪怕是形式上的統一。

安史之亂的八年，是李豫成長的八年，也是充滿磨難的八年。這八年中，他跟父親一起焦頭爛額，一起拆東牆補西牆。八年下來，打得民生凋敝、打得心煩意亂，只要能早點平息戰火他就不再講究方式方法。再者「燕國」在河南河北之地經營多年，雖然「燕國」已經覆滅，但基礎尚存，一般的唐朝政府官員很難鎮住當地的勢力，用降將原地治理是形勢使然，也是不得已而為之的一種選擇。

在僕固懷恩私心作祟、李豫得過且過的心理交織下，藩鎮割據作為權宜之計就這樣走入唐朝歷史，進而種下隱患。雖然初期相安無事，但自隱患種下之日，病毒的發作就進入了倒數計時。

李豫以為自此天下無事，孰知林欲靜而風不止。

天下多事

第十七章

四人所指

儘管僕固懷恩自以為後手留得巧妙，布局布得聰明，但他的用心從一開始就被人識破，鄭陳、澤潞節度使李抱玉、河東節度使辛雲京是其中的代表人物。

李抱玉、辛雲京懷疑僕固懷恩從安史之亂平息時就開始有了想法，當時他們正準備整編叛軍部隊，僕固懷恩卻下令叫停。按照慣例，整編投降的叛軍部隊合情合理，而僕固懷恩卻讓他們原建制保留，這種作法不合情理。

李抱玉、辛雲京很快給李豫上了奏疏，提醒李豫及早提防僕固懷恩。要說唐朝宮廷的保密工作做得相當差，不久僕固懷恩得到了消息，馬上上了一道奏疏予以解釋。

李豫繼承了祖父、父親的光榮傳統——葫蘆僧斷葫蘆案。既不指責李抱玉、辛雲京，也不指責僕固懷恩，反而和起了稀泥，把兩方都「狠狠」勉勵了一番。

這皇帝當的就是一個和事佬。

李豫以為經過自己的調和事情就會這麼過去，不料沒多久李抱玉又舊話重提。激發李抱玉舊話重提的是一個神人——馬燧。

馬燧在前面出過場，曾經在顏杲卿的指派下潛入范陽郡做策反工作，憑藉三寸不爛之舌，說動范陽留守賈循舉范陽郡向朝廷投降。本來已經接近大功告成，不想賈循猶豫不決導致風聲走漏，結果功虧一簣。在那以後，馬燧繼續在官場打拼，西元七六三年出任趙城縣尉。

當上縣尉的馬燧並沒有什麼驚人之舉，直到一次毛遂自薦。馬燧毛遂自薦的是接待官，專門對口接待回紇班師部隊。

在馬燧之前，沒有人願意接這個苦差，這個差事不僅苦而且有生命危險，自負有功的回紇士兵動不動就藉口招待不周舉刀就砍，砍死砍傷不在少數。鄭陳、澤潞節度使李抱玉為此頭疼不已，而馬燧迎難而上。

馬燧先派人給回紇部隊的將帥送去了無法拒絕的賄賂，條件只有一個：約束士卒，不准行凶。拿了馬燧賄賂的將帥也不含糊，拿出一面令旗交給馬燧：「有違反命令者，你可以處斬。」

馬燧要的就是這句話。

得到令旗的馬燧又從監獄中提出幾個死囚，他要給回紇士兵演一齣「殺雞儆猴」。馬燧讓這些死囚假扮成自己的隨從，然後一起在回紇士兵面前演戲。只要「隨從」略有違令之處，馬燧立刻令旗一揮，斬。

戲演了幾次之後，回紇士兵被震住了，他們徹底怕了馬燧的令旗，於是便夾起尾巴乖乖聽話，在馬燧主管的轄區內再也沒有撒野紀錄。

李抱玉徹底被馬燧折服了，這時馬燧又對李抱玉說出了自己由來已久的焦慮：「我與回紇人交往甚多，了解他們的性情。現在僕固懷恩居功自傲，他的兒子僕固瑒也喜歡賣弄，如今僕固懷恩在國內布置了四個節度使結交回紇，因此他必有覬覦河東、澤潞戰區之心，需要盡早加以防範。」

李抱玉聽完連連點頭稱是，隨後又給李豫上了一道奏疏：提防僕固懷恩。

在李抱玉上疏的同時，河東節度使辛雲京也沒有閒著，他同樣將矛頭指向了僕固懷恩。嚴格說起來，李抱玉和辛雲京的上疏一半為公、一半為私。

為公，是擔心僕固懷恩將來尾大不掉，成為國家之禍；為私，是因為他們兩人所在的戰區與僕固懷恩的勢力範圍接壤，他們都擔心自己的戰區被僕固懷恩吞併。於是李抱玉、辛雲京雙雙上疏李豫，企圖通過上疏將僕固懷恩拉下馬，進而解除本戰區被吞併的威脅。

相比之下，辛雲京的心情比李抱玉更迫切，因為他已經把僕固懷恩得罪到家了，索性惡人當到底。辛雲京得罪僕固懷恩要追溯到一年前，當時登里可汗提出要見僕固懷恩，李豫便下令僕固懷恩前去邊境相見。這次相見讓辛雲京和僕固懷恩結下了樑子。

在僕固懷恩北上路過太原時，辛雲京居然緊閉城門，把僕固懷恩當成了狗不理，按理他是有接待僕固懷恩和登里可汗的義務。辛雲京有自己的考慮，他擔心這對翁婿聯手趁機向太原發起攻擊，為防不測他索性不搭理僕固懷恩。這次拒之門外讓僕固懷恩耿耿於懷。

一年後，僕固懷恩的耿耿於懷再次升級。這次僕固懷恩奉命禮送登里可汗出境，沒想到路過太原時辛雲京再次緊閉大門，又一次把僕固懷恩當成了狗不理。兩次被拒之門外讓僕固懷恩的氣憤達到了頂點，他給李豫上了一道奏疏憤怒聲討辛雲京。然而奏疏送上後如泥牛入海，李豫居然沒有給僕固懷恩任何回覆。

裝糊塗？還是真糊塗？

李豫裝起了糊塗，辛雲京卻不敢裝糊塗，他比以往任何時候都清醒，他清楚地看到僕固懷恩的勢力範圍已經將自己壓迫得近乎窒息。辛雲京的總部在太原，僕固懷恩則率軍駐紮汾州（山西汾陽），僕固懷恩的兒子僕固瑒駐紮榆次，僕固懷恩的裨將李光逸駐紮祁縣，李懷光駐紮晉州，張維岳駐紮沁州。

總體而言，辛雲京和僕固懷恩的部隊都駐紮在今天山西境內，兩者近在咫尺。距離遠則產生美感，距離近則產生壓抑。辛雲京就是被近在咫尺的距離壓抑得窒息，他想早一天結束讓自己窒息的壓抑。

病急亂投醫，他求助於宦官駱奉仙。辛雲京給了駱奉仙厚厚一筆賄賂，然後告訴了他一句話：「僕固懷恩與回紇勾結，罪狀已經非常明顯。」

這句話並非點到為止，而是要借駱仙奉之口傳到李豫的耳朵裡。一句話，一筆錢，成交。

或許上天覺得這場戲到目前為止還不夠精彩，因此又給它加了一個橋段。

駱奉仙返回長安時路過汾州，僕固懷恩盛情地將他挽留了下來。論起過往交情，駱奉仙與僕固懷恩關係甚篤，兩人甚至約為兄弟、登堂拜母。這一次也不例外，僕固懷恩的母親親自擺下宴席招待駱奉仙。

老太太對於駱奉仙是了解的，而且她還知道最近駱奉仙與兒子的死對頭辛雲京走得很近。藉著敬酒的機會，老太太責怪道：「你跟我兒子約為兄弟，如今卻又跟辛雲京走得很近，做人何苦要兩面三刀呢。」

駱奉仙被噎得臉紅，又無法辯解，只能硬挺著尷尬應對。

僕固懷恩連忙站起來解圍，哎，不說不愉快的事了，我為兄弟跳支舞以助酒興。

一曲跳完，駱奉仙起身給了僕固懷恩「彩頭」（**唐朝風俗，如果宴席上主人給客人跳舞助興，客人需要給予彩頭，表示感謝**）。僕固懷恩笑著接過，心裡盤算著如何回贈駱奉仙，便對駱奉仙說道：「明天是端午節，我再陪兄弟好好喝一天。」

駱奉仙哪裡肯留，他還惦記著辛雲京的委託，只想早一點回長安。駱奉仙堅持要走，僕固懷恩堅持要留，堅持到最後僕固懷恩乾脆將駱奉仙的馬藏了起來。

說一千道一萬，僕固懷恩只是想對朋友表示自己的熱情，然而表示熱情要適度，要向合適的人表示，千萬不要向駱奉仙這種心理素質不過硬的人表示。駱奉仙居然把僕固懷恩的熱情解讀為「殺機」。

駱奉仙對左右惴惴不安地說道：「先是責怪我，接著又藏我的馬，這是要殺我啊。」半夜，恐懼不安的駱奉仙翻牆而走，一路狂奔向長安逃亡。

駱奉仙的逃走，讓僕固懷恩大吃一驚，哎，一片誠心被當成了驢肝肺。也罷，把馬還他吧。騎著僕固懷恩還回的馬，駱奉仙狂奔回長安，見到李豫的第一句話就是——僕固懷恩要反了。

消息很快傳到僕固懷恩耳朵裡，僕固懷恩上了一道奏疏詳細地解釋了前因後果，最後僕固懷恩寫道：「請陛下誅殺辛雲京和駱奉仙。」

李豫又一次當起了和事佬，兩不責備，並授意雙方和解。然而和當年的哥舒翰和安祿山一樣，矛盾一旦發生便很難和解，於是李抱玉、辛雲京、駱奉仙與僕固懷恩的矛盾越結越深，再也化解不開了。

後來宦官魚朝恩也參與了進來，成為指控僕固懷恩最起勁的一員。至此，指控僕固懷恩圖謀不軌的人達到了四個（**馬燧因官職小不計在內**），他們都懷有各自的目的。李抱玉、辛雲京是怕自己的戰區被吞併；駱奉仙、魚朝恩則是嫉妒僕固懷恩當紅。他們為了各自的利益結合到一起，於是僕固懷恩就成了四夫所指。

平心而論，僕固懷恩對朝廷是有大功的，安史之亂以來僕固懷恩一門為國捐軀的人有四十多個，他的女兒也身負重任為國和親。至於僕固懷恩本人既有說服回紇出兵的大功，又有收復兩京的戰績，而且黃河以北的平定大部分也是他的功勞。如果說前幾次是郭子儀、李光弼唱主角，那麼最後一次完全是僕固懷恩唱主角。至於令降將原地留守有他的私心作祟，同時也是形勢所逼。

面對四人所指，僕固懷恩充滿了委屈，便又給李豫上了一道奏疏，奏疏的末尾建議李豫派欽差到汾州調查，屆時他將全力配合，調查完畢再跟隨欽差進京。

看完奏疏，李豫很快地派出欽差，僕固懷恩自證清白的機會來了。

面對欽差，僕固懷恩的表現良好，最後欽差給僕固懷恩指了一條明路：進京面聖，洗脫嫌疑。僕固懷恩痛快地答應了。

事情發展到這一步，有望往喜劇方向發展，不料當晚副將的一席話驚醒了僕固懷恩。

副將說道：「大帥如果相信欽差的話，一入長安就會成為第二個來瑱，想回也回不來了。」

一語驚醒夢中人。

第二天一早，僕固懷恩變卦了，他想派一個兒子替自己進京。然而這個提議也遭到副將反對，最後僕固懷恩連讓兒子代替進京的想法也放棄了。欽差一無所獲，只能一個人回到長安，留給僕固懷恩的是一道再也難以解開的死結。

縱觀僕固懷恩被指圖謀不軌的前前後後，究其根本原因其實有兩個：一，功高震主；二，不知急流勇退。倘若僕固懷恩能跟郭子儀學一點韜光養晦，不把自己放在容易被人猜忌之地，何來那麼多猜忌、何來那麼多指控？

再者，安祿山給唐朝皇帝造成了極為嚴重的心理陰影，一下子破壞了節度使等重臣在皇帝心中的形象。節度使在安史之亂前是皇帝的肱骨之臣，安史之亂後節度使成了皇帝手中的雙刃劍，用好了可以殺敵，用不好就是傷己。因此皇帝對節度使時時抱有警惕之心，再也沒有當初的親密無間。

郭子儀也好，李光弼、僕固懷恩也罷，他們都是皇帝願意用的重臣，但同時又是皇帝忌憚的重臣，微妙的關係只有郭子儀這種舉世高人才能完美拿捏。而李光弼，他只能勉強應付；至於僕固懷恩，他連應付都應付不了。

於是等待僕固懷恩的，只會是一場悲劇。

長安淪陷

西元七六三年的前半年，李豫的心情一直不錯，困擾王朝八年之久的安史之亂終告結束，河南河北戰火得以熄滅，大唐王朝終於重回一統，天下無事。

然而天下無事只是假象，在李豫沾沾自喜的同時西方戰事一直在蔓延。挑起西方戰事的是老冤家吐蕃，他們蠶食唐朝已經不是一兩天的事了，粗略統計他們已經蠶食了整整七年。

原本李隆基為唐朝建立了一套完備的國防體系，朔方、隴右、河西、安西、北庭等戰區就是為了防禦吐蕃等強敵建立。開元天寶年間，這套防禦體系發揮了巨大作用，國境線雖然長達萬里，但基本平安無事，邊境無憂。

平衡在西元七五五年十一月被打破，為了平息安史之亂，李隆基開始拆西牆補東牆，他把隴右、河西、安西、北庭等戰區的精兵全部調入中原對付安祿山，留下鎮守邊防的都是老弱殘兵，不僅不中看更加不中用。這些老弱殘兵自然無法抵擋吐蕃人的蠶食，起初還是小打小鬧，到後來發現唐朝軍隊根本無暇西顧，擺在他們面前的是千年不遇的良機。

到西元七六三年，吐蕃已經攻陷了大震關（甘肅張家川），進而攻陷蘭州、廓州、鄯州、洮州、岷州、秦州、成州、渭州等州，原來的隴右、河西之地盡為吐蕃人所有。西北數十個州接連淪陷，他們與長安的距離越來越近，自鳳翔（陝西鳳翔）以西至邠州（陝西彬縣）以北全部歸於吐蕃名下。

即便西線已經被蠶食到如此程度，李豫依舊沒有放在心上，他的主要精力還在河南河北，只要把河南河北平定了，其他地方都是小問題。

或許吐蕃人也洞悉了李豫的心態，他們進一步加大了蠶食力度。西元七六三年七月，吐蕃大軍發動又一撥進攻，唐軍邊防將領紛紛飛書告急，然而告急文書到了程元振那裡居然被壓了下來，一份也沒有上報。

「報喜不報憂」是官場傳統，但如果連十萬火急的軍情都不報，這個王朝就危險了。程元振不管這些，他依然不報。

十萬火急的軍情被程元振壓制了三個月，直到再也壓制不住。程元振無法瞞報下去，是因為西線軍情發生了巨變。西元七六三年十月，吐蕃大軍兵臨涇州（甘肅涇川）城下，刺史高暉大開城門，向吐蕃大軍投降。

如果僅僅是投降也可以理解，畢竟戰亂年代保持氣節殊為不易，然而高暉投降得非常徹底，他不僅投降，而且主動擔任起吐蕃大軍的嚮導。高暉就此調轉方向，率領吐蕃大軍把矛頭指向了國都——長安。

如果沒有高暉帶路，他們絕不敢貿然深入，現在在高暉的帶領之下，吐蕃大軍長驅直入，一下穿過了邠州，接近長安心臟地帶。直到這時李豫才得到吐蕃入侵的消息，震驚萬分。

十月二日，吐蕃大軍進攻奉天（陝西乾縣）、武功（陝西武功），這次進攻讓李豫的震驚再次升級，因為奉天、武功離長安的直線距離不過一百三十里。李豫壓抑住狂跳不已的心，連忙尋找對策，他馬上想到了一個人——郭子儀。

李豫被逼得手忙腳亂完全是咎由自取，早在半年前郭子儀就上疏提醒過李豫「吐蕃、党項一直虎視眈眈，應該早做防備。」奏疏不止上了一回，可惜他一點都沒聽進去。

現在李豫臨時抱佛腳，指望郭子儀再次解救危局。李豫下詔，命雍王李適為關內元帥，郭子儀為副元帥，前往咸陽鎮守，抵禦吐蕃。

關內副元帥的名頭看起來挺大，但僅僅是一頂帽子而已。郭子儀此時最需要的不是帽子而是兵，然而他卻手中空空，李豫讓郭子儀退居二線成了光桿司令，想要有兵只能臨時招募。

緊急招募之後，郭子儀終於有了班底——二十名騎兵。郭子儀不禁苦笑，自帶兵以來從來沒有這麼寒酸過。

郭子儀帶領二十名騎兵前往咸陽，一入咸陽他被敵情驚呆了。據探馬來報，吐蕃聯合吐谷渾、党項、氐、羌二十餘萬大軍已經渡過渭河，沿著秦嶺山脈向東挺進，直逼長安而來。

郭子儀連連叫苦，馬上派人回長安告急請求增兵。他做夢也沒有想到這次告急居然無功而返，程元振居然阻攔告急使者，愣是沒讓使者見到李豫的面。

這次阻攔的惡果在幾天後出現了——長安淪陷。如果程元振沒有阻攔，使者得以面見李豫，或許李豫能夠增派兵馬給郭子儀，一舉擋住吐蕃大軍東進的步伐。然而程元振卻阻攔使者，郭子儀增兵計畫落空，只能眼睜睜看著吐蕃大軍直逼長安。

在吐蕃大軍逼近長安之前。渭北行營兵馬使呂月將率領兩千精兵在盩厔（陝西周至）西面設伏，打退了吐蕃大軍的一次進攻，暫時延緩了吐蕃軍隊的進攻速度。兩天後，吐蕃二十萬大軍蜂擁而至，呂月將沒能再次創造奇蹟，他力戰不敵，全軍覆滅，自己也被生擒。

吐蕃大軍順勢挺進咸陽西南的便橋，距離長安已是咫尺之遙。

消息傳到長安，李豫呆立在原地，他知道軍情緊急，可是沒想到居然緊急到如此地步。目前擺在李豫面前只剩下一條路——放棄長安，向東避難。

七年前，他曾經有過一次放棄長安經歷，沒想到七年後又要放棄長安。兩次唯一不同的是避難方向，上次是往西，這次是往東。

放棄國都這種事情一旦開了頭就很難剎住車，有唐一代國都長安被多次放棄，萬惡之源就是西元七五六年李隆基的倉皇出逃，如今他的子孫們延續了這個光榮傳統，而且不斷發揚光大。

十月七日，李豫放棄長安，巡幸陝州（河南三門峽）。

中國史官的筆桿子真不是蓋的，明明是逃難卻美其名曰「巡幸」。最搞笑的是北宋皇帝宋徽宗、宋欽宗被金兵俘虜押往金國，史書對此美其名曰「二帝北狩」，字面意思是：兩位皇帝不是被俘，而是到北方打獵去了。

李豫放棄長安的消息傳到咸陽，郭子儀連忙引軍從咸陽返回長安，他想追趕李豫東巡的腳步。等郭子儀抵達長安時，李豫已經走遠了。世上總是無巧不成書，就在郭子儀遺憾不已時，意外收穫撲面而來。郭子儀居然在開元門內遇到了一幫異想天開的人。

在這幫異想天開的人中，領頭的是神箭侍衛官王獻忠。王獻忠本來在李豫東巡陜州的隊伍裡，東行沒多遠他便率領四百騎兵調轉方向返回了長安，他要做一件大事。這件大事就是裹脅李唐皇室的親王，西上迎接吐蕃大軍。

王獻忠這麼做有他自己的考慮，他知道吐蕃長驅直入一定會在長安建立偽政權，他裹脅幾個親王過去，沒準就有一個能當上「皇帝」，屆時他就是擁立「皇帝」的「開國元勳」。王獻忠一邊打著如意算盤，一邊裹脅著親王們往西走，不料與郭子儀撞了個正著。看到郭子儀，王獻忠眼前一亮，心想如果能拉郭子儀入夥，事情就好辦多了。

沒容王獻忠多想，郭子儀一聲大喝將王獻忠喊下了馬。王獻忠下馬後，緊趕兩步走到郭子儀的馬頭前遊說道：「如今皇帝東遷，社稷無主，令公身為元帥，廢誰立誰還不是一句話的事。」

郭子儀冷冷地看著王獻忠這個傢伙，腦袋裡都想著什麼？想當開國元勳想瘋了吧。

郭子儀正準備開口，被裹脅的豐王李珙（**李隆基的兒子**）迫不及待地開口了：「令公怎麼不說話啊。」

迫切心情溢於言表。想來李珙是被王獻忠描繪的前景打動了。

郭子儀看了李珙一眼，哎，又是一個走火入魔的。

郭子儀大聲斥責道：「胡鬧！」

郭子儀一揮手，手下便將王獻忠等人押了起來一路扭送到潼關，交給了驚魂未定的皇帝李豫。李豫一聽不禁愕然，剛離開長安就有人動了活心眼。李豫看了看豐王李珙，對於這個叔叔他實在不想說什麼，挺大歲數的人，怎麼不長腦子呢？

李豫沒有當場處置李珙，而是讓李珙回到給他分配好的營帳。李珙回到營帳後忍不住心中忿怒口吐怨言，這幾句怨言最終要了他的命。經過官員上奏，李豫最終下詔將李珙賜死。

從始至終，李豫所謂的寬恕都是假象，他只是在等一個處死李珙的藉口而已，當李珙隨意口出狂言，賜死的結局就向他迎面走來。準確的說這個結局在他一入潼關時就確定了，沒有一個皇帝會容忍別人謀逆，即便疑似也不行。

處死完李珙，李豫繼續東行到陝州。與此同時，長安城中正在上演「改朝換代」的好戲。高暉與吐蕃大將馬重英擁立廣武王李承宏為帝、改元、設置百官。

李承宏籍籍無名，他的祖父邠王李守禮（**李治次子李賢的兒子**）卻有一定的名氣。被高暉、馬重英推上皇位的李承宏從一開始就注定了悲慘的結局，豐王李珙只是疑似謀逆就被賜死，更何況他被人堂而皇之地推上皇位。

李承宏的「皇帝」生涯很短暫，前後不到半個月，從登基開始便進入了倒數計時。為李承宏按下倒數計時碼錶的是郭子儀，正是在他的策劃下收復了長安。

當郭子儀決心收復長安時，他的手下依舊寒酸得可憐，居然只有三十名騎兵。郭子儀並不以為意，他把目光投向商州（陝西商州），商州將是郭子儀反攻長安的重要橋頭堡。郭子儀看重商州不為別的，只為這裡有很多潰散的禁軍士兵，只要前往商州將這些士兵收攏，反攻長安的兵馬就有著落了。

果不出郭子儀所料，當他抵達商州時潰兵正在商州城裡閒逛，郭子儀一聲令下潰兵紛紛響應，一天的工夫已經雲集了數千人，再加上其他地方收攏過來的兵馬，總數達到了四千人，已經初具規模。

這時李豫的詔書送達商州，徵召郭子儀前往陝州晉見。郭子儀沒有應召，他給李豫回了一道奏疏：臣不收復長安無以見陛下，臣準備從藍田出兵，屆時吐蕃兵必然不敢東下。

說幹就幹，郭子儀派左羽林大將軍長孫全緒（**出自長孫無忌哥哥一脈**）率領二百騎兵從藍田出發前去觀察敵情。長孫全緒雖然名不見經傳，但也是一個軍事奇才，他挺進藍田北部的韓公堆時，就率領二百騎兵拉起大旗，扯起虎皮。白天，二百騎兵在韓公堆附近廣張旗幟、擂動戰鼓；夜晚，二百騎兵在那裡點起無數堆篝火，遠遠望去似乎有大軍駐紮。

與此同時，前光祿卿殷仲卿也行動了起來，他自己招募了一千人的民兵部隊，然後率領二百騎兵渡過滻水，做出一幅進逼長安的態勢。

吐蕃人並不知道長孫全緒和殷仲卿的兵都不多，吐蕃人心裡一直在打鼓，他們知道自己孤軍深入，一旦唐軍反撲就有可能陷入唐軍的重重包圍。

長安百姓在此時也體現出相當高的軍事素質，他們故意在吐蕃士兵面前聊天：「知道嗎？郭子儀已經在商州集結大軍，聽說部隊不計其數，不日就將反攻長安。」一小道消息迅速在長安蔓延，吐蕃士兵都知道了這個可怕的消息，心中惴惴不安，歸心似箭。

夜裡，精神緊張的吐蕃士兵好不容易進入夢鄉，長安城中傳來了連綿不絕的陣陣鼓聲。鼓聲夾雜著吶喊聲，吐蕃士兵個個都繃緊了神經。這一切都是長孫全緒的疑兵之計，他派神箭侍衛官王甫潛入長安城結交了數百個長安惡少，夜間的鼓聲就是他們的傑作。

所有不利的消息彙總到一起，二十萬吐蕃大軍坐不住了，他們感覺唐軍已經從四面八方向他們逼來，再不離開長安他們就會被關門打狗、甕中捉鱉。

到此時為止，真正準備反攻長安的唐軍並沒有多少，遠在汾州的僕固懷恩與淮西的李光弼都手握大軍，然而他們接到了率軍勤王的詔書後仍按兵不動。

吐蕃人並不知道整個崤山以東的節度使沒有發一兵一卒勤王，他們只知道唐軍正向他們襲來。在錯覺的指引下，十月二十一日，吐蕃大軍打開城門向西撤去，歷時十二天的佔領就此結束。

吐蕃人走了，高暉慌了手腳，他不僅慌了手腳而且方向錯亂了。按道理說吐蕃人撤走，高暉理應跟隨著吐蕃人往西逃亡，他竟然率領三百騎兵向東逃竄。

逃錯方向的高暉注定了悲慘的結局，他一路狂奔到潼關，雙腳踏入了地獄之門。潼關守將李日越將他拿下當場誅殺，高暉就這樣結束了自己賣國求榮的一生。

長安就這樣戲劇性地回到郭子儀手中，連郭子儀自己都沒有想到會如此順利。

郭子儀率軍從商州返回長安，無奈這次他又遇到了么蛾子。

鬧出么蛾子的是神箭侍衛官王甫，不久前他奉長孫全緒之命潛入長安結交惡少半夜擊鼓。原本吐蕃驚走後任務便完成了，然而王甫卻不這樣認為，他居然糾集了兩千多名部眾，然後任命自己為「京兆尹」（**長安特別市市長**）。

想官想瘋了。

王甫不僅自己當「京兆尹」，手下還配置了一些官員，在吐蕃兵撤走到郭子儀還沒入城這段時間裡，王甫的山寨版政府在長安城裡橫行直撞。但凡有智商的人過把癮後就會迅速離開，王甫卻一直堅持，直到郭子儀抵達長安城下，王甫依舊在死扛，他不想就此放棄自己的「京兆尹」夢想。

郭子儀率領三十名騎兵緩緩前行，再一次向王甫發出了徵召令。可能是被郭子儀的氣場鎮住了，這一次王甫乖乖地應召，跪倒在郭子儀馬前行見面禮。

郭子儀疑惑地看了看王甫，就你，京兆尹？

郭子儀一聲令下，王甫身首異處，從此只能在地下做自己的京兆尹夢了。王甫身死，兩千部眾膽戰心驚，一哄而散，「官」不要了，命要緊。

一個月後，東巡陝州的李豫重返長安，郭子儀率領文武百官及各路人馬出城迎接。郭子儀雙膝跪地，等候李豫「定罪」。所謂「定罪」，是自謙之詞。

李豫走到郭子儀的面前，雙手扶起郭子儀，感慨地說道：「沒有早點用你，以至於到了這個地步。」

皇帝說話雖然是金口玉言，但不能全信，如果全信了你就是傻子。對於皇帝的話，聽一半，扔一半，別太當真。

吐蕃入侵在亂哄哄中開始，又在亂哄哄中結束。失而復得的長安城一切看上去與以前並沒有太多不同，只是長安城先失後得就注定有人要付出代價，而且是沉重的代價。

烏鴉換崗

要付出代價的不是別人，正是此前當紅的宦官程元振。

自從一年前接替李輔國的職位後，程元振在李豫面前便風生水起，不僅被任命為元帥府代理司馬，而且還被封為驃騎大將軍，走紅態勢不言而喻。

與李輔國相比，程元振的手更長、心更黑，害死山南東道節度使來瑱就是他的得意之作。不過，跟李輔國相比，程元振的智商似乎不太夠，他居然敢把十萬火急的軍情當成兒戲，僅此一點就足以證明他是一個低能兒。

程元振總以為自己可以一手遮天，卻沒有想到總有一天紙會保不住火，當長安淪陷已經近在眼前，你還瞞得下去嗎？

從李豫逃出長安那一刻起便埋下了程元振下臺的伏筆，沒有一個皇帝會容忍程元振這樣欺上瞞下的宦官。李豫忍而不發，他在等待一個合適的時機。

李豫一行抵達陝州後，彈劾程元振的奏疏到了，上奏的人是太常博士（祭祀部祭祀官）柳伉。柳伉在奏疏中詳細羅列了程元振的罪行，並且一針見血地指出程元振導致的惡果：崤山以東沒有一個節度使率兵勤王。

奏疏寫得洋洋灑灑，李豫讀得戰戰兢兢，柳伉的筆鋒已經觸及到他的內心深處，這些問題他自己也曾想過，只是沒有想得那麼深刻。現在來看這一年多來重用程元振完全是一個大錯誤，他不僅一手遮天而且殘害忠良，以致關鍵時刻崤山以東居然沒有節度使勤王，這不是要把皇帝推進孤家寡人的境地嗎？

李豫搖了搖頭，程元振，到你下課的時候了。

換作別人，李豫可能會追加一紙詔書：賜死。就像當初他對待李輔國一樣（李輔國還沒撈著「賜死」，而是被砍死）。然而他卻對程元振下不了手，畢竟程元振當年擁立有功，而且沒有李輔國那麼跋扈。還是網開一面吧。

西元七六三年十一月二日，李豫下詔解除程元振所有官職，遣送回老家（陝西三原）安置。到這一步，程元振就該安靜走開了，徹底退出歷史舞臺。但他並不甘心，遣送回老家後又鬧出了一段插曲。

在聽說李豫重返長安後，程元振喬裝打扮悄悄地從三原溜進了長安城。按照他的計劃是想在皇宮上下活動一番爭取復出，為皇室繼續發揮餘熱。程元振以為自己做得很隱秘，不料還是被京兆府察覺了，一心準備復出的程元振被抓了起來等待李豫的進一步處理。

李豫得知消息後有些惱火，便下令將程元振永遠流放溱州（重慶綦江）。然而李豫終究念及程元振有擁立之功，不久再次下詔將程元振貶到江陵安置。到此時程元振徹底退出歷史舞臺，只能眼睜睜看著自己的同行繼續在那個舞臺上表演，而他徹底淪為一個有心無力的看客。

接替程元振的是個熟人，宦官魚朝恩。魚朝恩之所以能順利接替程元振，還得感謝李豫的倉皇東巡。

李豫從長安倉皇逃出後，先到了華州（陝西華縣），李豫在華州受到了前所未有的打擊：隨行官員一哄而散，沒有人來照顧李豫的飲食起居，即便有隨行的士兵在崗也是一個個強忍饑餓、面露不滿。

經歷過七年前的逃難，李豫知道自己正處在危險的邊緣，一旦禁軍中有人趁機作亂，他這個皇帝隨時有可能發生危險。李豫不敢多想，只能乞求一路平平安安順利抵達陝州。

就在李豫饑寒交迫、心驚膽顫時，魚朝恩出現了，他率領神策軍前來接駕。魚朝恩的出現幫李豫解了圍，李豫當晚便入住魚朝恩的神策軍大營，心中不由得對魚朝恩產生了好感。

關鍵時刻，一句一萬句；關鍵時刻，一件好事一萬件。

魚朝恩憑藉迎駕這一件「大功」贏得了李豫的絕對信任，在程元振落馬後，李豫將魚朝恩扶上了馬，出任天下觀軍容宣慰處置使，掌管皇家禁軍。魚朝恩一躍成為皇宮之中最紅的宦官，超過了李輔國，也超過了程元振。

重返長安的李豫以為自此會與好運相伴，然而這只是一廂情願。

不久，戰事又起。

天壤之別

第十八章

李光弼離別

西元七六四年，對李豫而言又是一個多事之秋。這一年同時也是郭子儀、李光弼、僕固懷恩三位名將的人生分水嶺，在這一年各有各的故事。

相比而言，李光弼的故事最少，不如先交代一下。

由於反攻洛陽失敗，李光弼從人生巔峰摔下，從此與中心舞臺漸行漸遠，雖然在新鎮守的區域也有戰績，但已經於大局無補，成為一個相對邊緣的人物。

李豫倉皇東巡陝州時，向天下節度使發出帶兵勤王的詔令，這本是李光弼改善關係重登中心舞臺的大好機會，然而他猶豫了。他看到程元振依然在皇帝身邊活躍，他怕自己勤王後也會遭遇與來瑱一樣的結局。

猶豫再三讓李光弼錯過了救駕的大好時機，也錯過了重返中心舞臺的絕佳時刻。說到底都是由於程元振的攪和才讓李光弼對李豫充滿了戒心。

長安收復之後，李豫回想起眾多節度使不肯勤王的尷尬往事，他不想日後再發生同樣的事情，便想做一點工作，緩和一下跟節度使們的關係。李豫把重點放在李光弼身上。

李豫知道以前只要國家有難，李光弼是隨傳隨到。這次卻是召而不來，說明了他的心中有芥蔕。為了消除李光弼心中的芥蔕，李豫做出了一個試探：委任李光弼為東都留守。

東都留守是非常重要的一個職位，等於將東都洛陽託付給你，這表明皇帝對你比較信任。然而李光弼沒有接李豫拋出的橄欖枝，他斷然拒絕了。

李光弼說：「我的部隊必須遷就江淮地區的糧食運輸，不然會供應不上。」

這個理由很牽強，牽強理由的背後隱藏的是李光弼對皇帝的不信任。李豫無奈地搖了搖頭，看來程元振給李光弼留下的後遺症太深了，一時難以根除。

李豫沒有放棄，不久又拋出了橄欖枝。李豫將李光弼的母親接到長安，用非常高的生活標準奉養起來，同時李豫又把李光弼同父異母的弟弟李光進調到長安出任禁軍將領。這一切都是為了向李光弼示好。面對李豫的示好，李光弼惴惴不安，他甚至有了去長安朝見的衝動，但他又忍住了，因為他看到李豫身邊的魚朝恩。

魚朝恩也是李光弼的老相識了，當年圍攻安慶緒時，他曾經阻止李光弼分兵阻擋史思明。反攻洛陽時，又是魚朝恩說服李亨，愣是逼李光弼在時機不成熟時發起反攻。兩件事累加到一起，兩人的矛盾已經化解不開，現在魚朝恩正當紅，李光弼自然要對他敬而遠之，進而與李豫若即若離。

多種因素累加到一起，李光弼對長安充滿了複雜情感，在他自己的心裡給自己一個新的定義：不忠不孝。對皇帝，不能於危難時刻率兵勤王，不能算作忠；對母親，不能在其年老時膝前盡孝，不能算作孝。雖然兩件事李光弼都有苦衷，但他還是陷入深深地自責之中。

令李光弼更加鬱悶的是，由於他沒有及時奉詔勤王，他在部將面前的威信也大打折扣，以田神功為代表的部將開始對他陽奉陰違，有些事情甚至不通過他便自行決定。放在以往李光弼會火冒三丈予以軍法處置，而現在他只能苦笑著搖搖頭，上行下效，他還有什麼資格說他們呢？

鬱悶的心情一直難以排解，李光弼漸漸疾病纏身，即將走到生命盡頭。彌留之際，部將問他有什麼事情需要交代。李光弼淒涼地說道：「我久在軍中不能奉養老母已經是不孝了，還有什麼話可說。」

說完，李光弼交代左右取出三千匹絹、三千貫錢分給士兵，既然生不帶來、死不帶去，不如就讓生者去消受它吧。

西元七六四年七月十四日，李光弼病逝，享年五十六歲。李光弼去世後，部下將他的靈柩護送回長安，有生之年他沒能重返長安，現在他回來了。李豫聞聽痛心不已，為此輟朝三日，追贈李光弼為太保，謚號武穆。

《新唐書》對李光弼如是評價：光弼用兵，謀定而後戰，能以少覆眾。治師訓整，天下服其威名，軍中指顧，諸將不敢仰視。初，與郭子儀齊名，世稱「李郭」，而戰功推為中興第一。

按照《新唐書》的說法，平定安史之亂李光弼功居第一，然而時至今日世人只知郭子儀，很少有人知道李光弼，這是李光弼的悲哀，也是中國歷史的悲哀。

回溯根本原因，或許還是因為李光弼的性格。李光弼性格剛烈、為人直率，因此決定他適合帶兵打仗，卻不適合官場；郭子儀性格柔和、為人圓滑，因此決定他既能帶兵打仗，同樣也適合官場。或許郭子儀用兵與李光弼相去甚遠，然而郭子儀的處世哲學卻高出李光弼一截，正是後一因素讓郭子儀屹立四朝不倒，而李光弼卻在小人的指指點點下與中心舞臺漸行漸遠，令人不勝惋惜。

在李光弼之後，中心舞臺上的名將只剩下兩位，一位是郭子儀、一位是僕固懷恩，以往他們並肩作戰，接下來他們針尖對麥芒。

逼上絕路

和爭取李光弼一樣，李豫對僕固懷恩也曾做出努力。

西元七六四年正月，李豫準備派遣攝理刑部尚書顏真卿前往前線慰問僕固懷恩，以此改進雙方關係。顏真卿搖了搖頭，對李豫說：「晚了，時間不對。」

李豫不解，為什麼？

顏真卿分析道：「陛下巡幸陝州時，臣曾建議徵召僕固懷恩勤王，陛下沒有同意。如果那時臣用忠義去召喚他讓他帶兵勤王，他還有可能來；如今陛下已經還宮，僕固懷恩進不能勤王，退又不願交出兵權，如今去召喚他入朝怎會答應？況且說僕固懷恩會反的只有辛雲京、駱奉仙、李抱玉、魚朝恩四人而已，其餘百官都說僕固懷恩冤枉。陛下如果用郭子儀取代僕固懷恩，那麼可以不戰而收復朔方之眾。」

顏真卿的話句句在理，在他看來李豫已經錯過與僕固懷恩化解誤會的最佳時機，眼下只能著手做好補救措施防範僕固懷恩謀反，而最好的方法莫過於用郭子儀取代僕固懷恩。顏真卿一席話又將郭子儀推上了舞臺的正中央，對付僕固懷恩非他不可，他是收復朔方之眾的一味藥。

李豫連連點頭，準備照方抓藥。但還是晚了一步，僕固懷恩父子的叛亂突然爆發了。

僕固懷恩對河東節度使辛雲京一直懷恨在心，曾經數次上疏請求李豫誅殺辛雲京，然而李豫沒有答應。心緒難平的僕固懷恩決定自己動手，拿下太原城，誅殺辛雲京。

僕固懷恩在辛雲京手下安排了一員大將做內線準備裡應外合。不料僕固懷恩的小動作被辛雲京察覺，辛雲京提前動手將變節大將誅殺，一下子讓僕固懷恩的計畫胎死腹中。僕固懷恩索性徹底翻臉，命令兒子僕固瑒帶兵攻打太原城，但是被早有準備的辛雲京打得大敗。慘敗的僕固瑒不敢在太原城下過多糾纏，轉而引兵攻打榆次，僕固懷恩父子的叛亂從此拉開了序幕。

李豫並不慌亂，他手中有顏真卿開出的藥方，只要把郭子儀推上前臺，一切將迎刃而解。

李豫對郭子儀說道：「僕固懷恩父子辜負了朕。朕聽說朔方將士思念你如同久旱望雨，那你就為朕鎮撫河東，只要你出馬駐紮，汾州的部隊就不會參與叛亂。」

西元七六四年正月二十日，李豫任命郭子儀為關內、河東副元帥、河中節度使，郭子儀與僕固懷恩的對峙正式開始。

任命消息傳到汾州，立刻產生了積極效應，將士們感歎道：「我們跟隨僕固懷恩做不義之事，還有何面目再見汾陽王。」

「郭子儀」的品牌發揮了作用，一下子就將駐紮汾州的將士拉到唐朝一邊，而留給僕固懷恩父子的只能是凶多吉少。最先遭殃的是僕固瑒。僕固瑒遭殃與他的性格有關，他在錯誤時間、錯誤地點做了一件錯誤的事情。

榆次久攻不下，僕固瑒命人去祁縣調兵，鎮守祁縣的守將李光逸將兵馬全部交出，敦促士兵火速趕路。由於出發倉促，士兵們都沒來得及吃飯，餓著肚子趕路的士兵漸感體力不支，更有些士兵落到了後面。帶兵官白玉、焦暉火了，拿起弓箭就向落後的士兵射了過去。

士兵們大驚，連忙問道：「將軍為什麼要向自己人射箭？」

白玉、焦暉罵罵咧咧地說道：「今天跟人家去造反，最終也免不了一死，反正都是死，射一箭有什麼關係。」

白玉、焦暉帶著士兵趕到了榆次。本以為如此趕路能得到僕固瑒的見面禮，沒想到一見面僕固瑒劈頭就問：「怎麼來得這麼遲？」

白玉、焦暉正準備回應，隊伍中的胡人士兵先說話了：「我們胡人騎馬自然慢不了，是漢人士兵不行，行動遲緩。」

僕固瑒聞言，頓時將火撒到了漢人士兵身上，抬手就打了漢人士兵幾鞭子。頭腦簡單的僕固瑒以為能藉此揚威，沒想到起了反作用，雖然挨鞭子的只是少數幾個漢人士兵，但所有漢人士兵感同身受、痛心不已。

漢人士兵嘴裡嘟噥著：「節度使大人只把胡人當人，不把我們當人。」

不經意中，僕固瑒大禍臨頭。半夜，帶兵官焦暉、白玉發動兵變，率領憤怒的漢人士兵將睡夢中的僕固瑒亂刀砍死，結束了僕固瑒跌宕起伏的一生。

消息傳到汾州，僕固懷恩心中一個激靈，他馬上意識到汾州待不住了。世上什麼東西都會傳染，兵變也不例外。僕固懷恩決定逃亡，去靈武郡找自己的舊部。

臨行前，僕固懷恩與母親告別，並告知兒子被殺的消息，老太太怒道：「我告訴你別反，國家待你不薄，你偏不聽。如今軍心已變，大禍必定殃及到我，你說怎麼辦。」

僕固懷恩不語，給母親磕了幾個頭便退了出來。說時遲那時快，老太太提刀追了出來：「今天我為國家殺了你這叛賊，再用你的心告慰三軍。」

僕固懷恩大叫一聲，撒腿就跑，總算躲過了老太太的大刀。僕固懷恩不敢多作停留，帶著三百騎兵渡過黃河投奔靈武郡。

從僕固懷恩叛亂的前因後果看，他確實是被逼反的。按照李抱玉、辛雲京的指控，僕固懷恩讓燕國降將原地留任是為了將來圖謀不軌，這個指控似乎有一定道理，實際上卻經不起推敲。

當初僕固懷恩讓降將留任，不排除有收買人心的成分，但僅憑此就指控僕固懷恩準備聯合降將圖謀不軌，那就是無中生有了。僕固懷恩和郭子儀一樣，他們都想在功高震主後保住自己的恩寵同時保住自己的命，所不同的是僕固懷恩是擁兵自重，而郭子儀則是唯唯諾諾。

撥開歷史迷霧，還原僕固懷恩叛亂真相，根本原因是節度使之間相互傾軋。由於僕固懷恩平叛有功，地位扶搖直上，在他勢力膨脹的同時可能對辛雲京、李抱玉造成了威脅，矛盾由此產生。為了解除僕固懷恩的威脅，辛雲京等人把寶押到宦官身上，藉駱奉仙、魚朝恩之口將疑似謀反的帽子扣到僕固懷恩頭上，任憑他如何擺脫卻怎麼也擺脫不掉。畢竟宦官身處皇帝的核心層，而僕固懷恩與皇帝隔著幾個大氣層。

功高震主、同僚傾軋、宦官幫腔、皇帝不明，四個因素加在一起讓僕固懷恩百口難辨，最終走上極端。

人都是被逼出來的。

針尖麥芒

僕固懷恩逃亡後，郭子儀到了汾州。

如同顏真卿所言，汾州數萬士兵齊刷刷向郭子儀歸順，個個歡欣鼓舞，有的甚至泣不成聲。眾人在歡喜郭子儀到來的同時，也抱怨他來得太晚了。如果郭子儀早一點來，或許僕固懷恩就不會走上那條絕路。郭子儀唏噓不已。

在郭子儀收攏汾州士兵的同時，僕固懷恩也在收攏朔方士兵，經過收攏又有了數萬之眾，這些人成為僕固懷恩叛亂的班底。不過數萬人馬還不夠，僕固懷恩還需要更多的人，最好能聯合回紇和吐蕃。

聯合戰線很快形成，在利益的驅使下回紇、吐蕃同意與僕固懷恩一起聯合進軍，他們在接下來的幾年成為了唐朝的夢魘。

西元七六四年八月，郭子儀進京面聖，此時探馬來報：「僕固懷恩聯合回紇、吐蕃總計十萬大軍即將入侵。」

消息不脛而走，長安再次震動。李豫下詔命令郭子儀率領諸將前往奉天鎮守。

臨行前，李豫問郭子儀：「可有破敵方略？」

郭子儀表情輕鬆，氣定神閒地說道：「僕固懷恩不會有什麼作為。」

李豫忙問：「為何？」

郭子儀解釋道：「僕固懷恩雖然勇猛，但對將士刻薄無恩，將士們並不服他，朔方將士之所以會跟隨他入侵是因為他們多數是關中人氏，思鄉心切。僕固懷恩本是臣的部將，他的麾下又都是臣的部曲，他們必然不會對臣刀鋒相向，因此臣知道僕固懷恩不會有所作為。」

郭子儀的解釋讓李豫放寬了心，看來有郭子儀這面盾牌足以抵擋僕固懷恩。

十月初，僕固懷恩真的來了，聯合回紇、吐蕃進逼奉天。

郭子儀的部將們躍躍欲試，紛紛請求率軍出征，郭子儀擺擺手，不急。

郭子儀說道：「叛軍孤軍深入就是尋求速戰，我軍堅壁以待，他們就會以為我們膽怯，時間一長我們的機會就來了。如果我們現在與他們接戰，一旦戰事不利必定影響軍心。再敢言戰者，斬！」

郭子儀按下眾將躍躍欲試的心，轉而在乾陵以南構築防線，這條防線就是郭子儀耗死僕固懷恩的籌碼。

十月八日拂曉，僕固懷恩與回紇、吐蕃大軍逼近了乾陵，他們想當然地以為郭子儀沒有防備，沒想到郭子儀已恭候多時了。

一看郭子儀的防線，回紇和吐蕃士兵倒吸幾口涼氣。回紇、吐蕃士兵互相看了幾眼，不約而同下了撤退的決心，即使僕固懷恩想戰，聯軍也不陪他玩了。回紇、吐蕃大軍紛紛後撤，僕固懷恩獨木難支也跟著回撤。

郭子儀一眼看出了端倪，原來回紇、吐蕃只想趁虛而入沾點便宜，並不想和唐軍硬碰硬死磕。這就好辦了。郭子儀馬上派裨將李懷光率領五千騎兵追擊，這一追讓回紇、吐蕃軍隊撤得更快了，一路退到了邠州。

退到邠州的回紇、吐蕃軍隊不甘心就此撤軍，他們還想在邠州撈一把，便揮軍攻打邠州。鎮守邠州的是邠寧節度使白孝德和郭子儀的兒子、朔方兵馬使郭晞，兩個人沒有給回紇、吐蕃軍隊任何機會。十幾天後，僕固懷恩的聯合叛軍眼看無機可乘便狼狽退去，結束了僕固懷恩對唐朝的第一撥進攻。

寫到這裡，可能很多人會疑惑，回紇戰鬥力不是很強嗎？為何會如此輕易的退去？

這要從回紇軍隊的戰鬥特點說起。回紇軍隊以騎兵為主，平原衝鋒可以最大化地發揮他們的特點，而一旦轉為攻堅戰、攻城戰，騎兵的優勢便沒了，因此面對郭子儀的防線、邠州的城牆，回紇軍隊有心無力只能悻悻而退。

僕固懷恩就此退去，郭子儀得勝回朝，在大唐王朝的功勞簿上又寫上了濃墨重彩的一筆。

郭子儀得勝，李豫有喜有憂，喜的是王朝警報解除，憂的是拿什麼賞賜郭子儀呢？

盤算良久，李豫想到了——尚書令。

這頂官帽久違了。唐朝尚書令一職在武德年間出現過，李世民曾經擔任過這個職務。自從李世民登基之後，尚書令一職便永久封存了，這是李世民的專利，沒有人敢碰。屈指算來，從西元六二六年李世民登基到西元七六四年，一百多年間唐朝再也沒有出過一個尚書令，現在李豫準備把這象徵極高榮寵的帽子扣到郭子儀頭上。

換作一般人，可能顛顛地、不知死活地戴上了。郭子儀堅決拒絕。

郭子儀辭讓道：「自從太宗擔當過這個官職後，連續數代都沒有再設置，近期皇太子（李適）曾經擔任過，顯然這個官職不是微臣所能承受起的。」

郭子儀毅然決然地拒絕了，他知道自己已處於功高震主的危險之地，再不知道謙遜，離破家也就不遠了。

節外生枝

儘管郭子儀把謙遜當成自己的保護色，一場危機還是險些從天而降。危機的源頭是郭子儀的兒子郭晞，當時正率軍駐守邠州。

回紇、吐蕃軍隊退去後郭子儀回朝，郭晞卻率領自己的兵馬繼續在邠州駐紮。郭晞雖是名將之後軍紀卻十分鬆散，在鬆散的治軍下他的士兵成了邠州城的禍害，打人、罵人、殺人屢見不鮮，百姓敢怒不敢言。

邠寧節度使白孝德深感頭疼，如果換作別人他早就出手懲戒了，偏偏郭晞是郭子儀的兒子，他得罪不起。白孝德正為難之際，涇州刺史段秀實主動請纓，要求擔任戰區總糾察官（都虞候），兩人一拍即合。

段秀實剛上任一個月，遇上了一個難題：郭晞手下十七名士兵到集市買酒尋釁滋事，不僅刺死賣酒翁，而且砸壞了釀酒器具。

放在以往此事將不了了之，沒有人會為了一個賣酒翁得罪郭晞。段秀實不幹了，一聲令下將十七名士兵全部逮捕，斬首示眾。

十七顆人頭被插到長矛上，醒目地立在市場門口。郭晞的軍營裡一下炸了鍋，將士們紛紛穿上鎧甲準備復仇。消息傳到白孝德那裡，一向勇猛的白孝德也慌了手腳，連忙問段秀實：「怎麼辦？如何是好？」

段秀實從容一笑：「沒什麼大不了，我親自去化解。」

說完，段秀實起身出門，白孝德準備派數十名士兵保護，段秀實擺擺手：「用不著。」段秀實騎上馬走了，跟隨他的只有一個瘸腿老兵。兩人剛到郭晞大營門口，全身鎧甲的士兵便殺氣騰騰地圍了上來，段秀實一邊笑，一邊拍馬走入大營，衝著滿面殺氣的士兵說道：「殺一個老兵，還用得著穿鎧甲？不用急，我自己帶著頭來了。」

士兵們被段秀實說愣了，他們不是沒有見過不怕死的人，但像這種死到臨頭還談笑風生的人真是少見。

段秀實繼續說道：「兵馬使（郭晞）大人有什麼對不起你們？副元帥（郭子儀）大人有什麼對不起你們？你們為什麼要發動叛亂敗壞郭氏一門？」

段秀實正說話間，郭晞出來了，他要看看這個不給他面子的人長什麼樣。

段秀實一眼看到郭晞，大聲責問道：「副元帥功勳遍布天地，應該有始有終。今日兵馬使大人卻縱容士兵行暴，而且即將釀成叛亂，一旦發生叛亂肯定會連累到副元帥。到那時郭家一門的功名還會留下多少呢？」

段秀實還想繼續往下說，郭晞已經全明白了，當場給段秀實跪下，說道：「辛虧有您教誨，給我指了條明路，焉敢不從命？」

郭晞回頭衝手下怒喝道：「卸下鎧甲，各就各位，膽敢喧譁者，斬！」

士兵一哄而散，一場已經到了邊緣的叛亂就這樣被段秀實平息了。

當夜，段秀實留宿軍中，此舉倒把郭晞難壞了。整整一夜郭晞與警衛一起為段秀實守夜，第二天一早，郭晞隨同段秀實一起拜訪白孝德為自己治軍不嚴賠罪。

自此郭晞治軍日嚴，麾下士兵再沒有成為駐地之禍。

一場危機本已與郭子儀無限接近，幸好有段秀實這樣的高人將危機化解於無形。

智退回紇

西元七六五年九月，僕固懷恩捲土重來。

這一次僕固懷恩的聯合戰線更加龐大，不僅有回紇、吐蕃，還增加了吐谷渾、党項、奴剌等部落，聯軍總數達到數十萬。和第一次一窩蜂進攻不同，這一次僕固懷恩採用了多方向、多梯隊進攻，吐蕃軍隊從北道進攻奉天，党項部落從東道進攻同州，吐谷渾、奴剌軍隊從西道進攻盩厔。另外回紇軍隊跟在吐蕃軍隊身後，僕固懷恩則統帥朔方兵跟在回紇軍隊後面。

數十萬大軍從三個方向向唐朝逼近，戰爭陰霾再次向長安上空飄去。郭子儀不敢怠慢，連忙上疏請求李豫下詔諸道節度使率兵增援。

然而詔書下達後諸道節度使反應遲緩，只有淮西節度使李忠臣立刻準備出征。

諸將和監軍宦官勸道：「大軍出征還需選一個黃道吉日，不然諸事不利。」

李忠臣大喝一聲：「父母有難，難道還選個黃道吉日去救嗎？」

說完，李忠臣率軍出征。

單看這一段描述，李忠臣的「忠臣」形象躍然紙上。然而在李忠臣「大義凜然」的背後其實藏著不可告人的目的：他不僅為增援而去，而且為發戰爭財而來。

這就是唐朝軍隊的現狀，要麼拖延時間不遵從命令，要麼表面大義凜然、實則暗藏私心，軍隊到了這個程度，王朝走上下坡路就是自然的結果。

就在李豫焦頭爛額調集諸道節度使增援時，一個天大的利多消息從北方傳來：僕固懷恩在行軍途中染病死於鳴沙（寧夏中寧）。

左右個個喜上眉梢，李豫卻連聲歎息：「僕固懷恩沒有謀反，是朕被左右蒙蔽了。」時至今日，李豫終於看清了問題的本質，然而一切都晚了，僕固懷恩早已走上絕路，而且命喪鳴沙。如果李豫早一點醒悟，不被駱奉仙、魚朝恩左右，或許僕固懷恩還可以在他的手下當一名有始有終的忠臣。

九月十五日，吐蕃十萬大軍逼近奉天，此時李豫卻在長安做了一個令人哭笑不得的舉動：命令宰相及各司長官在西明寺上香、擺素宴、奏樂、禱告，以此乞求上天打退吐蕃的進攻。此舉跟王莽臨近滅亡時率領大臣痛哭退敵有得一拼。

事實證明要打退敵人靠的不是天、不是佛，而是人。

率先發起衝鋒的是朔方兵馬使渾瑊，當時他率軍駐守奉天。渾瑊率領二百騎兵向吐蕃大軍進攻，他一馬當先衝在最前面，一番衝鋒下來渾瑊生擒吐蕃一員大將，他麾下的二百騎兵個個全身而退。

渾瑊創造的奇蹟給整個奉天守軍帶來了信心，這個時候信心比黃金還寶貴。接下來幾天，奉天守軍擋住了吐蕃大軍的進攻，並且不斷出擊，僅渾瑊一部就與吐蕃軍隊交戰二百餘回，斬首五千級。吐蕃軍隊進攻不利，引軍退到邠州，就地等待回紇軍隊的增援。

這時長安城中的李豫不知搭錯了哪根筋，居然準備御駕親征。

說起來很有意思，在李豫之前，唐朝皇帝真正敢御駕親征的也就李世民一人，其餘無論是高宗李治還是玄宗李隆基，他們都曾經喊出御駕親征的大話，但到最後都無疾而終。

李豫這一次呢？

藉著李豫「御駕親征」，魚朝恩忙活了起來，他確實是個天才，僅僅用三招就把長安城搞亂了。

第一招：搜羅官員百姓家裡的馬匹，用作戰馬。

第二招：長安城中全體壯年男子一律身穿黑衣，組成國民衛隊。

第三招：城門門洞堵住兩個，只留一個來回出入。

本來長安百姓還處之泰然，三招一出，長安大亂。百姓譁然，紛紛逃命，要麼翻牆而出，要麼在城牆中間挖洞而出，整個長安城一片慌亂。

魚朝恩也傻了，看來自己真不是那塊料。魚朝恩華麗地一轉身，不再忙活之前的三招，而是想出一個高招：保護李豫到河中（山西永濟）避難。

高，確實是高。問題是這餿主意還用想嗎？

不過讓李豫到河中避難並不容易，至少需要得到百官認可，否則百官不跟隨李豫豈不又成了孤家寡人。魚朝恩決心試探一下。

一天早上，文武百官列隊完畢等待上朝，然而入朝的大門始終未開，百官竊竊私語不知道發生了什麼事。魚朝恩突然率領十幾個禁軍士兵拿著明晃晃的大刀走了出來，大聲說道：「吐蕃屢次進犯京畿，皇帝準備移駕河中，諸位意下如何？」

百官一時失語，不知如何應對。這時一名不起眼的侍御史站了出來，遺憾的是史書上只記載他姓劉，並沒有留下他的名字。侍御史劉某大聲質問道：「敕使（唐代宦官統稱）是要造反嗎？如今大軍雲集，不想著戮力同心抵禦敵寇，卻想脅迫天子棄宗廟社稷而去，不是反是什麼？」侍御史的一席話戳漏了魚朝恩，魚朝恩啞口無言，訕訕而退。一次醞釀中的放棄長安無疾而終，不然李豫將會創下登基三年兩度放棄國都的紀錄。

時間走到十月九日，局勢發生了微妙變化，吐蕃、回紇軍隊得到了僕固懷恩去世的消息開始爭奪聯軍領導權。僕固懷恩是聯合戰線的締造者，自然是最高領導。現在群龍無首，於是回紇、吐蕃開始爭權。

爭權一旦展開便無法停止，兩軍的關係頓時緊張起來。以往還聯合宿營，現在則劃開界線各自紮營。這一幕郭子儀看得真切，他頓時悟到了「以回紇打吐蕃」的退敵良策。

老於兵事的郭子儀知道目前唐軍的實力不是回紇、吐蕃的對手，即使勉強頂住回紇、吐蕃的進攻，也將陷入曠日持久的苦戰，那樣不僅勞民傷財，而且內部軍心也有可能產生變化。為今之計最好的方法就是以回紇打吐蕃，不僅省力而且節省開支。

郭子儀立刻出招，派牙將李光瓚前往回紇大營遊說。出乎郭子儀意料，第一炮啞了。回紇人根本不相信李光瓚說的話，而且放出話來：「郭公真的在這裡？別逗了，你騙我們，如果郭公真的在，能否跟我們見上一面？」

回紇人把話說到這個份上，郭子儀不得不親自出馬了。

郭子儀沉思片刻，對眾將說：「如今敵眾我寡難以力勝，昔日我跟回紇有幾分交情，不如我親自前去遊說，那樣就可以不戰而勝。」

眾將沒有了主意，只能聽郭子儀安排。不過為了安全起見，大家勸郭子儀帶五百鐵騎防身以防不測。

郭子儀擺擺手：「不必了，五百鐵騎無濟於事，而且還有可能壞事。」

正說話間，郭晞攔住馬頭對父親勸說道：「回紇人如狼似虎，大人您是國之元帥，為何要把自己當成給敵寇的誘餌呢？」

郭子儀一字一句回應道：「如果勉強應戰，咱們父子都得戰死沙場，而國家將會更加危急。今日我去跟他們對話，如果他們聽從那是國家之福，如果不聽從那麼我個人身死，但咱們家可以保全。」

郭晞還想苦勸，郭子儀舉起馬鞭抽到郭晞手上，大喝一聲：「走開。」

郭晞下意識躲閃時，郭子儀率領幾個騎兵衝出，奔向回紇人的大營。

臨近回紇人大營，隨行騎兵前去傳話：「郭令公前來拜訪。」

回紇人驚了，不敢相信是真的，元帥藥葛羅更是嚴陣以待，刀出鞘、箭上弦，虎視眈眈看著唐朝來客。郭子儀翻身下馬，摘掉頭盔、解下鎧甲、放下武器，信步向藥葛羅走去。

郭子儀上前抓住藥葛羅的手，責怪道：「回紇對大唐有大功，大唐回報回紇也很豐厚，為何你們要背約，驅軍深入我國境內侵犯京畿郊縣，棄前功、結新仇、背恩德、助叛臣，這麼做何其愚蠢。況且僕固懷恩叛君棄母，對你們國家又有什麼好處。我今天孤身前來，要殺要剮由你，不過在我死後我的將士們一定會與你們血戰到底。」

聽郭子儀如此一說，藥葛羅明白了八九分，自己可能被僕固懷恩蒙蔽了。

藥葛羅解釋道：「僕固懷恩騙我，他說天可汗（唐朝皇帝）駕崩了，郭令公也被誅殺了，中原無主，我這才跟他一起來。如今天可汗在長安，令公又在此統兵，僕固懷恩又遭天譴，我們怎麼可能還跟令公動兵。」

郭子儀一聽有門，心中狂喜，他不動聲色地走出了關鍵的一步棋。

郭子儀點撥道：「吐蕃無道，乘我國內亂，不顧甥舅之親吞噬我國領土，侵犯郡縣，掠奪財富不可計數，牛馬雜畜漫山遍野，這些不正是上天賜予你們的嗎？保全自身軍隊與大唐交好，擊破吐蕃以獲得財富，從你的角度而言還有比這更好的結果嗎？這可是千載難逢的良機，切莫錯過。」

一席話說完，郭子儀已經巧妙地拋出魚餌，靜等藥葛羅上鉤。

藥葛羅果然上鉤，對郭子儀說道：「我被僕固懷恩蒙蔽，辜負令公太多，今日請求繼續為令公效力，擊破吐蕃向令公謝罪。另外我有一個不情之請，僕固懷恩的兒子是我們可敦（皇后）的兄弟，願大唐網開一面不要誅殺。」

郭子儀痛快地點了點頭，好說，好說。

就在兩人相談甚歡之時，一直在圍觀的回紇人突然分為兩翼向著郭子儀稍稍逼近，郭子儀隨行騎兵見狀衝著對方迎了上去，現場氣氛頓時緊張起來。

郭子儀從容地一揮手，退回去，不用緊張。

這時藥葛羅命人把酒拿了過來，他要與郭子儀執酒盟誓。

郭子儀端起酒杯把酒撒向大地，起誓道：「大唐天子萬歲！回紇可汗萬歲！兩國友誼萬歲！如有負約，殞命陣前，家族滅絕！」

郭子儀的盟誓把藥葛羅逼到了牆角，藥葛羅拿起酒杯撒向大地，起誓道：「我的誓言與令公一樣。」

經此盟誓，郭子儀將回紇化敵為友，而帶給吐蕃的則是一場無法避免的危機。

吐蕃人很快得到了回紇與唐朝和解的消息，頓時大驚失色，連夜拔營退去，試圖躲過唐朝與回紇的聯合攻擊。然而已經來不及了。幾天後，唐軍與回紇聯軍追上了吐蕃大軍，一番猛烈進攻後吐蕃士兵陣亡以萬計，所劫掠的物資、人口全部落到了回紇士兵手中。

一場由僕固懷恩引發的戰爭危機就此結束，表面看起來是波瀾不驚、不費周折，其實在不費周折的背後是大費周章。因為回紇人胃口一向很大，和解的代價自然很高，大軍統帥藥葛羅雖然話說得大方得體、冠冕堂皇，但人家是有條件的。

沒有條件，誰和你和解。

唐朝為和解付出的代價是絲綢以及棉布十萬匹，名義是賞賜回紇入朝使節，實際就是「綢緞換和平」。

沒有朋友，只有利益，此言不虛。

能用十萬綢緞化解一場危機也算一筆划算買賣，畢竟戰爭曠日持久、消耗良多。「綢緞換和平」看起來有些屈辱但也是沒有辦法的辦法，一個內憂外患的王朝自然與如日中天時相去甚遠，這是歷史使然，也是環境使然。這是王朝的悲哀，也是郭子儀的悲哀。

郭子儀不是不想把來犯之敵打得落花流水，可是他手中沒有足夠籌碼，於是只能選擇忍辱負重、放下身段，用一點計謀來化解王朝危局。

能進能退，是為高人；能屈能伸，可稱丈夫。

醉打金枝

收復兩京、兩退吐蕃，數度挽狂瀾於既倒使得郭子儀行走在功高震主的邊緣。但由於郭子儀進退有度、恭敬謙讓，所以依然能保有皇帝的恩寵。

自古要受到皇帝恩寵並不難，難的是有始有終、有頭有尾，有唐一代能做到這一點的人很少，李靖、郭子儀算是其中的佼佼者。

不過郭子儀的餘生也不平坦，他的兒子郭曖就差點惹出禍端。

西元七六五年七月，郭曖受到皇帝李豫的垂青，迎娶了李豫的女兒昇平公主。

迎娶公主看上去很美，但實際是一個苦差，唐朝公主個個不是省油的燈。有唐一代很多人不想娶公主，因為你娶到的不是媳婦，而是一個全家誰都惹不起的爺。不過這個情況在郭子儀家裡有所改觀，郭子儀的兒子郭曖不僅不把公主當爺，而且喝了酒之後還敢動手打公主，晉劇經典曲目《醉打金枝》便由此而來。

《醉打金枝》的由來是這樣的：

某一年正趕上郭子儀壽辰，郭曖催著昇平公主去給郭子儀拜壽。

昇平公主不以為然地說道：「我家是君，你家是臣，拜什麼拜！」

郭曖有點不服氣，嚷道：「皇太子都去給我爹拜壽了，你為什麼不拜？」

昇平公主賭氣回應道：「他是他，我是我，我就是不拜！」

郭曖剛剛喝過酒，胃裡有酒精壯膽，便指著公主嚷道：「你不就仗著你爹是天子嗎？我爹還不稀罕當那玩意呢！」

說著，郭曖抬手想打公主，猶豫了一下又把手放下了。

昇平公主又氣又急，衝著郭曖扔下了一句話：「你給我等著。」

說完便直接出門上了馬車，進宮找父親告狀。

事鬧大了。

聽完昇平公主的告狀，李豫平靜地說道：「有些事你並不知道。郭曖說得對，如果郭子儀想當天子，天下早就不是李家的了。」

李豫又繼續說了一陣，好說歹說把公主勸回了家。消息傳到郭子儀耳朵裡，郭子儀懵了，他想不到郭曖居然敢說那麼大逆不道的話，連忙把郭曖捆了起來押進皇宮等待李豫治罪。

李豫見狀，繼續當起了和事佬：「有句俗語說得好：不癡不聾，不作家翁。小孩子閨房裡的戲言怎麼能當真呢。」

郭子儀心中長出了一口氣，連忙跪地謝恩。回家之後，郭子儀又做了一個秀：痛打郭曖幾十大板。打在兒身，痛在父心，不過大板還要繼續，因為這場秀是給公主看的，同時也是給皇帝看的。

一場迫在眉睫的禍端就這樣與郭子儀一家擦肩而過，這一切只因為郭子儀很紅，而且紅得持久，不然《醉打金枝》就不會是一齣喜劇。

從郭子儀起兵以來，曾經比他紅、勢頭比他猛的人不在少數，比如高仙芝、哥舒翰、李光弼、僕固懷恩。但這些人無一例外全部虎頭蛇尾，除了李光弼算是善終外，其餘三人都未得善終。

曾幾何時李光弼、僕固懷恩與郭子儀並肩，曾幾何時他們之間只是咫尺之遙，然而人生的結局卻是天壤之別。

前赴後繼

第十九章

無限風光

李光弼去世，僕固懷恩作古，回紇化敵為友，吐蕃狼狽逃竄，西元七六五年大唐王朝發生了很多故事。

西元七六五年十一月二十三日，李豫下詔宣布取消御駕親征，全國解除戒嚴。這道詔書標誌著李豫政府終於步入正規，如果說以前的政府像一個臨時性的軍管會，之後的政府有了正規的樣子。

戰爭已經不是主流，唱主角的也不再是那些名將，取而代之的是魚朝恩、元載、王縉這些人。魚朝恩是宦官，元載、王縉是宰相，在接下來的日子裡他們與魚朝恩一起擔綱主角。

元載本不姓元，原始姓什麼史書未提。元載的母親帶著元載嫁給了小官元景昇，這樣元載便姓了元。值得一提的是元景昇本來也不姓元，只是因為辦事得力受主人賞識，經主人同意便入了主人的元姓。

來之不易的「元」姓終究給元載帶來了好運，在他通過自己奮鬥成為戶部侍郎後，「元」姓成了他仕途的助推器——他姓元，李輔國的妻子也姓元，兩人同宗。有了這層關係，李輔國對元載另眼相看，關鍵時刻幫了元載一把。

皇帝李亨本來準備委任元載為京兆尹，元載拒絕了，因為他最想當的不是京兆尹而是宰相。沒過多久李輔國幫元載實現了夙願，元載的官銜上加上了「同中書門下平章事」，從此成為宰相中的一員。李豫繼位後，元載繼續留任。

王縉，唐代著名詩人王維的弟弟，王縉與王維雖是親兄弟，兩人對於仕途的態度卻截然不同。

王縉，字夏卿，夏卿由周朝的夏官而來，後世用夏卿作為兵部尚書的習慣稱謂，南梁武帝時又將太府、少府、太僕三卿合稱為夏卿。總而言之，夏卿二字透著王縉對仕途的渴望；王維，字摩詰，來源於梵語，是維摩詰的簡稱，意譯為「淨名」或「無垢稱」，摩詰二字表明了王維的內心深處向佛不向官。

王縉與王維一樣非常有才華，通過自己的努力做到兵部侍郎，李豫登基後提升他為宰相，於是詩佛的弟弟也成為宰相中的一員。

嚴格說來，此時還有一位宰相名叫杜鴻漸，就是當初迎接李亨到靈武郡的那位，只是杜鴻漸在任職期間並沒有太多表現，不提也罷。

此時魚朝恩是當朝的紅人，他的紅與李豫的兩次危難有關，同時也與神策軍的發展有著莫大關係。

神策軍本不是軍隊名，而是黃河九曲地區的一個地名。西元七五四年，哥舒翰收復黃河九曲，他在這裡設立了兩個郡和一個神策軍，在此時神策軍只是一個地名，跟《水滸傳》裡的「無為軍」一樣。

神策軍成為軍隊名稱是在安史之亂以後，隴右戰區接受李隆基命令從轄區抽調士兵勤王，神策軍也抽調了一支部隊，這支部隊稱為「神策軍特遣部隊」。後來這支部隊駐紮陝州，由陝西節度使郭英乂統領，魚朝恩擔任監軍，魚朝恩從這時與神策軍結緣。

郭英乂高升後，魚朝恩成為神策軍的第一領導。西元七六三年李豫遭遇吐蕃兵臨城下的危難倉皇東巡，關鍵時刻魚朝恩抓住了機會。魚朝恩集合神策軍以及陝州所有士兵，對外統一號稱「神策軍」，然後帶領這支神策軍西上迎駕。這次迎駕改變了魚朝恩的一生，也改變了神策軍的發展軌跡。

如果沒有這次迎駕，魚朝恩可能一生平平淡淡，神策軍也只是一支普通部隊。經過這次迎駕，魚朝恩成為李豫最信賴的人，神策軍也成為李豫最為看重的部隊之一。不過此時的神策軍還不能跟禁軍相比，他們的地位要低於禁軍。

西元七六五年，吐蕃再次大兵壓境，李豫宣稱要御駕親征，親率禁軍以及神策軍駐紮到皇家園林之中。御駕親征最終無疾而終，神策軍卻因為這次駐紮風生水起，李豫越來越信任神策軍，便把神策軍分成左右兩翼，同時將左右兩翼神策軍的地位大幅提升，一躍成為禁軍之首。

唐朝後期，神策軍成為左右王朝走勢的一支關鍵部隊，宦官通過這支部隊左右皇帝的廢立，而神策軍有如此功效，追根溯源要追到李豫頭上。

李豫沒有第三隻眼無法看到未來，他只看到魚朝恩在危難之際的忠心耿耿，對這樣的人自然要恩寵有加。他竟然讓一個宦官出任國立貴族大學校長。

自古國立貴族大學校長都是由大儒或者德高望重的飽學之士擔任，李豫別出心裁把國子監交給了魚朝恩。

那麼魚朝恩真實水準如何呢？粗通文墨，僅能大略讀懂文章，僅此而已。

如果是一個有自知之明的人，或許還知道藏拙不讓自己露怯，然而魚朝恩是一個充滿自信的人，他把自己視作文武全才。文，掌管國子監；武，掌管神策軍。

為了彰顯魚朝恩的地位，李豫特意安排宰相、百官、六軍將軍一起送魚朝恩到國子監就職，京兆府負責設宴，皇家教坊負責奏樂，百官子弟二百多人排排站好立於走廊之上，充當魚朝恩的學生。

除此之外，李豫特意撥款一萬貫用於國子監學生的飲食，這是給國子監學生的恩賜，同時也是給魚朝恩的面子。為了魚朝恩，李豫既做足了面子又給足了裡子。

魚朝恩沒有讓李豫失望，他很快投桃報李。魚朝恩上疏說願意將自己在通化門外的住宅貢獻出來，改建成為章敬太后（李豫生母）祈求冥福的寺廟。李豫感動地無以言表。

魚朝恩說幹就幹，在自己的舊宅上開始建造一座華麗無比的寺廟。建造到一半問題來了，即便把長安城內的木料搜刮一遍，木料還是不夠。在長安城內外逡巡了一番，魚朝恩有了主意。

在魚朝恩的建議下，工人們拆除了曲江亭館、華清宮觀樓、政府部分辦公場所、罰沒的官員住宅，看上眼的地方都拆了，為的就是裡面的木料。經過大拆大建，耗資萬億的寺廟終於建成，雖然過程艱難、耗資不菲，但裡面都是魚朝恩的忠心。

李豫喜上眉梢，魚朝恩真是有心。

魚朝恩的紅還在繼續，他的任何請求在李豫那裡都暢通無阻，以至於官員們形成了條件反射，不管皇帝是否批准，只要魚朝恩提出要求他們就開始著手準備。官員們的條件反射讓魚朝恩非常受用，但他萬萬沒有想到自己最終栽跟頭也是栽在了官員們的條件反射上。

你來我往

在魚朝恩紅得發紫的同時，元載在一旁默默地觀望，表面視若無睹，內心卻在打著自己的算盤，何時才能扳倒這個死宦官呢？

元載惦記著魚朝恩，魚朝恩也惦記著元載，兩個都想在皇帝面前獨寵的人注定不會和平相處。

藉著在國子監闡釋經典的機會，魚朝恩給了元載當頭一棒。

當天闡釋的是《易經》中的「鼎覆餗」，魚朝恩話中有話地說道：「鼎足如果折斷，鼎裡的食物就會傾覆出來。」

僅從字面看，魚朝恩說的是鼎足跟宰相沒有關係。實際上鼎足在那時有特殊含義，在一定程度上鼎足就象徵宰相，寓意宰相像鼎足一樣承擔著王朝大任，魚朝恩偏偏說「鼎足折斷」，他是在暗自奚落元載、王縉兩人當宰相不合格。

文化人王縉、元載自然聽出魚朝恩話中的餘音，王縉當場把憤怒寫在臉上，元載卻處之泰然，甚至很有風度地隨著大家笑了起來。

魚朝恩把這一切收入眼簾，隨後對親隨說道：「發怒是人之常情，而發笑就深不可測了。」

魚朝恩說的沒錯，深不可測的元載從此開始發力，他要把當紅的魚朝恩扳倒。元載採用的是借力打力，他把一個不相關的人攬和了進來。

被元載攬和進來的人是郭子儀。郭子儀本來與魚朝恩、元載之間的傾軋沒有關係，但元載還是想盡辦法把郭子儀捲了進來。

西元七六七年十二月，郭子儀家出事了。父親的墓被人盜了。

苦苦追查了一個月，依然一點線索都沒有。線索雖然沒有，但輿論的矛頭指向了魚朝恩，魚朝恩與郭子儀有矛盾，曾經數次打過郭子儀的小報告，兩人不睦是滿朝皆知的事實。元載躲在一邊暗暗冷笑，他等著看一場好戲，看郭子儀如何收拾魚朝恩。

好戲說來就來，郭子儀入朝參見，元載期待的好戲即將拉開大幕。滿朝文武都捏了一把汗，畢竟郭子儀兵權在握，如果想整出點動靜來恐怕誰也攔不住，包括皇帝李豫。李豫與郭子儀閒談中提及了盜墓，想看看郭子儀作何反應。

郭子儀聞言老淚縱橫，一邊流淚，一邊說道：「臣帶兵已久，沒能很好約束士兵，以致有士兵盜掘別人墳墓，如今臣父親墳墓被盜，這是臣遭到老天的報應跟別人沒有關係。」

忍辱負重、唾面自乾，看似窩囊的方法就是郭子儀自保的法寶。

元載等待已久的好戲胎死腹中，只能尋找下一個機會。

時間走到西元七六九年正月，元載又等來了一個機會。

這個機會因魚朝恩而起，魚朝恩邀請郭子儀參觀他的輝煌成果：章敬寺（**即為李豫生母祈福的那座寺廟**）。

元載意識到機會來了。元載收買了郭子儀的一名貼身侍衛，他讓貼身侍衛給郭子儀傳句話：「章敬寺裡有埋伏，魚朝恩將對郭公不利。」

郭子儀搖搖頭，胡說，沒影的事。

侍衛一看不奏效，便把謠言在諸將中散布，眾將急了，一再要求郭子儀帶三百全副武裝的士兵同行。

郭子儀鄭重地對眾將說道：「我是國家大臣，他沒有天子之命怎敢害我？他如果有天子之命，你們又能怎麼樣？」

郭子儀起身出門，與他隨行的只有幾名家僮。

章敬寺外，魚朝恩快步迎了上來，一看郭子儀隨從如此之少不由一愣：「令公出行，何故隨從如此簡約？」

郭子儀把謠言原原本本告訴了魚朝恩，最後說道：「帶人多了，怕您動起手來太麻煩。」

魚朝恩被郭子儀的坦誠感動了，拉著郭子儀的手痛哭流涕地說道：「如果令公不是敦厚長者，怎麼可能不懷疑呢。」

政治就是一場秀，郭子儀和魚朝恩都在作秀，郭子儀拿自己的坦誠作秀，魚朝恩則拿他的感動作秀。元載期待已久的「郭子儀鬥魚朝恩」沒有出現，要想鬥倒魚朝恩還得繼續努力。

機會只留給有準備的頭腦，有準備的元載還是找到了機會。這次機會看起來不大，小到只不過是魚朝恩的一句話。

某年某月某一天，魚朝恩發起了脾氣，因為有一項政府決策沒有經過他的手就頒布實施了。魚朝恩出離了憤怒，怒吼道：「天下還有不經我手的事情嗎？」

自顧自發完脾氣，魚朝恩揚長而去。

話很快傳到了元載的耳朵裡，元載微微一笑，魚朝恩，你的命快到頭了。

不出元載所料，魚朝恩的狂言很快傳到了李豫耳朵裡，李豫皺了皺眉頭，這個魚朝恩難道想當第二個李輔國？李豫頓時對魚朝恩的印象大打折扣，他被魚朝恩的狂言深深刺激了。活該魚朝恩倒楣，時隔不久他又一次激怒了李豫。

事情的起因是這樣的，魚朝恩最小的養子魚令徽時任宦官管理總署事務官，穿六七品官員對應的綠袍。一天，魚令徽與同事發生了爭執，魚令徽嘴上沒沾到便宜，便氣鼓鼓地回家找魚朝恩告狀。

第二天，魚朝恩面見李豫，說道：「臣的兒子官職太卑微了，時常被同僚欺負，臣懇請陛下賜

給他紫袍。」（三品以上官員穿紫袍）

李豫還沒有來得及回應，已經有官員拿出紫袍站到魚朝恩面前，這一切都是官員們早已習以為常的條件反射。

這一次條件反射幫了倒忙，已經對魚朝恩不滿的李豫更加不快，心中的厭惡到了極點。李豫生還在悶氣，魚令徽已經興高采烈地穿著三品紫袍進來謝恩了。

李豫勉強擠出一絲笑容，衝著魚朝恩說道：「小兒穿紫袍，看起來很般配嘛。」

魚朝恩父子臉上露出了幸福的笑容，卻沒有注意到李豫眼睛深處的殺機已經呼之欲出。

福祿到頭

魚朝恩沒有讀懂李豫眼中的殺機，元載讀懂了。

藉著秘密上奏的機會，元載將魚朝恩狠狠彈劾一番，這番彈劾放在以往不會起到任何作用，現在則功效立現。君臣二人一拍即合，剷除魚朝恩提上了議事日程。

浸淫仕途多年的元載知道要剷除魚朝恩並不容易，魚朝恩染指兵權多年，戒備非常森嚴，想要乾淨俐落剷除魚朝恩必須從他的身邊人入手。

經過觀察，元載發現魚朝恩最倚重兩個人，一個是神箭侍衛官周皓，此人每次率領一百名士兵入朝貼身保護魚朝恩的安全；另一個是陝州節度使皇甫溫，此人手握重兵在外，作為魚朝恩的策應。

想要剷除魚朝恩繞不開這兩個人。元載根本沒準備繞開，他準備借力打力。為此元載下了血本，用厚重的賄賂砸暈了這兩個人。在賄賂的感召下，周皓與皇甫溫成了元載的內線，魚朝恩的一舉一動都在元載的掌控之中，元載已經盯死了魚朝恩，留給魚朝恩的時間不多了。

同劇除其他權臣一樣，動手之前總要營造一番假象，元載也不例外，他為魚朝恩營造了一系列足以讓他眼暈的假象。

元載上疏李豫，建議將皇甫溫從陝州調到鳳翔。就地理位置以及軍事重要程度而言鳳翔要在陝州之上，元載要用這個假象迷惑魚朝恩，魚朝恩果然上當。魚朝恩自作聰明地以為這是元載向自己示好，卻不知道曾經的死黨皇甫溫早已成了間諜，從陝州調任鳳翔不是為了加強魚朝恩的實力，恰恰是為了對付魚朝恩。

除此之外，元載又給了魚朝恩一個假象：憑空劃給神策軍四個縣的土地。土地意味著稅賦，這等於給魚朝恩變相送錢，魚朝恩喜不自勝地笑納了饋贈，他依然認為這是元載向自己示好。

一系列假象蒙蔽了魚朝恩，卻沒有蒙蔽魚朝恩身邊的明白人，神策軍都虞候劉希暹隱隱感覺不安，他總覺得有什麼地方不對勁，劉希暹透過跡象看出元載想要對魚朝恩動手了。

魚朝恩聞言大吃一驚，仔仔細細一回想不由得驚出一身冷汗，看來元載真的要對自己下手了，而且皇帝李豫站在他的身後。

史無前例的恐懼向魚朝恩襲來，魚朝恩惶惶不可終日。

到了李豫面前，惶恐的魚朝恩卻被假象迷惑了，李豫對他比以往更好，絲毫看不出要翻臉的跡象，魚朝恩疑惑了，難道是自己想多了？

可能是自己杞人憂天了吧。忐忑的心平復了下來，魚朝恩自信皇帝對自己的恩寵不會消褪。豬從來不認為主人要殺自己，直到進屠宰場那一天。

富貴總會麻痺人的神經，權力總會遲鈍人的嗅覺。就在魚朝恩自以為安全無虞時，元載準備動手了，魚朝恩曾經的死黨皇甫溫、周皓成為元載的得力助手，三人一起定下密計。

定計完畢，元載向李豫彙報，李豫輕輕點了點頭，同時囑咐道：「好好把握，不要反受其禍。」

西元七七〇年寒食節，魚朝恩人生中的最後一個寒食節。

寒食節這天，李豫在宮中舉辦宴席宴請親近的王公大臣，魚朝恩自然在列。宴席上，君臣之間說了很多肝膽相照的話，大家都喝得很盡興。魚朝恩有些醉了，李豫卻沒有醉，他還有一件大事要辦。宴席終了，王公大臣依次離去，魚朝恩本已準備返回神策軍大營，李豫卻叫住了他：你別急著回去，朕還有話要跟你說。

這一幕在以前多次上演，魚朝恩習以為常，便留了下來等待李豫的談話。

李豫開口了，一開口就與以往截然不同，往日的溫和不見了，取而代之的是危機四伏的殺機。面對李豫的指責，魚朝恩連忙為自己辯護，然而一切都來不及了。周皓帶著幾個士兵走了出來，手裡拿著一根繩子。魚朝恩全明白了，周皓手中的繩子就是自己一生的歸宿。周皓率領士兵撲了上去，不一會兒的工夫曾經紅極一時的魚朝恩無聲無息地消失在世間。

魚朝恩死了，李豫的工作還沒結束，他還需要收一個漂亮的尾巴。李豫對外下詔，罷免魚朝恩天下觀軍容宣慰處置使等職，只保留內侍監（宦官總管）一職。接著李豫對外宣布魚朝恩接到詔書後自縊身死，屍體賜還其家，另賜安葬費六百萬。

曾經紅得發紫的魚朝恩無聲無息地消失了，在他與元載的鬥法中敗下陣來，他的失敗不是敗給元載，而是敗給了皇帝。

伴隨著魚朝恩的伏法，宦官掌兵的隱患一度消失，李豫親自掌管禁軍，牢牢地將兵權握在自己手中。如果這個傳統能夠持續，唐朝不會成為第二個宦官為禍的朝代。可惜優良傳統並沒有持續太久，到李豫的兒子李適掌權時，事情發生了反覆，宦官再次掌兵而且一發不可收拾。

得意時刻

魚朝恩伏法後，元載成為李豫面前最紅的人，元載朝思暮想這一天很多年，現在終於實現了。

魚朝恩當年與皇帝有患難之交，元載也不遜色，他與皇帝對佛有著共同的信仰。

佛教在武則天時代曾經盛行一時，到了李隆基時代佛教衰落，道教盛行，一直延續到李豫時代。時間一長，李豫發現他的三位宰相居然都不信奉道教，而是信奉佛教。尤其是王縉最為虔誠，不食葷腥，只吃蔬菜，這一點跟他的哥哥王維非常像。

三位宰相不但信佛，而且捐資建造過很多寺廟。李豫有些好奇，是什麼動力促使三位宰相如此虔誠呢？

李豫對三個宰相問道：「佛教中經常說因果報應，真的有嗎？」

元載、王縉、杜鴻漸相互看了一下，他們同時看到了把皇帝拉進自己教派的機會。

元載回應道：「唐王朝建立時間如此長久，如果不是積累的福業多，怎麼可能達到？既然福業已經注定，即便有點小災也不足為禍。所以安祿山、史思明雖然氣焰囂張但都遭了兒子的毒手；僕固懷恩聲稱要率軍內犯，一出門就病死了；回紇、吐蕃大舉深入，又都不戰而退。這些都不是人力所能達到的，這不正是因果報應的體現嗎？」

李豫將信將疑地點了點頭，越琢磨越覺得元載的話有道理。是啊，一切皆有因果，只要潛心向佛，自然會有好的結果。

內心已經說服自己的李豫從此用心向佛，並把向佛的傳統延續給子孫，他的子孫中有很多人向佛，唐憲宗李純是其中的一個。不過李純向佛似乎是一個諷刺，他不顧韓愈的反對堅持迎接供奉傳說中的佛骨，以為可以給自己帶來吉祥。一年過去了，吉祥終究沒來，李純卻被毒死了。

李豫不管不顧地信了佛教，宮中就多了一個特殊群體：僧侶。在宮中蹭飯的僧侶不在少數，常年維持在一百多人的規模。

僧侶們也不是白吃飯，關鍵時刻能派上用場。每逢有敵寇入侵，李豫便下令僧侶們宣講《仁王經》，藉此乞求佛祖驅逐賊寇。《仁王經》宣講幾天後，敵寇紛紛退去，效果立現。李豫固執地認為這是僧侶的功勞，大加賞賜。其實這是自欺欺人，如果不是郭子儀等人忠於王事，敵寇怎麼可能聽了《仁王經》就自行退去，只是李豫一心抱住了佛腳，此時此刻他的眼中只有佛。

在李豫一心向佛的大背景下，和尚們的日子有了天翻地覆的改變。胡僧不空更是扶搖直上官，至部長（卿監），封爵國公，自由出入皇宮，權勢直逼權貴。數年後，不空和尚去世，李豫痛心不已，追贈不空為開府儀同三司、司空，封肅國公，謚號大辯正廣智不空三藏和尚。

皇帝厚愛至此，不空和尚，此生不空。

既有向佛宰相，又有向佛皇帝，朝廷中充斥著向佛的份子。久而久之，從中央到地方、從官員到百姓，眾人一心向佛，都不肯在現實中多做努力。李豫治下的司法、行政一日不如一日，而元載又分外活躍起來。

元載口中向佛，心中卻未必有佛，佛說萬物不爭，元載凡事都要爭一爭，尤其是權。

在與魚朝恩鬥法的過程中，元載貌似正直官員，其實這是他的偽裝。在爭權的道路上，元載從來不是省油的燈，誰擋他的道他就把誰清除掉。

機緣巧合，一位歷史名人成了元載眼中的路障，路障的名字叫顏真卿。

顏真卿與元載結怨要追溯到西元七六二年十二月，李豫從陝州返京之時。當時吐蕃軍隊已經退去，李豫準備從避難的陝州返回長安，時任尚書左丞的顏真卿提出建議：陛下應該先晉謁皇家祖廟和祖先陵寢，然後返回皇宮。

建議合情合理，到了元載那裡卻被攔了下來，不必了，陛下直接回宮。

顏真卿忍不住了，衝元載怒喝道：「朝廷哪裡經得起相公如此破壞。」

顏真卿一句話將元載定格在小人行列，同時也把自己升格為元載的路障。元載恨恨地看著顏真卿，你給我等著。

一晃三年過去，元載與顏真卿再次狹路相逢。

西元七六六年，元載向李豫提出建議：以後百官上疏言事應該先向本部長官彙報，本部長官再向宰相奏報，宰相負責向皇帝奏報。

簡而言之，不准越級上疏言事。這個荒唐的建議，李豫居然同意了。

刑部尚書顏真卿站了出來，反對。堅決反對。

顏真卿看透了元載的用心，他想大權獨攬，不准越級上疏言事就是為了防止別人打他的小報告。顏真卿在奏疏中逐條反駁元載的建議，並拿出開元天寶年間的李林甫做類比，顯然顏真卿將元載與李林甫劃為一類。

奏疏上到李豫那裡，李豫遲遲沒有反應。元載抓住了時機，迅速反撲：顏真卿惡意誹謗宰相。元載得逞了。

錚錚鐵骨的顏真卿再一次被貶，刑部尚書做不成了，只能到峽州（湖北宜昌）做別駕。

這不是顏真卿第一次被貶，也不是最後一次被打壓。早在李輔國當政時代，他因為帶頭上疏祝賀太上皇李隆基身體健康而觸了李輔國的霉頭，第一次被貶；現在他成了宰相元載眼中的路障，第二次被貶；後來正直的顏真卿又成了宰相盧杞眼中的路障，第三次遭到打壓。

是非不分的年代，當一個好人竟然如此之難。

接連搬開顏真卿、魚朝恩兩道路障，元載心情大好，他要開創屬於自己的時代。元載有信心，以他的才智加上皇帝支持，想要做出一番業績來並不算難。

元載同樣對皇帝有信心，在誅殺魚朝恩的過程中他們已經結成同盟，此刻皇帝眼中只有元載，沒有他人。更關鍵的是元載在李豫身邊還有眼線，內侍董秀就是元載的第三隻眼，有了董秀做內應，一切盡在元載掌握中，他所做的每一件事都符合李豫胃口，看上去就跟量身訂做一般。

元載與李豫迅速進入蜜月期，元載陶醉了，他把自己當成古今少有的文武全才，如果僅僅是自我陶醉關係不大，元載卻開始對朝政上下其手，官員任免竟然只看誰給的錢多。

吏部侍郎楊綰與嶺南節度使徐浩成為元載展示給百官的兩個標準樣本。

楊綰，時任吏部侍郎，為人公正、性格耿直，對元載毫不依附，至於給元載送禮，除非太陽從西邊出來；徐浩，時任嶺南節度使，為人貪婪無度、媚上欺下，他把搜刮來的錢財都投資到元載身上，要在元載那裡賭一個大好前程。

徐浩賭贏了。楊綰被免去吏部侍郎職務，出任國子祭酒（**國立貴族大學校長**）；徐浩由嶺南節度使升任吏部侍郎。

荒唐的元載，荒唐的時代。荒唐還在繼續，不久元載又創造了一個奇蹟：隨便一個簽名，價值一千匹綢緞。

元載的一位長輩聽說他發達後前來長安投奔，元載接待之後發現長輩並沒有什麼才能，便隨便給盧龍戰區節度使寫了一封信，草草打發長輩上路。

長輩一路上越走越氣，好你個元載，居然把長輩當叫花子打發。一氣之下，長輩拆開了元載寫給節度使的信。一看信的內容，長輩的鼻子氣得快變形了，偌大的信紙上只有元載的簽名。長輩撫了撫氣鼓鼓的胸膛，哎，死馬當活馬醫吧。

抱著試試看的態度，元長輩把信遞交到盧龍戰區節度使府，值班判官漫不經心地打開信件，一看「元載」二字，「騰」地站了起來，忙不迭地將信送交節度使。節度使不敢怠慢，一邊命令一員大將把元載的無字天書當作出土文物裝入木匣中保管，一邊命人將長輩迎入賓館酒肉伺候。

宴請數日之後，忐忑不安的長輩告辭離去。臨行前，盧龍節度使贈送了一點小禮物：綢緞一千匹。元長輩喜出望外，興沖沖地離去，兩字換綢緞千匹的奇蹟就此誕生。

戰國時，呂不韋懸賞為呂氏春秋挑錯，一字千金；元載隨隨便便兩個字，一千匹綢緞。創造完奇蹟，元載的眼前又出現了一道路障。這道路障也是個熟人，山人李泌。

山人李泌就是一齣悲劇，空有一身本領卻沒有合格的帝王接收。李隆基想讓李泌當官，李泌拒絕了，因為他看出李隆基早已失去進取的雄心；李亨想讓李泌當官，李泌半途而廢，因為他看出李亨小肚雞腸沒有包容四海的胸懷，明明可以分兵出擊一勞永逸地解決藩鎮之禍，李亨卻一葉障目地只求先收復兩京；李豫想讓李泌當官，李泌依然三心二意，人在長安，心在衡山。更要命的是元載又將他視作了路障。

元載給李豫上了一道奏疏：李泌經常與朋友在禁軍中舉辦宴席，而且與魚朝恩關係友善，陛下應該早點知道他的陰謀。

看完奏疏，厭惡不由得從李豫心底騰起，元載的所作所為他並非不知，他只是睜一隻眼閉一隻眼權當沒看見。如今元載又猜忌到李泌頭上，李豫有些不爽。

李泌與皇室已是三代交情，當年如果不是李泌力挺，李豫能不能當皇帝還猶未可知，就這麼一個有功於江山社稷的故人居然遭到元載的猜忌。按下心中的不滿，李豫回覆元載：禁軍中都是李泌過去的手下，是朕准許他前去相見。李泌也曾參與誅殺魚朝恩，愛卿就不要懷疑了。

李豫以為就此擋住了元載射向李泌的箭，沒想到居然不成。元載與其手下的彈劾奏疏依然源源不斷，大有不達目的誓不甘休的架勢。

李豫權衡了一下，此時此刻他還不能換掉元載，他還需要這個宰相為自己效力，硬生生與他撕破臉皮是不可能的，只能找一個折衷的辦法。回頭再看李泌，還是無意於仕途，不如讓他走出長安到地方任職吧。正巧江西道行政長官（觀察使）魏少遊上疏請求李豫給自己派一個副手，李豫順水推舟讓李泌到江西就任判官。

李豫對李泌囑咐道：「元載容不下你，朕暫且把你寄放到魏少遊那裡。等朕決意剷除元載，會有信使通知你，屆時不要耽誤即刻進京。」

李泌領命而去，元載的眼中再次清淨了。

一波剛平，一波又起。幾個月後，元載遭遇了一場危機，這場危機由一個叫李少良的人而起。

李少良，早年給人當過幕僚，後來升遷為殿中侍御史。在侍御史任上沒幹多久又被罷官，無所事事的他只能在長安閒逛。

世上有兩種人最有告狀的衝動，一種是為人正直眼睛不揉沙子的人，一種是仕途失意鬱悶無處發洩的人，李少良屬於後者。

李少良在長安閒逛期間，從民間聽到了元載的種種不法行為。眼見元載如此不堪卻高居宰相，自己滿腹幹才卻無處施展，巨大的落差讓李少良產生了告狀的衝動，他一紙奏疏將元載的諸多不法行為告到了李豫那裡。

這一告很致命。早已對元載產生厭惡的李豫想藉機查一查元載，便把李少良安頓下來，準備擇日當面核實。如果一切順利，李少良有可能一戰功成迎來仕途的峰迴路轉，偏偏李少良嘴不嚴。

李少良把此事告訴了好友韋頌，韋頌又把此事告訴了好友、殿中侍御史陸珽，他們都以為對方能保守秘密，卻不知道如此口耳相傳，秘密也就不是秘密了。

李少良的好友是韋頌，韋頌的好友是陸珽，陸珽的「好友」是元載。經過一連串傳遞，李少良狀告元載的消息傳到了元載耳中，還沒等李豫核實，元載的奏疏就到了。奏疏中元載為自己大聲喊冤。

李豫感覺自己被李少良賣了。盛怒之下，李豫將李少良、韋頌、陸珽一勺燴了，統統羈押到御史臺的監獄之中。

御史臺很快定案：李少良、韋頌、陸珽凶惡奸詐、狼狽為奸、離間君臣。

最終判決：亂棍打死。

亂棍下去，三人慘死，元載的世界又清淨了。

元載恢復了好心情，他趁熱打鐵又給李豫上了一道奏疏：以後陛下下詔委任的文武六品以下官員，吏部、兵部不得再進行審核勘驗。

唐朝慣例，皇帝下詔委任官員，吏部、兵部需要進一步對官員資質進行審核勘驗，現在元載卻建議取消。這一切都是出於元載的私心，因為他奏報給李豫的官員名單中有很多人並不符合當官資格。

李豫居然又同意了。

元載的心情好到了極點，皇帝對我的信任真是沒話說。

但這一切都是假象。

新舊更迭

第二十章

一網打盡

李豫對元載的信任並不像元載想的那樣，就在元載沾沾自喜時，李豫下了一道詔書：擢升沂西觀察使李棲筠為御史大夫。

元載心中咯噔一聲，這個任命他事先居然一點都不知道。這是李豫給元載敲的警鐘，事前壓根沒準備讓元載知道。擢升李棲筠也是有講究的，因為李棲筠不阿附元載。從這時起，元載開始走下坡路，他在李豫心中的地位逐漸下滑，直至幾年後徹底跌入谷底。

公平地說，元載是有能力的，只是中國歷史向來以成敗論英雄，於是我們現在看到的多數是元載的作奸犯科，關於他的業績記載少得可憐。歷史是複雜的，歷史是立體的，歷史上的人物是一個個有血有肉有性格有感情的人，而不僅僅是一幅幅奸忠立辨的畫像。

至於元載，正面記載確實不多，西元七七三年的建議或許能從一個側面證明元載的眼光和能力。元載的建議是進軍隴右，重修原州城（寧夏固原）。

元載建議道：「安西、北庭特遣部隊一向駐紮涇州，涇州卻無險可守，而隴山崇高險峻，南連秦嶺，北抵黃河。現在國家西部的邊境只到潘原（甘肅平涼崆峒區），吐蕃軍隊則集中到摧沙堡（寧夏海原），原先的原州城正好在兩者中間，衝著隴山山口，正是以前朝廷牧馬之地，水草非常肥美。平涼則位於原州城東面，只要耕種一個縣，駐軍糧食的供應就足夠了。現在原州城的地基、牆壘都在，吐蕃人棄而不用，而吐蕃人每年盛夏都會去青海放牧，來回路途至少需要一個月，我們只需要利用其中的二十天就能重修原州城。屆時讓駐紮涇州的軍隊進駐原州，郭子儀的部隊駐防涇州，這樣在西部就能站穩腳跟，漸次打開隴右局面，進而進軍安西，佔據吐蕃人的心臟地帶，如此一來朝廷就不會再有西部之患。」

元載的建議可謂高屋建瓴，很有建設性，如果這個建議得以實施，吐蕃將會被牢牢遏制住，不會再對唐朝構成實質威脅。

為了落實自己的建議，元載甚至向隴山地區派出了間諜，提前勘察地形以備日後所需。一度李豫也動了心，吐蕃人給他留下的印象太深刻了，他早就想排除這個心腹之患。事情似乎朝著元載預想的方向發展，不料半路殺出了一個田神功。

田神功時任汴宋節度使，正巧在長安朝見，面對李豫的諮詢，田神功冷不丁潑了一盆冷水：行軍打仗、預料敵情，資深將領都很為難，陛下為何要聽一個書生的建議，舉全國之力跟他去瞎胡鬧呢？一盆冷水下去，李豫心涼了半截，相比而言他更相信田神功的話，畢竟田神功刀尖舔血很多年了，元載的建議無疾而終。

在這個問題上，李豫犯了經驗主義錯誤，誰說資深將領一定比書生會打仗？三國的諸葛亮、陸遜、羊祜、杜預不都證明書生同樣會打仗嗎？

說到底，李豫對元載的信任已經大幅降低了，不然區區一個田神功不會叫停元載的大棋局。建議不了了之，元載與李豫的關係也進入勉強維持的地步，苦於無人可用，李豫一時還不想動元載，他對元載冷眼旁觀、若即若離。留給元載的時間還有三年。

如果元載知道收斂，這三年可以用來自救，可惜三年時光都被元載浪費了，他與皇帝的關係越來越糟。三年中，元載和王縉組成了一個龐大的貪污體系，元載為首、王縉為輔，元載的妻子、兒子，王縉的弟弟、妹妹以及出入其家中的尼姑都成了貪污體系中的一員，官員的升遷全由這個體系說了算，升遷秩序的混亂已經到了極點。

西元七七七年，李豫決定收網。不同於以往，這一次他既沒有找宦官也沒有找宰相，他找來的幫手是自己的舅舅、左金吾衛大將軍吳湊。雖然母親早已不在人世，但李豫與舅舅吳湊的感情一向很深，眼下這件天大的事，別人他都不放心，唯一信得過的就是自己的舅舅。

當李豫決心已下，剩下的事情就是找茬了。

三月，有人舉報：元載、王縉夜間設壇，圖謀不軌。

可憐夜半虛前席，不問蒼生問鬼神。這種事情皇帝可以幹，大臣可不能隨便幹。

元載、王縉幹了，事大了。

這一切都是李豫故意找茬，以元載、王縉佛教徒的身分，在家中夜間設壇是很正常的事情。以往肯定曾經有過，只不過那時皇帝不準備動手便視而不見，現在設壇便成了十惡不赦的大事。

三月二十八日，李豫動手了，命令吳湊前往宰相辦公廳將元載、王縉收押入監，同時被收押的還有元載的兒子以及親隨。滅頂之災就這樣向元載兜頭扣去，他十四年的宰相生涯在這一刻定格。

生命的最後時刻，元載向行刑人求情道：「拜託，讓我死得痛快一點。」

行刑人白了元載一眼：「哦，相公恐怕免不了還得受點侮辱，切莫見怪。」

說罷，行刑人脫下自己的臭襪子塞進了元載的口中，行刑人在元載含糊不清的言語中結束了元載一生的旅程。

曾經位高權重，今朝屈辱就刑。

元載死後，下一個就輪到王縉了，按照判決，王縉需要自裁。負責審理此案的劉晏（《三字經》裡提到的那位七歲神童）看了看王縉，他覺得尚有周旋餘地。劉晏對一同審案的同僚說道：「按照慣例，重刑需要多次上奏覆核，況且王縉還是宰相。另外法也分主犯、從犯，元載是主，王縉是從，這就更需要上奏覆核了。」

劉晏的一席話為王縉贏得了生機，經過覆核，李豫對王縉網開一面，死罪免除，貶出長安，出任括州（浙江麗水）刺史。

元載的人生就此落幕，忙活了一生就忙活了一個身首異處。和他一起殊途同歸的還有他的妻子王氏，王氏是名將王忠嗣的女兒，可惜她的名聲與其父相去甚遠，她的父親青史留名，而她留下的只是飛揚跋扈、玩弄權柄的罵名。王忠嗣若地下有知，情何以堪？

與元載夫妻一同伏誅的還有他們的三個兒子：元伯和、元仲武、元季能。

孤家寡人

收拾完元載，李豫陷入了沉思，他發現自己成了孤家寡人。

登基之初以為李輔國靠得住，結果證明靠不住；以為程元振靠得住，結果也靠不住；以為元載靠得住，最終還是靠不住。普天之下，還有誰靠得住？沒有人能給李豫答案。

如果說李豫的父親李亨是一齣悲劇，李豫也好不到哪去。雖然他是年齡最長的皇孫，但在李隆基那裡並沒有得到多少關愛，反而因為父親是太子，全家都受到猜忌，除了老老實實夾著尾巴做人，李豫不知道他們是否還有別的選擇。

在長期壓抑的環境中長大，李豫沒能培養出王子王孫慣有的自信，他竟然很自卑，怕別人看不起自己。不僅怕節度使看不起自己，同時也怕嬪妃的娘家看不起。

貴為皇帝居然怕別人看不起，李豫可能前無古人後無來者。不過從他的成長環境來看，李豫獨特的心理是其來有自的。首先他的父親雖然是太子，但飽受猜疑，出身掖庭的母親更讓他抬不起頭，久而久之王孫貴族的自信沒有了，有的只是說不出口的自卑。

因為自卑，李豫把錢看得特別重，他不是為了斂財，而是把錢視為面子。他每次賞賜嬪妃家人都會很緊張，生怕人家會嫌錢少而背地裡看不起他。

這還不算，他甚至把官員們給宦官的賞賜等同於自己的面子，如果官員們給辦事宦官賞賜少了，李豫就會覺得臉上無光，覺得官員們看不起自己。漸漸地以宰相為首的官員們養成了習慣，都在辦公室裡放足了錢，一旦有宦官前來傳旨便打開錢袋打賞宦官，每次出手都很大方，不然皇帝會認為你看不起他。如此奇怪的邏輯始終伴隨著他的人生。

他放眼全國心緒難平，雖然他早已削平安史之亂，但安史之亂遺留下的藩鎮割據卻盤根錯節，尾大不掉。平盧戰區（總部在山東青州）節度使李正己手握十五個州；魏博戰區（總部在河北大名）節度使田承嗣手握七個州；成德戰區（總部在河北正定）節度使李寶臣手握七個州；私下裡各行其是，每個戰區都是一個獨立王國。

李豫深深歎了一口氣，不是他不想削平這些戰區，實在是回紇、吐蕃兩大強敵已經壓得他喘不過氣，對於四個戰區只能暫且聽之任之了。

終李豫一生，他沒能削平藩鎮割據；終李豫兒子李適一生，也沒能解決藩鎮割據；終李豫曾孫李純一生，一度完成了形式上的統一，可惜也是曇花一現。

藩鎮割據已經成為隨時可能發作的病毒植入大唐王朝的身體裡，任憑歷任皇帝閃轉騰挪卻總是揮之不去。孤家寡人的李豫沒能做到，他的子孫們終究也沒能做到。

揮手離別

時間走到西元七七九年五月，李豫的生命接近了終點。

五月三日，李豫染病；五月二十一日，李豫下詔由太子李適監國，當晚病逝於紫宸內殿，終年五十三歲。五個月後，李豫的兒子李適將他安葬於元陵，謚號睿文孝武皇帝，廟號代宗。

對於身後大事，李豫留了一道遺詔：任命郭子儀為帝國最高攝政（**攝塚宰**）。

遺詔將李適託孤給了郭子儀，同時也讓郭子儀成為屹立四朝不倒的元老。他從唐玄宗末期開始挑起帝國重擔，歷經玄宗、肅宗、代宗三朝，馬上又將跨入德宗朝。

李豫駕崩，對於這個從父親手中接過內憂外患亂攤子的皇帝該作何評價呢？

《舊唐書》、《新唐書》給出了截然不同的答案。

《舊唐書》：代宗皇帝少屬亂離，老於軍旅，識人間之情偽，知稼穡之艱難，內有李、郭之效忠，外有昆戎之幸利。修己以禳星變，側身以謝咎征，古之賢君，未能及此。

《新唐書》：代宗之時，餘孽猶在，平亂守成，蓋亦中材之主也。

《舊唐書》說李豫是賢君，《新唐書》說李豫只是一般皇帝、中材之主，在我看來李豫比較屬於後者。

在中國歷史上能稱上賢君的少之又少，屈指算來也只有唐太宗李世民、東漢光武帝劉秀等少數幾人，更可悲的是無論年代多久遠的王朝，賢君數量都是少得可憐，可歎，可悲。

西元七七九年五月二十三日，三十七歲的李適登基稱帝，是為唐德宗。

相比於父親、祖父、曾祖繼位前的激烈競爭，李適的登基波瀾不驚。傳言有人試圖利用獨孤貴妃的兒子韓王李迥跟他競爭，但只是傳言並沒有實質舉動。

三十七歲的李適順利繼承了父親的衣缽，成為大唐王朝的第十二任皇帝，此時大唐王朝已經開國一百六十一年。在這一百六十一年中，大唐王朝有過貞觀之治、有過武后當國、有過開元盛世、也有過安史之亂，而他接手的正是安史之亂平定後的微妙棋局。

向左，可能重現往日榮光；向右，可能滑向無底深淵。李適走上了人生的十字路口，他想做一個好皇帝，他想在唐朝歷史上留下屬於自己那濃墨重彩的一筆。李適夢想著自己的王朝能向前看、往上走，然而往哪裡走卻不完全由他說了算，儘管他貴為皇帝。

生活是最好的導演，時間是最好的見證，有著雄心壯志的李適不會想到自己的皇帝生涯居然會那樣的跌宕起伏，那樣的懸念重生。

李適的皇帝生涯會是一番怎樣的場景，他和他的子孫們又會給歷史留下怎樣的記憶？

（請看下部《元和中興》）

大地叢書介紹

作者：雲淡心遠

定價：300 元

九個月取得天下、三個月統一全國、十餘年海內大治。這樣的成就，中國歷史上唯有隋文帝楊堅一人！他，是如何做到的呢？

作為一個帝王，在楊堅身上，我們讀到的不僅僅是赤光滿室、五柱入頂等真龍天子的出生異象，也不僅僅是天命所歸式的雄主能臣風雲際會的傳奇，更多的是一個創業者冷靜的頭腦、堅強的意志、精準的遠見、無懈可擊的戰略謀劃，以及高手如林的建設團隊。

因此，楊堅取得了歷代帝王所難以企及的成就，他使他的王朝成為最具革新精神的時代。各種制度和改革措施奠定了中國封建政權的基本架構；在他的統治下，中國迎來人類歷史上農耕文明的巔峰時期。

長期以來，楊堅的光輝要暗淡於李世民、朱元璋等傳奇的帝王，但楊堅的成功經驗卻更具有可複製性和可操作性，本書力圖突破歷史人物傳記的寫作模式，對於楊堅的解讀更具現實價值，也更貼合人性。

大地叢書介紹

作者：劉學銚
定價：300 元

歷史是什麼？廣義是過去發生的事，狹義是經過後人篩選過濾的事。現代人要了解歷史必須透過先人留下來的各種史書，歷史是人寫的，寫歷史的史官總會有既定的政治立場，很多主流的歷史說法也不一定是歷史真正的原貌。還原歷史真相，從不同的角度看歷史，也許會發現，我們曾經以為很熟悉的歷史會是如此的陌生。

本書包含以下十個主題：

一、北魏後宮多高句麗女子。

二、花木蘭其人、其詩、其事。

三、掀開五胡十六國序幕的匈奴劉淵。

四、北魏洛陽的靈異事件與西域胡僧。

五、幾個末代皇帝事蹟。

六、成吉思汗的霸業、容貌與陵寢。

七、隋、唐先世多胡化。

八、五世達賴喇嘛、噶爾丹與中俄尼布楚條約。

九、匈牙利是匈奴的後裔？

十、稗官野史中的武則天。

作者根據史料旁徵博引、交叉比對，加上本身專業的經驗與研究的修為，引領大家進入塵封已久的歷史禁地，窺探古代那些不為人知的傳奇軼事，帶給你聞所未聞的閱讀享受，看得過癮、讀得暢快—歷史原來是這樣。

大地叢書介紹

作者：司馬東西
定價：320 元

以日本歷史為經，從天皇律令到幕府封建；從王政復古到君主立憲；從閉關鎖國到脫亞入歐；從武士精神到軍國主義；從政黨政治到金權派閥；從殖產興業到泡沫經濟……透過對日本的歷史、政治、經濟、文化、人物、國民性等方面深入剖析，讓讀者了解在一些重大的歷史關頭，為什麼是日本做出了那樣的選擇。

大地叢書介紹

作者：醉罷君山
定價：300 元

夏商周三代奠定中華文明之基礎，然而三代歷史卻是撲朔迷離。史料原本有限，加上歷朝散佚，徒令後人有霧裡看花之歎。本書力求從有限的線索中，以嚴謹、求實的態度挖掘出那段光輝歷史年代的真相，透過對《史記》、《竹書紀年》、《尚書》以及先秦諸子文獻互為參比，去偽存真，對許多歷史上傳統結論提出質疑。譬如少康中興，如何向竊國者復仇？夏桀與商紂，真的是歷史上最暴虐的君主嗎？權謀大師伊尹是賢相，還是叛臣？本書把零散分布於各史料的記載，整合為比較完整的故事。時間順序清晰，歷史事件連貫，脈絡有序，集知識性與故事性於一身。可讀性強，足見作者傾注之心血。

大地叢書介紹

作者：張嶔
定價：280 元

戰國，這是個以戰爭為中心的年代。無論是計謀、變法，還是用人、改革，為的只有一件事：打贏！

名噪一時的七國：韓國、趙國、魏國、楚國、燕國、齊國、秦國，七國之間鬥智鬥勇、殊死較量，政治人物如何掌握機遇，又如何推進變法改革……

作者以通俗的文筆詳細講述了諸侯國爭霸到秦國大一統的歷史進程，重大歷史事件背後的政治起因、決策者精妙冷酷的謀略等等，將這段充滿跌宕起伏、征伐血氣的時代完整地呈現在讀者眼前。

大地叢書介紹

作者：姜狼

定價：360 元

唐失其鹿，群雄逐之。盛世繁華的大唐，已在歷史的烈火中化為一堆殘墟廢燼，霓裳羽衣的風流，早成不堪回首的傷痛。天下洶洶，誰得其鹿？唯兵強馬壯者能為爾。五代十國常被認為是殘唐之餘，枯燥乏味，遠不如相同歷史軌跡的三國。任何一個歷史時代都是悲壯的，都有自己與眾不同的魅力，愛與恨、刀與火、絕望的吶喊，五代十國同樣擁有。本書力求從涉及五代十國的《舊唐書》、《新唐書》、《舊五代史》、《新五代史》、《宋史》、《遼史》、《資治通鑒》等亂如麻團的史料中分析辯駁，尋找挖掘出最接近時代的歷史真相。

五代十國能絕世風流者三：帝王中柴榮、大臣中馮道、詩詞中李煜。柴榮才是結束唐末以來戰亂的最關鍵人物，可惜天不假年，否則必將成為唐太宗那樣的千古一帝。馮道在亂世中王朝扶杖入相，天下禮敬，他的處世之道對於今人生存大有裨益。李煜的人生悲劇，那一篇篇和著血淚的詞文，觸動著每一顆柔軟的心靈。柴榮、馮道、李煜，書寫著五代十國最為華麗的時代篇章，但五代十國的風流人物何止千百。鐵血朱溫、風流李存勗、仁厚郭威、狡黠王建、瘋狂劉巖、志大才疏李璟以及無數名臣名將，他們用自己的人生悲喜劇，共同打造五代十國這一絕美的歷史大戲。五代十國的精彩歷史，扣人心弦，在他們的熱血風流中，後世的人們可以從中品味出人性的真實。

唐史並不如煙. 伍, 安史之亂 / 曲昌春著. -- 一版.-- 臺北市：大地, 2018.09
面：　公分. --（History：107）

ISBN 978-986-402-307-3（平裝）

1. 唐史　2. 通俗史話

624.1　　107013344

唐史並不如煙(伍)安史之亂

作　者	曲昌春
發行人	吳錫清
主　編	陳玟玟
出版者	大地出版社
社　址	114台北市內湖區瑞光路358巷38弄36號4樓之2
劃撥帳號	50031946（戶名：大地出版社有限公司）
電　話	02-26277749
傳　眞	02-26270895
E-mail	vastplai@ms45.hinet.net
網　址	www.vastplain.com.tw
美術設計	博客斯彩藝有限公司
印刷者	博客斯彩藝有限公司
一版一刷	2018年9月

HISTORY 107

大地

定　價：320元